KB202948

치유받고 치유능력 받기 원하는 분들의 필독서

강력한 성령치유 핵심요약

강요셉 지음

이 책을 정독하면 성령치유 권능을 받게 된다.

하나님은 성도들의 영육의 문제를 치유하기 원하신다
교회는 성도들의 영육의 문제를 성령으로 치유해야 한다.

성령으로 강력하게 치유하는 비법을 알려주는 책

성령출판사

강력한
성령치유 핵심요약

성령

들어가는 말

하나님은 치유하시는 분입니다. 그런데 필자가 지난 15년간 성령치유 사역을 하면서 체험한 바로는 치유하시는 하나님을 잘 몰라서 영육의 질병과 문제로 고통을 당하고 살아가는 성도들이 의외로 많이 있습니다. 하나님은 이런 성도들을 부르고 있습니다. 나에게 나와서 치유 받아라. 그런데 정작 고통을 당하는 장본인들은 하나님의 부르심을 듣지 못합니다. 참으로 안타까운 현실입니다. 하나님은 생명의 말씀과 성령으로 어떠한 불치의 질병이라도 치유할 수 있는 권능이 많으신 분입니다. 세상에서 영육의 문제로 고생하는 분들이여~ 하나님께 나와서 치유받기를 바랍니다.

하나님은 세상에서 고통당하는 성도들을 치유하기 위하여 성령으로 치유 받은 자들을 치유사역자를 양성하고 계십니다. 세상에서 고통당하는 나의 자녀들을 치유하라는 하나님의 음성이 들리지 않습니까? 우리 성령의 권능을 받아 영육의 문제로 고통당하는 분들을 치유합시다. 그리하여 능력 전도합시다. 치유하시기 원하시는 하나님의 소원을 만족하시게 합시다. 하나님은 모든 성도들이 성령치유 사역자가 되기를 원하십니다. 세상이 복잡하고 살아가기가 힘이 들어 스트레스를 많이 받습니다. 예수를 믿는 하나님의 자녀도 예외가 아닙니다. 이런 스트레스로 인한 질병의 치유는 세상 의술로 한계가 있습니다. 강력한 성령의 역사가 있어야 합니다. 성령의 깊은 역사로 무의식, 잠재의식에 쌓여있는 스트레스와 상처를 치유해야 합니다. 그래야 하나님의 자녀로서 사명을 감당할 수가 있는 것입니다. 부디 이 책을 통하여 영육의 문제를 치유 받고, 성령치유 사역자가 되어 하나님의 소원을 성취하여 드리기를 바랍니다. 하나님은 부르십니다. 영육의 문제와 고통을 가지고 나와서 치유 받으라고 외치고 계십니다.

영육의 문제로 고통당하는 분들이여~ 하나님의 부르심을 외면하지 마시기를 바랍니다. 하나님께 나와서 치유 받고, 치유 사역자가 되어 세상에서 고통 하는 분들을 치유하여 하나님의 은혜를 전하시기를 바랍니다. 하나님의 뜻은 예수를 믿는 성도가 이 땅에서도 심령천국을 이루며, 삶에서 아브라함의 복을 받기를 원하십니다. 절대로 고통당하면서 사는 것이 하나님의 뜻이 아닙니다. 이 책을 통하여 성령치유에 대하여 바르게 알고 하나님의 치유의 은혜를 누리시기를 바랍니다.

주후 2014년 10월 10일
충만한 교회 성전에서
저자 강요셉목사.

강력 성령치유 핵심 목차

1장 치유의 권능을 개발하는 비결

(고전12:31)"너희는 더욱 큰 은사를 사모하라 내가 또한 제
일 좋은 길을 너희에게 보이리라"

하나님은 말씀과 성령으로 성도들을 치유하여 주십니다. 세
상을 살아가기가 너무나 힘들고 복잡하여 성도들이 상처가 깊습
니다. 그래서 강력한 성령의 역사가 일어나야 영육의 질병이 치
유됩니다. 60-70년대에는 목사님들이 손만 얹으면 성령으로
세례를 받고 질병이 치유되었습니다. 지금은 성령의 강력한 역
사가 없으면 치유되지 않고 성령으로 세례받기도 힘듭니다. 치
유받고 치유하기 위하여 강력한 성령의 능력이 필요합니다.

하나님은 분명하게 사모하는 영혼에게 만족함을 주시는 분입
니다. 치유의 능력도 사모해야 합니다. 치유의 능력은 자신이 성
령으로 장악이 되어 영적인 상태가 되면 나타나는 것입니다.

치유의 능력은 성령의 뜻대로 나누어주시기 때문입니다. 우
리는 성령의 뜻대로 라는 용어를 잘 이해해야 합니다. 성령은 영
이십니다. 고로 우리가 성령과 같은 영적인 상태가 되어야 치유
의 능력이 나타날 수가 있는 것입니다. 그래서 치유의 능력을 나
타내려면 무엇보다도 자신의 심령관리가 중요한 것입니다. 자신
의 심령을 성령께서 장악하면 능력은 나타나지 말라고 해도 나
타나게 됩니다. 그러므로 치유의 능력을 받으려면 자신에게서

성령이 나타나도록 자신의 전인격을 성령에게 맡겨야 합니다.

　하나님은 불러서 자신과 교회를 치유하라고 신유와 축귀의 능력을 주십니다. 치유의 능력이란 육적인 사람을 영적인 성도로 바꾸는 능력입니다. 많은 분들이 능력을 특별히 질병을 고치고 귀신을 쫓아내는 것으로만 생각합니다. 그런데 이것만이 능력이 아니라, 성령이 나타나는 모든 역사가 능력이라는 사실을 잊지 말아야 합니다. 초창기 치유사역시 저의 생각도 이러한 낮은 차원에서 시작이 되었지만, 능력을 바로 알아야 합니다. 능력이란 성령의 사역이기 때문에 성령 사역을 똑 바로 이해하게 되는 것이며, 성령님의 실체를 알게 됩니다. 육의 사람을 영의 사람으로 바꾸는 것입니다. 성령님을 이해하지 못하고서는 예수님을 알 수 없고, 예수님을 알지 못하고서는 하나님을 알 수가 없습니다. 성령 사역을 똑바로 이해하여 성령님과 인격적인 관계가 되어, 성령의 지지와 역사가 있는 능력이 바로 하나님의 능력이요, 영생의 생명이며, 이 생명과 능력을 통하여, 하나님을 믿는 것과 아는 것에 하나가 되도록 자라서, 그리스도의 장성한 분량이 충만한 데까지 이르러 그리스도의 형상을 이루어 나가는 것입니다.

　이 그리스도의 형상을 이루어 나갈 수 있는 이 능력이 하나님이 주신 은혜의 선물입니다. 그 가운데 일부분이 고전 12:4-11절에 나오는 성령의 역사하여 체질적(육신적)으로 나타나는 현상들입니다. 이러한 성령이 역사하여 인격적(혼적)으로 나타나는 열매가 갈라디아 5장 22절의 성령의 열매인 것입니다. 그리하여 이 세상에 살면서 잃어버린 하나님의 형상을 되찾고, 잃어버린 낙원을 되찾아서, 살아 계시는 하나님과 더불어, 에덴동산에서 거닐면서 영으로 대화를 나누고(기도) 하나님의 음성을 들으면서(계시의 은사) 살아가게 되는 실제적인 능력이기에 "하나님의 나라는 말에 있지 않고 능력에 있다"고 했습니다.

그러므로 능력이 나타나게 되는 은사는 병자를 고치는 것만이 문제가 아니라, 내 자신이 육신과 죄와 세상과 사단을 이기고, 귀신을 제어하며, 생명의 면류관을 얻어, 천국의 축복을 소유하게 되고, 누리게 되는 엄청난 신령한 축복을 소유하게 됩니다. 그래서 우리는 성령의 나타남으로 밝은 영안을 열어 이 영적인 신령한 것들을 바로 분별하고 소유하여야 마귀의 미혹에서 승리할 수 있습니다(고전4:20).

첫째, 성령의 나타남, 능력이란 무엇일까요?

1) 주의 힘을 덧입는 게 능력입니다. 하나님의 지혜와 계시의 정신(영)을 주심으로 가지게 되는 이 신령한 영적 지식은 바로 하나님과 그 아들 예수 그리스도를 아는 능력이며 이것이 바로 영생의 생명입니다. 이 영생의 생명으로부터 나오는 영적 능력이 말씀을 받아드림으로 주어지는 구원의 놀라운 은혜를 통하여 그리스도의 영에 접붙임 받을 때, 이미 우리들 속에 집어넣어 주셨다는 것을 아는 것입니다. 이와 같이 영적인 눈을 뜨고 이를 지각하여 이 능력을 혼이 인식하게 되어 믿고 확신하면 확신하

게 된 이 마음은 담대하게 행동으로 옮기는 자의 육신을 통하여 외적으로 나타나게 됩니다.

그러므로 능력이란 성령사역으로 나타나는 현상이기에 능력의 근원이 여러 가지 요소와 인자를 가지고 있지만 자세히 살펴보면 무엇보다도 치유사역에서 나타나는 능력사역의 원리는 하나님께서 성령을 통하여 주시는 마음 즉 담대함에 있습니다. "하나님이 우리에게 주신 것은 두려워하는 마음이 아니요 오직 능력과 사랑과 근신하는 마음이니"(딤후1:7). 즉 들은바 말씀을 자신의 내부의 부정적인 요소를 제거하고, 믿음으로 화합하여, 자신의 것(생명)으로 만든 후에 실천하고자 하는데 방해되는 여러 가지 육적인 장애 요인을 깨달아 제거하고, 자신의 의지를 동원할 수 있는 능력으로 성장하면 영적 능력으로 나타나게 됩니다. 성령 충만한 상태의 심령이 사역현장에서 성령의 기름부음이 보다 강하게 나타나는 현상입니다.

우리는 하나님의 능력의 크심을 알아야 합니다. "그의 힘의 강력으로 역사하심을 따라 믿는 우리에게 베푸신 능력의 지극히 크심이 어떤 것을 너희로 알게 하시기를 구하노라"(엡 1:19). 우리는 하나님의 일을 예수 안에서 할 수가 있습니다. "내게 능력 주시는 자 안에서 내가 모든 것을 할 수 있느니라"(빌4:13). 믿음으로 행할 때 표적과 기사가 나타납니다. "두 사도가 오래 있어 주를 힘입어 담대히 말하니 주께서 저희 손으로 표적과 기사를 행하게 하여 주사 자기 은혜의 말씀을 증거 하시니"(행14:3).

우리는 자신의 힘으로는 세상을 이기지 못함을 인정하고 하나님의 능력을 구해야 합니다. "내게 이르시기를 내 은혜가 네게 족하도다. 이는 내 능력이 하나님께 있고 우리에게 있지 아니함을 알게 하려 함이라"(고후12:9) 이 말씀과 같이 표적과 기사를 일으키는 능력의 근원은 내가 아니오, 어디까지나 주님이시고 성령님이십니다. "오직 성령이 너희에게 임하시면 너희가 권능을 받고 예루살렘과 온 유대와 사마리아와 땅끝까지 이르러 내 증인이 되리라 하시니라"(행1:8). 능력은 주님의 능력이기 때문에 주님의 힘을 덧입어야 합니다. 주님의 힘이 덧입혀 질 때는 성령 충만의 결과를 가져옵니다. 우리는 이러한 능력의 근원에 대한 생각을 잊어버리고 마치 능력의 근원이 자신이나 능력의 은사를 받은 특정한 사람에게서 나오는 것으로 잘못 인식되어진 관념을 가지고 있습니다.

절대로 능력을 자신의 것이 아닙니다. 자신이 한다고 생각할 때 두려워하는 마음이 생기고 능력자만 한다는 생각은 자신을 비하(卑下)하게 만듭니다. 또한 자신의 능력으로 한다는 사람은 교만하게 되어 하나님께 버림받는 사람이 될 수도 있습니다. "그 때에 내가 저희에게 밝히 말하되 내가 너희를 도무지 알지 못하니 불법을 행하는 자들아 내게서 떠나가라 하리라"(마7:23).

일반적으로 보면 지성적으로 생각하는 사람보다, 예를 들면 깡패 출신과 같은 사람이나 무지한 사람들과 같은 행동파 적인 사람이 주로 능력이 나타나는 경향이 있는데, 이것은 이성적이고 지성적인 사람은 항상 자아의식이 강하기 때문에 자신을 탈피하지 못하고 행동으로 옮기지 못하는 경향이 많습니다. 그러나 법보다 주먹이 먼저 나가는 행동파 적인 사람들은 먼저 '믿습니다' 하고, 행동으로 옮기는 형이기 때문에 자신을 의식하기보다 주를 더욱 의식하는 즉 주의 능력을 덧입고자 하는 행동으로 되어 나타나게 되는 것입니다.

내주 하시는 성령님의 나타남, 즉 우리에게 주어진 자그마한 이 은사를 주님 앞에 가져올 때 주님의 축복은 놀라운 기적을 가져오게 됩니다(막6:30-44:오병이어의 기적). "각 사람에게 성령의 나타남을 주심은 유익하게 하려 하심이라"(고전12:7). 하나님은 오늘도 우리에게 말씀하고 있습니다. "너는 마음을 강하고 담대하게 하라 그들을 두려워 말라 그들 앞에서 떨지 말라 이는 네 하나님 여호와 그가 너와 함께 행하실 것임이라"(신31:6). "하나님이 우리에게 주신 것은 두려워하는 마음이 아니오 오직 능력과 사랑과 근신하는 마음이니 그러므로 네가 우리 주의 증거와 또는 주를 위하여 갇힌 자 된 나를 부끄러워 말고 오직 하나님의 능력을 좇아 복음과 함께 고난을 받으라"(딤후1:7-8). "경건의 모양은 있으나 경건의 능력은 부인하는 자니 이같은 자들에게서 네가 돌아서라"(딤후3:5).

2) 영적 실체와 성령의 사역에 대하여 아는 것이 능력입니다. "그의 힘의 강력으로 역사하심을 따라 믿는 우리에게 베푸신 능력의 지극히 크심이 어떤 것을 너희로 알게 하시기를 구하노라"

(엡1:19).

첫째. 이론적(말씀)으로 알아야 합니다. 먼저 이론적으로 성령의 능력의 역사에 대하여 확실히 알아야 살아계신 성령님의 여러 가지 역사에 오해나 거부가 생기지 않습니다. 말씀 안에서 능력이 나타납니다. 말씀 안에서 능력을 행해야 합니다. 말씀이 기준이 되어야 합니다. "우리가 이것을 말하거니와 사람의 지혜의 가르친 말로 아니하고 오직 성령의 가르치신 것으로 하니 신령한 일은 신령한 것으로 분별하느니라"(고전 2:13).

행 14:8-18에 보면 루스드라의 앉은뱅이를 일으킨 바울과 바나바를 보고 바나바를 '쓰스'라고 하고, 바울을 '허메' 하고, 그들 두 사람을 신(神)으로 섬기려 했으며, 행 28:1-6에서는 멜레데섬의 토인들도 바울이 독사에 물려 아무렇지도 않은 것을 보고 두려워했습니다. 이와 같이 무지는 두려움을 낳게 됩니다. 이와 같이 영적 현상과 능력에 대한 이해의 부족은 은사나 성령사역에 대하여 오해를 낳게도 되고 두려움을 갖게도 합니다. 무엇보다도 먼저 이러한 영적 현상과 능력에 대한 이해는 치유사역에서 제일 먼저 필요한 사항입니다. 이 능력은 바로 말씀과 그리스도를 통하여 죄와 사망의 권세에서 우리를 구속하시고 해방하신 지극히 크신 하나님의 능력이요 예수의 생명이며, 하나님께서 예수 그리스도를 영접한 사람들에게 임재하시는 성령님의 사역이요 활동이십니다. 모든 성령의 사역은 성경적 근거에 의하여야 합니다. 체험과 현상은 성경의 입증을 받아야 합니다. 우리는 신비주의자와 신비적 성도를 구분할 줄 알아야합니다.

① 신비주의자: 어떤 신비한 영적 체험 후 체험을 극대화시키며, 자신의 자랑거리가 되며, 그 체험 자체에 머물러서 체험만을 고집하는 자. 체험이후 체험으로 자신의 영적 권위를 세우며, 체험이 없다는 이유로 남에게 상처를 주며, 교회의 권위에 도전하며, 성경보다 체험을 중요시 극대화하며, 성경공부, 읽기를 시시하게 생각하는 자를 말합니다. 정의를 내린다면: 신의 본질과 존재의 궁극의 근원은, 계시나 체험으로 직접 터득하는 길이 가장 빠르고, 정확한 길이라고 주장하며, 자신들에게 내린 어떤 체험, 계시를, 구약의 계시를 받은 예언자, 선지자와 같이 혼돈 하는 것입니다.

② 신비적 성도: 신비를 체험 후 더욱 신앙이 깊어지고, 겸손의 자세와 헌신적이며, 순종의 삶을 보이며, 더욱 주를 사랑하며, 체험을 귀중히 여기기는 하나 성경의 아래에 두는 자입니다. 성령의 역사를 이론적으로도 박식하고 겸손하여야 합니다.

둘째. 경험적으로도 알아야 합니다. 기독교는 체험의 종교입니다. 성령의 역사를 경험하고 체험해야 성령의 역사를 환영하고 인격적으로 받아드릴 수가 있습니다. 하나님은 이렇게 말씀하십니다. "대저 젖을 먹는 자마다 어린아이니 의의 말씀을 경험하지 못한 자요. 단단한 식물은 장성한 자의 것이니 저희는 지각을 사용하므로 연단을 받아 선악을 분변하는 자들이니라"(히 5:13-14). 하나님을 아는 것은 하나님을 연구하고 분석하여 이

성적으로 아는 것이 아니라, 성령사역을 통하여 하나님과의 신령한 영적인 관계를 갖게 됨으로 알게 되는 것입니다. 하나님께서 예수 그리스도를 통하여 보혜사 성령을 주심으로 우리를 도와주시는 이 성령을 통하여 우리들이 할 수 없는 것을 할 수 있도록 하시고, 볼 수 없는 하늘의 신령한 은혜를 볼 수 있게 하시고 은사를 주시어 여러 가지 신령한 영적인 능력을 주셨습니다.

이 성령께서 우리 속에서 어떻게 역사하시고, 어떻게 나타나시는가를 경험적으로 알게 될 때, 이러한 살아 활동하는 성령님의 역사가 하나님으로부터 나에게 신령하게(초자연적으로) 주어지는 은혜나 능력이나 말씀이나 사랑 등. 을 지각하게 되어, 관념적인 아닌 실제적인 신앙이 되는 것입니다. 우리의 영과 혼과 육신을 통하여 나타나는 이러한 여러 가지 성령의 나타나는 현상들이 우리들에게 어떻게 나타나는가를 지각하고 알 수 있는 것이 바로 영안이요 능력입니다.

셋째. 영적 지각으로 알아야 합니다. 성령은 살아계신 하나님입니다. 고로 나에게 나타나시는 것을 자신이 지각할 수 있어야 되는 것입니다. 성령께서 역사하는 것을 손으로나 몸으로 지각을 통하여 성령의 나타남을 환영하고 받아드림으로 능력이 나타나고 영육이 치유되는 것입니다. "우리 주 예수 그리스도의 하나님, 영광의 아버지께서 지혜와 계시의 정신을 너희에게 주사 하나님을 알게 하시고, 너희 마음눈을 밝히사 그의 부르심의 소망이 무엇이며 성도 안에서 그 기업의 영광의 풍성이 무엇이며, 그의 힘의 강력으로 역사하심을 따라 믿는 우리에게 베푸신 능력의 지극히 크심이 어떤 것을 너희로 알게 하시기를 구하노라"(엡 1:17-19).

이러한 신령한 영적 지각이 있어야 능력의 실체가 나타납니다. 그리고 반복적이고 계속 지속되어야 경험이, 다시 영적 지각으로 연결되고, 성령의 나타남을 좀 더 강하게 느낄 수가 있어서 어떤이에게는 지식의 말씀으로 어떤이에게는 지혜의 말씀으로 어떤이에게는 신유로 어떤 때는 분별의 능력으로 어떤 때는 영감으로 어떤 때는 말씀으로 어떤 때는 예언으로 나타나는 영적 현상을 통하여 신령한 하나님 나라의 영적 축복을 누릴 수 있어 열매를 맺을 수 있고 능력을 계속 유지 할 수가 있습니다.

이러한 성령의 나타나는 능력이 지속되지 못하거나, 성령을 소멸하고 능력이 없다면 그리스도인이라 할지라도, 다시 하나님의 신령한 면을 상실하고, 다시 육신 적으로 돌아가게 됩니다. 계속적으로 공급이 되어야하고, 그리스도인이라면 누구나 다 이러한 성령의 나타나는 능력이 있어야 되는 것이며 반복되어야 합니다(요15:1-10, 포도나무와 가지의 비유). 능력이란 어떤 것인가, 그리고 치유의 원리에 대한 지식과 사단의 정체와 사단이 역사 하는 방법과 질병이 치유되지 않는 이유와 기도의 방법과 어떤 상태에서 성령의 나타남이 있는가 하는 등에 대한 영적 지식의 무지와 체험 부족의 무지는 오해를 낳거나 두려움을 낳고 영적인 무능력을 낳게 됩니다.

말을 잘하는 사람이나 이론적인 믿음만 가진 능력 없는 자들이 자기를 변호하기 위하여 주장하는 "특별한 사명 자에게만 주는 것"이라서, 특별한 사명자 외에는 있어도 좋고 없어도 좋은 '특별한 은사'가 아닙니다. 성령이 임재하고 내주 하시는 사람이라면 누구나 성령이 내적으로 역사하고 외적으로 나타나야 하는 것입니다. "경건의 모양은 있으나 경건의 능력은 부인하는 자니 이 같은 자들에게서 네가 돌아서라"(딤후 3:5).

이러한 능력을 통하여 이루어지는 치유 사역은 바로 이 하나님의 구원 사역으로 신령한 성령 사역의 일부이기 때문에 이 치유 사역을 통하여 관념적으로 알던 성령의 사역을 실제적으로 이해하게 되고, 성령과 더불어 사역하는 법을 알게 됩니다. 그러므로 하나님께서 이미 우리들에게 주신 이러한 능력에 대한 이해나 영적인 지식을 갖게 되면 두려움이 사라지고 확신을 갖게 됩니다. 이 확신이 하나님께서 주시는 담대함(딤후1:7)과 능력으로 연결되어 지게 되는 것입니다.

사도 바울은 자신이 하나님의 일꾼이 된 것을 능력이 역사 하는 대로 일꾼이 되었다고 다음과 같이 말하고 있습니다. "그리스도께서 이방인들을 순종케 하기 위하여 나로 말미암아 말과 일이며 표적과 기사의 능력이며 성령의 능력으로 역사하신 것 외에는 내가 감히 말하지 아니하노라"(롬 15:18). 능력은 영안과 영감으로 지각되는 것입니다. 능력의 흐름을 영안으로 보고 영감으로 지각하면서 사역을 합니다. "해 질 적에 각 색 병으로 앓는 자 있는 사람들이 다 병인을 데리고 나아오매 예수께서 일일이 그 위에 손을 얹으사 고치시니"(눅4:40). "병든 사람에게 손을 얹은즉 나으리라"(막16:18).

① 손으로 능력을 지각해야 합니다. 예수님의 치유 사역은 병인들에게 일일이 손을 얹으사 안수하여 치유 하셨습니다. 초대교회 사도들도 동일한 방법으로 치유사역에 임했습니다. 오늘 우리들도 이와 같이 손을 사용하여 치유 사역에 임하여야 되는데, 우리의 손이 치유의 병기라면 그 병기는 날카롭고 예리하여야 병기의 역할을 감당할 수 있는 것처럼, 치유자의 손은 성령의 나타남을 통하여 부어주시는 강력한 능력이 지각되어져야 자신감을 가지고 치유할 수 있습니다.

실제로 능력기도훈련을 받게 되면 성령님의 치유의 능력이 손으로 전달되어 손바닥이 얼얼해지고 찌릿 찌릿한 느낌과 어떤 강력한 능력이 손을 통하여 환자에게 전이되어지는 것을 체험하게 됩니다. 훈련된 사역자의 손에서는 '성령의 불'이 임하소서 라고 요청 할 때마다 강력한 치유의 광선이 나가게 됩니다. "내 이름을 경외하는 너희에게는 의로운 해가 떠올라서 치료하는 광선을 발하리니 너희가 나가서 외양간에서 나온 송아지 같이 뛰리라"(말4:2). 이런 느낌이 있게 되면 사역자는 자신감을 가지게 되고 실제로 그 능력이 환자에게 전해지면 그 환자는 성령의 능력에 사로잡혀 진동을 하거나, 쓰러지거나, 때때로 은사가 접목되어 방언을 하게 되고 회개가 일어나고, 병마가 쫓겨나가는 여러 가지 놀라운 현상들을 경험하게 됩니다.

② 몸으로 능력을 지각하시기 바랍니다. 우리의 몸의 모든 부분은 능력의 병기입니다. 성령님께서 기름부음을 통하여 날마다 온 몸을 사로잡아 달라고 기도해야 합니다. 순간순간 성령의 기름 부으심이 온 몸으로 퍼져나가는 느낌이 지각되면 성령님께서 함께 하신다는 자신감을 얻게 됩니다. 그 기름 부으심이 손뿐 아니라, 머리를 사로잡아 계시가 임하기를 위하여 기도하고, 입술을 사로잡아 방언과 통변이 임하기를 구할 때, 이런 은사가 쉽게 열리는 것을 경험하게 됩니다.

3) 성령의 나타남이 곧 능력입니다. "각 사람에게 성령의 나타남을 주심은 유익하게 하려 하심이라. 어떤 이에게는 성령으로 말미암아 지혜의 말씀을, 어떤 이에게는 같은 성령을 따라 지식의 말씀을, 다른 이에게는 같은 성령으로 믿음을, 어떤 이에게는 한 성령으로 병 고치는 은사를, 어떤 이에게는 능력 행함을, 어떤이에게는 예언함을, 어떤이에게는 영들 분별함을, 다른이에게는 각종 방언 말함을, 어떤이에게는 방언들 통역함을 주시나니, 이 모든 일은 같은 한 성령이 행하사 그 뜻대로 각 사람에게 나눠 주시느니라"(고전12:7-11).

우리들에게 성전 삼고 계시는 성령님이 영과, 혼과, 육신을 뚫고 나타나는 성령님은 능력으로 역사 합니다. 성령의 흐름을 소멸치 말고, 제한하지도 말며, 근심하게도 말고, 내주 하시는 성령님의 기름부음이 나타나도록 영, 혼, 육신의 장애 요인을 제거하는 것이 능력으로 연결 됩니다. 성령님이 역사 하시도록 계기를 마련해 드리고, 성령님께서 나타나시는 기회를 적시에 포착하는 하는 것은 내가 하는 것이지, 하늘에서 뚝 떨어져서 저절로 되는 것이 아닙니다. 그러므로 은사의 개념을 정확하게 알 필요가 있고, 성령님이 어떻게 기름 부으시는지, 그리고 기름 부으시는 방법을 알아야 하며, 성령님이 기름 부으실 때 어떻게 지각되어지는가? 왜 지각되지 않는가?

성령께서 기름 부으실 때 어떻게 성령님과 동역 하는가 등의 훈련(기도)이 필요하고, 성령께서 기름 부으시는 결과로 나타나는 현상에 대한 이해는 필수적인 것입니다. 더구나 이에 대한 이해의 부족은 성령을 거부하게 되고 성령의 역사를 훼방하는 죄를 저지를 수도 있습니다. "그러므로 내가 너희에게 이르노니 사람의 모든 죄와 훼방은 사하심을 얻되 성령을 훼방하는 것은 사하심을 얻지 못하겠고"(마 12:31).

4) 성령님이 사용하시는 나의 속사람의 영력이 곧 능력입니다. "그리스도께서 이방인들을 순종케 하기 위하여 나로 말미암아 말과 일이며 표적과 기사의 능력이며 성령의 능력으로 역사하신 것 외에는 내가 감히 말하지 아니하노라"(롬15:18).

이 능력의 역사는 나의 지성소(영)에 계시는 성령님이 지성소의 휘장을 찢고 성소(혼)로 성전 뜰(육신)로 (흘러)나와서, 나의 영과 혼과 육신을 활용하심으로 우리들의 영력과 능력과 체력이 말씀을 실천할 수 있는 능력과 죄와 사단을 이길 수 있는 능력과 치유의 능력과 역사로 연결되게 됩니다. 내 마음의 법으로는 하나님을 섬기지만, 내 지체 속에는 또 하나의 다른 법이 있어 죄의 법 아래로 이끌어 갑니다. "내 지체 속에서 한 다른 법이 내 마음의 법과 싸워 내 지체 속에 있는 죄의 법 아래로 나를 사로잡아 오는 것을 보는 도다"(롬7:23).

그러므로 바울은 속사람이 성령으로 강건하기를 바랍니다. 바로 이 속사람의 능력이 영력입니다. 그러나 이 속 사람의 능력은 겉 사람의 세력이 강 할 때는 나타나지 않는 속성을 지녔습니다. 엘리야가 갈멜산 상에서 능력의 대결을 할 때는 강했지만 이세벨에 대한 두려움으로 호렙산에 피하여 로뎀 나무아래에서 죽기를 구하였던 나약함을 나타내는 것을 봅니다. "스스로 광야로 들어가 하룻길쯤 행하고 한 로뎀나무 아래 앉아서 죽기를 구하여 가로되 여호와여 넉넉하오니 지금 내 생명을 취하옵소서 나는 내 열조보다 낫지 못하니이다 하고"(왕상19:4).

또한 베드로의 육신의 피곤함은 영적 시험으로 연결되었던 것을 봅니다. "다시 오사 보신즉 저희가 자니 이는 저희 눈이 심히 피곤함이라 저희가 예수께 무엇으로 대답 할 줄을 알지 못하더라"(막14:40). 이와 같이 능력의 실체는 예수 그리스도를 영접함으로 우리 속에 임재하시는 성령님이 인간의 영과 연합되어, 하나님의 능력과 생명이 우리의 영에 있기 때문에 우리가 육신적인 사람이 될 때에는 잘 나타나지 않지만, 성령이 충만하고 믿음과 영적인 사람이 되면 유동적으로 나타나는 현상인 것입니다.

그러므로 우리들의 확신에 찬 태도와 동작과 말 한마디는 능력으로 나타납니다. 그러므로 숙달된 동작과 언어가 체험과 훈련을 통하여 능력으로 연결되어야 하며, 이러한 모습을 볼 때 집회의 대중은 믿음을 갖게 되고, 능력에 접하여 성령에 감동되고 믿음이 유발되고 치유가 일어납니다. 이를 위하여 날마다 내가 죽고 내 속에 예수가 나타나야 됩니다. "우리가 항상 예수 죽인 것을 몸에 짊어짐은 예수의 생명도 우리 몸에 나타나게 하려 함이라. 우리 산 자가 항상 예수를 위하여 죽음에 넘기움은 예수의 생명이 또한 우리 죽을 육체에 나타나게 하려 함이니라"(고후 4:10). "그는 흥하여야 하겠고 나는 쇠하여야 하리라 하니라"(요 3:30). 그래서 우리가 착각하는 것은 예배에 잘 참석하고 기도많이하면 성령 충만하다고 착각하는데, 항상 성령 충만한 영적 상태가 아닐 수 있음을 지각할 수 있어야합니다. 그러므로 결과적으로 주의 능력을 사역 현장에서 능력으로 항상 덧입어야 하는 것입니다.

둘째, 하나님이 능력 있는 성도 만들기 위해 훈련시키는 단계는 이렇습니다. 제가 지금까지 사역하며 임상적으로 모아 능력 있는 성도를 만들기 위해 하나님이 이렇게 깨닫게 하시면서 훈련하십니다. 하나님은 불러서 훈련하시고 시험하여 합격하면 사용하십니다.

1) 영적인 일은 내 힘과 재능으로 안 된다는 것을 체험하게 하십니다. 이 방법 저 방법을 동원하여 살아보려고 노력해도 도저히 내 힘으로 되지 않고 하나님의 힘을 빌려야 된다는 것을 느끼

게 하십니다.

2) 능력을 사모하게 하십니다. 내 힘으로 안 되니까, 하나님의 능력을 받으려고 노력합니다. 그러나 쉽게 하고 빨리 능력을 받으려다가 시행착오도 겪게 하십니다. 그래서 고통도 당하게 하십니다. 그러다가 깨닫고 기본을 다지게 만드시는 하나님입니다.

3) 훈련을 받게 하십니다. 실제 상황을 만들어 놓고 하나님이 주신 영권을 사용하는지를 보십니다. 마치 요셉이 감옥에서 술 맞은 관원장과 술 맞은 관원장의 꿈에 대한 해석을 해주어 능력 사용의 계기를 마련해주고 그것으로 인하여 그 자리에서 일어서게 하십니다. 꿈으로 훈련을 하시기도 합니다. 꿈속에서 악령들과 싸우게 하고 미물들과 싸우게도 하십니다. 환상을 통해서 영적인 전쟁을 하게 하십니다. 필요하면 사역자에게 악령을 이용하여 훈련도 하십니다. 그러다가 역적인 세계를 깨닫고 전문 사역하는 장소에 가서 훈련받게도 하십니다. 하나님은 자녀를 직접 훈련하여 합격하면 사용하십니다. 절대 하나님께서 우리에게 주시고자 하는 능력이나 축복은 하나님이 원하는 영육의 수준이 되기 전까지는 풀어 놓아 주시지 않습니다.

4) 담대함을 시험하십니다. 주신능력의 사용 여부를 보시기 위하여 상황을 조성하여 능력의 사용여부를 보십니다. 이것은 열왕기상 17장의 엘리사가 사르밧 과부의 아들이 죽자 자기 몸을 던져서 살리는 것을 보고 과부가 하나님의 사람이라고 인정하게 하십니다. 또 주신 능력을 어디에 사용하는 지를 보십니다.

자신의 영광을 드러내나 아니면 겸손하여 하나님의 영광을 드러 내는지 보시고 더 강한 능력을 풀어놓아 주십니다.

5) 시행착오를 겪게 하십니다. 사역을 하다가 막히는 부분이 있게 하여 더 깊은 영적인 세계로 인도하십니다. 저도 수많은 시행착오를 통해서 영성이 깊어가고 있습니다.

6) 영적세계를 알게 하십니다. 인간의 모든 문제 배후에는 영적인 세계가 있다는 것을 알고 영적인 세계에 관심을 가지고 능력을 더 사모하게 하십니다. 그리고 영안을 점차로 열어 가십니다. 그래서 성경 말씀 속에서 영적세계를 분별하며 읽게 하십니다. 말씀 속의 비밀도 보여주십니다. 말씀 속에서 각종 영적인 원리들을 발견하게 하십니다.

7) 담대함을 갖게 하십니다. 인간으로서는 도저히 할 수없는 상황을 조성하여 담대하게 예수이름을 사용하게 하시어 그 자리에서 질병이나 축사나 문제가 해결되는 보증의 역사를 체험하여 성령님과 인격적인 관계가 이루어 졌음을 확인 시킵니다. 마치 엘리야가 사르밧 과부의 아들을 살리고, 이스라엘과 이세벨의 상에서 먹는 바알의 선지자 사백 오십인과 아세라의 선지자 사백인과 역적대결을 제의 하고 하나님의 역사로 승리하게 하는 것같이 말입니다.

8) 영의 기도의 필요성을 느끼게 하십니다. 영적인 일은 성령의 이끌림을 받는 영의 기도가 아니면 안 된다는 것을 깨닫고 깊은 영의 기도를 사모하게 하며 기도를 통하여 영육의 변화를 체

험하게 하십니다.

9) 말씀의 필요성을 알게 하십니다. 믿는 자가 하는 사역이나 영적인 일이나 직장생활 심지어 사업하는 것까지 성령이 역사하는 표적만 가지고 안 된다는 것을 알고 말씀을 사모하게 만듭니다. 그래서 말씀을 사모하게 하고 읽게 하고 성경공부를 하게 하십니다. 그러나 성령의 깊은 임재 없이 성경 공부하는 것은 머리만 키우는 결과를 초래한다는 것을 깨닫고 성령의 임재 하에 성경을 공부하며 읽도록 하십니다. 그러나가 영안을 더 열어주시고 말씀 속에서 하나님의 축복의 역사와 영적인 비밀들을 확인하게 하십니다.

10) 예수의 마음을 품게 하십니다. 말씀을 읽고 깊은 영의기도를 하다가 하늘의 사람은 아는 것과 믿는 것과 적용하는 것을 알게 하시어 능력이 나타나고 성경을 많이 알아도 아담에게서 온 기본 성품이 변하지 않으면 아무런 소용이 없다는 것을 인정하게 하여, 심령을 갈라 쪼개는 말씀을 먹으며 성령의 역사하심으로 예수님의 마음으로 변하여 모든 사람과 화평함과 거룩함을 쫓게 하십니다.

성령의 권능이 나타나야 성령치유 사역을 할 수가 있습니다. 성령의 권능이 나타나게 하려면 먼저 하나님과의 관계를 열어야 합니다. 관계를 열려면 성령으로 세례를 받고, 성령으로 기도하며, 심령을 말씀과 성령으로 치유해야 합니다. 한마디로 노력을 해야 한다는 말입니다. 사모하며 노력하면 사역자가 됩니다.

2장 예수 이름의 권능을 사용하는 비결

(행3:1-10)"제 구 시 기도 시간에 베드로와 요한이 성전에 올라갈새, 나면서 못 걷게 된 이를 사람들이 메고 오니, 이는 성전에 들어가는 사람들에게 구걸하기 위하여 날마다 미문이라는 성전 문에 두는 자라. 그가 베드로와 요한이 성전에 들어가려 함을 보고, 구걸하거늘 베드로가 요한과 더불어 주목하여 이르되 우리를 보라 하니, 그가 그들에게서 무엇을 얻을까 하여 바라보거늘 베드로가 이르되 은과 금은 내게 없거니와 내게 있는 이것을 네게 주노니 나사렛 예수 그리스도의 이름으로 일어나 걸으라 하고, 오른손을 잡아 일으키니 발과 발목이 곧 힘을 얻고 뛰어 서서 걸으며 그들과 함께 성전으로 들어가면서 걷기도 하고 뛰기도 하며 하나님을 찬송하니 모든 백성이 그 걷는 것과 하나님을 찬송함을 보고 그가 본래 성전 미문에 앉아 구걸하던 사람인 줄 알고 그에게 일어난 일로 인하여 심히 놀랍게 여기며 놀라니라"

예수 이름에는 권능이 있습니다. 예수 이름은 하나님이 친히 지어주신 이름이기 때문입니다(눅1:31). 하나님이 하늘에 있는 자들과 땅에 있는 자들과 땅 아래에 있는 자들로 모든 무릎을 예수의 이름에 꿇게 하셨기 때문입니다(빌2:10). 예수 이름의 권능은 성령으로 세례를 받고 성령의 임재 안에서 나타나게 됩니다.

성령으로 세례를 받지 않고, 성령을 이론으로 아는 성도가 예수 이름을 사용하면 권세가 나타나지 않습니다. 반드시 성령으로 세례를 받고 성령의 임재 하에 예수 이름으로 명령할 때 기적이 일어나는 것입니다.

많은 성도들이 오해하는 것이 나는 왜 예수 이름으로 기도해도 역사가 나타나지 않을까? 하는 의구심입니다. 예수 이름으로 기도해도 역사가 나타나지 않는 것은 자신 안에 계신 성령으로부터 권능이 나오지 않기 때문에 역사가 나타나지 않는 것입니다. 예수를 영접하면 성령께서 믿는 사람의 영 안에 좌정하십니다. 자신의 영 안에 성령은 좌정하여 계시지만 여러 가지 육의 장애로 밖으로 나타나지 못합니다.

이렇게 임재하신 성령은 성령이 역사하는 장소에 가서 뜨겁게 기도할 때 비로소 자신의 전인격을 장악합니다. 자신의 전인격을 장악하는 현상이 바로 성령의 세례입니다. 이때부터 성령께서 자신의 안에서 밖으로 나타나기 시작합니다. 이 성령은 먼저 자신을 치유하기 시작 하십니다. 자신의 의지가 성령의 역사에 순종하는 대로 하나하나 장악을 해가십니다. 그러므로 성령으로 세례를 받는 것으로 만족하지 말고 성령의 인도에 따라 뜨겁게 기도하면서 성령으로 충만하게 되려고 의지적인 노력을 해야 합니다. 성령이 자신을 장악하면 할수록 권능은 강해지게 됩니다.

이때부터 예수 이름으로 기도하면 기도하는 성도의 믿음에 따라 성령께서 눈에 보이는 역사를 일으키는 것입니다. 기적을 날마다 체험하려면 이렇게 해야 합니다. 첫째, 자신 안에 성령님이 임재하여 역사하고 계신다고 믿어야 합니다. 둘째, 자신 안에 성령님이 주인이라는 것을 인정해야 합니다. 셋째, 성령님은 초자연적인 권능(불)이라는 것을 알고 믿어야 합니다. 넷째, 자신이 성령의 감동을 받아 말할 때 성령의 권능(불)이 나온다고 믿어야 합니다. 실제로 성도가 성령의 임재 가운데 말을 하면 성령의 권능(불)이 나옵니다. 이를 성령의 나타남이라고 합니다(고전 12:7). 이 성령의 권능(불)이 문제와 질병을 치유하는 것입니다. 당신이 예수 이름으로 권능 있는 삶을 살아가려면 항상 이렇게 생각을 하세요. "내가 성령의 임재 가운데 말할 때 성령의 권능(불)이 나온다." 문제는 자신이 성령이 충만한 가운데 예수 이름으로 명령하면 성령의 권능(불)이 나온다는 말을 이해하지 못하는 분들도 있습니다. 또, 정상이 아니라고 생각하거나 이단이 아닌가 의심하는 사람이 있습니다. 이런 분들은 아직 성령의 나타남을 바르게 이해하지 못한 결과입니다. 말씀을 영적으로 해석하면 맞는 말입니다. 성령은 믿는 사람의 마음 안에 임재하여 계시기 때문입니다. 이 성령이 밖으로 나타나기 때문에 권능(불)이 자신 안에서 나오는 것입니다.

다섯째, 예수 이름으로 기도할 때 문제나 질병을 사역자 자신이 치유하는 것이 아니라는 것을 알아야 합니다. 성령께서 자신을 이용(통)해서 치유하시는 것입니다. 하나님은 사람을 통하여 일을 하시기 때문입니다. 여섯째, 자신이 문제나 질병을 향해서 예수 이름으로 기도할 때 성령님이 치유하신다는 확실한 믿음이 있어야 합니다.

일곱째, 문제나 질병을 향하여 담대하게 예수 이름으로 대적하며 기도하는 것입니다. "내가 예수 이름으로 명하노니 가난은 떠나갈지어다." "내가 예수 이름으로 명하노니 심장병은 치유될지어다." "내가 예수 이름으로 명하노니 혈기 나게 하는 귀신은 떠나갈지어다." 이렇게 성령의 임재 가운데 직설화법으로 담대하게 명령하면 성령께서 반드시 기적을 일으키십니다. 다음은 예수 이름을 사용하여 기적을 체험하는 방법과 사례입니다.

1.예수 이름에 권능이 있는 이유

우리는 주 예수의 이름으로 찬양하고 기도합니다. 그 이유를 정확하게 안다면 모든 축복을 누리게 될 것입니다. 이름이라는 것은 무척이나 중요합니다. 그렇기에 대표자는 자기 이름대로 서명하고 책임을 지는 것입니다. 그런데 예수의 이름은 도대체 무슨 이름이냐? 세상 사람들은 4대 성인 중의 한 분이라고 말하는데 이는 천벌을 받을 마귀, 귀신의 말입니다. 우리가 부르는 예수의 이름은 만물을 복종케 하는 이름, 모든 이름위에 뛰어난 이름, 모든 무릎을 그 이름 앞에 꿇게 하시는 이름이 예수의 이름입니다.

주 예수의 이름이 무엇인지를 정확하게 알아야 합니다. 하나님께서 주신 이름입니다. 누가복음 1장 31절에 보면 "보라 네가 잉태하여 아들을 낳으리니 그 이름을 예수라 하라." '예수'는 히브리어 '여호수아'의 헬라어 음역으로 '여호와는 구원이시다.'라는 뜻입니다. 이 이름은 하나님께서 지어주신 이름입니다. 그 이름의 뜻을 마태는 '자기 백성을 저희 죄에서 구원할 자.' 라고 하였습니다. 백성들을 죄에서 구원할 자란 메시야 곧 구세주를 지칭합니다. 메시야의 탄생과 함께 그에 합당한 이름을 하나님께서 명명하신 것입니다. 인류를 구원하시는 일은 하나님의 주권적인 권한에 속하는 것이므로 그 사역을 담당할 메시야의 출생과 그 이름의 명명은 당연히 하나님께서 주관하셔야 할 일인 것입니다. 예수라는 이름은 그리스도의 인성을 나타내며 하나님의 이러한 주권적인 섭리가 가브리엘 천사를 통하여 처녀인 마리아에게 고지되었습니다. 예수라는 이름을 가진 사람들과 주님을 구분하기 위하여 '갈릴리 나사렛에서 나온 예수' '다윗의 자손 예수' 라는 호칭을 붙이기도 하는 것입니다. 하나님이 예수를 지극히 높여 모든 이름 위에 뛰어난 이름을 주사, 하늘에 있는 자들과 땅에 있는 자들과 땅 아래에 있는 자들로 모든 무릎을 예수의 이름에 꿇게 하시고, 모든 입으로 예수 그리스도를 주라 시인하여 하나님 아버지께 영광을 돌리게 하셨기 때문입니다(빌2:9-11).

우리가 이렇게 예수의 이름을 바로 알면 어떻게 하나님의 이름을 망령되이 일컫겠습니까? 예수의 이름이 얼마나 엄청난 이름인지 모릅니다. 만물을 복종케 하는 이름, 모든 이름 위에 뛰어난 이름, 모든 무릎을 그 이름 앞에 꿇게 하시는 이름이 예수의 이름인 것입니다. 이를 모르니 함부로 일컫고 함부로 하는 것입니다. 하나님께서 이스라엘 백성들을 출애굽 시켜야 한다고 모세에게 말씀하십니다. 네가 가서 말해라 하니 모세가 하는 말이 내가 바로 왕 앞에 가서 누가 나를 보냈다고 하오리까?

모세는 하나님이라는 말도 모르고 정확한 하나님의 위치를 확인할 수 없는 어느곳에서 하나님의 음성을 들었습니다. "이스라엘 백성들을 끌어내어 가나안을 정복해야 한단다. 가서 말해라." 누가 나를 보냈다고 하오리까? 그러니 하나님께서 말씀하십니다. "나는 스스로 있는 자다." 예수 그리스도는 창조주로서 스스로 계신 자입니다. 무엇 때문에 말씀하십니까? "여호와의 구원, 나는 여호와다. 나는 여호와니라." 이 말이 얼마나 중요한 말인지 모릅니다. "나는 너희를 애굽의 종 되었던 곳에서 이끌어 낸 너희 하나님 여호와라. 아브라함과 이삭과 야곱에게는 전능자로만 나타났지만 이제는 애굽의 종 되었던 백성들을 바로의 손에서 끌어내는 여호와의 구원으로 내가 나타나리라. 나는 여호와 이니라!"

우리는 하나님을 잘 모릅니다. 하나님이라는 이름은 존재 자체였지 원래 이름이 없으셨습니다. 그래서 "나는 스스로 있는 자다. 나는 나다." 제가 우리 집에 들어가는데 누구십니까 하면 "나다 하면" 그만이지 굳이 제 이름을 말할 필요가 있습니까? "나는 창조주다. 나는 구원주다. 나는 여호와다." 이 말이 그렇게 중요합니다. "애굽의 종 되었던 곳에서 이끌어 낸 여호와다. 세상에서 건져낸 여호와다." 예수의 이름은 스스로 있는 자이며 구원할 자라는 말씀입니다. 여호와는 구원이십니다. 믿고 빌며 도와달라고 하는 하나님이 아니라 구원이십니다. 세상에서 건져내신 분입니다. 육신에 매여 있던 곳에서 말입니다. 나는 여호와라. 이 이름을 제대로 알고 부를 수 있어야 합니다.

말씀하시던 그 분이 실제로 이 땅에 오신 것입니다. 그 분이 십자가에서 죽으시고 부활하셨습니다. 애굽의 종 되었던 백성들을 어찌 끌어내오리까? "내가 이끌어 낼 것이다. 유월절 피 바른 날 나오게 될 것이다. 10가지 마지막 재앙, 피 바른 날 해방 받게 될 것이다." 말씀하시고 수천만만의 짐승을 잡으시면서 말씀하시던 피 언약을 이루시기 위해 예수님이 그리스도로 오셔서 십자가에서 죽으시면서 "내가 다 이루었다." 우리는 죄와 저주에서 해방을 받고 사망에서 생명으로 옮겨 하나님의 자녀가 된 것입니다.

요한일서 3장 8절에 "죄를 짓는 자는 마귀에게 속하나니 마귀는 처음부터 범죄함이라 하나님의 아들이 나타나신 것은 마귀의 일을 멸하려 하심이라" 그 이름은 끝난 이름이 아닙니다. 여호와의 이름, 예수의 이름은 지금도 만물을 복종케 하는 이름, 모든 무릎을 꿇게 하는 이름, 예배드리는데 함께하시는 이름인 것입니다. 예수의 이름을 알고 제대로 부르면 끝납니다. 그러나 모르고 부르면 헛소리가 되는 것입니다. 영향력 있는 사람은 찾아가고 부릅니다. 예수의 이름은 만물을 복종케 하는 이름, 죄와 저주를 완벽하게 해결하신 이름, 사탄의 권세를 깨뜨리시고 우리에게 주신 유일한 이름입니다. "그 이름을 부르면 누구든지 구원을 받으리라." 예수 이름은 이렇게 말로 표현하기 힘든 권능이 있습니다. 모든 천지 만물이 예수 이름 앞에 무릎을 꿇어야 합니다.

마가복음 16장 17-18절에 보면"믿는 자들에게는 이런 표적이 따르리니 곧 그들이 내 이름으로 귀신을 쫓아내며 새 방언을 말하며, 뱀을 집어올리며, 무슨 독을 마실지라도 해를 받지 아니하며 병든 사람에게 손을 얹은즉 나으리라 하시더라."이렇게 예수님이 그 이름을 사용할 수 있는 권한을 예수를 믿는 우리에게 주셨습니다. 믿는 우리는 담대하게 예수 이름을 사용해야 합니다. 예수 이름으로 기도하면 모든 사탄의 권세가 무너지는 것입니다. 예수 이름은 하나님의 이름이기 때문입니다. 담대하게 예수 이름을 사용하세요.

2.예수 이름의 권능을 사용하는 법

예수님의 이름에는 분명하게 권세가 있습니다. 성도들에게 세상에서 가장 가치 있는 이름 하나를 찾으라고 한다면 "예수 그리스도의 이름"임을 찾아야 합니다. 예수의 이름의 뜻이 "구원"입니다. 예수님은 요한복음 14장 6절에서 "내가 곧 길, 진리, 생명이라고 하시며 나로 말미암지 않고는 아버지께로 올 자가 없다"고 하셨습니다. 죄에서 자유 함을 얻는 유일한 길이요. 요한복음 14장 13절에 "너희가 내 이름으로 무엇을 구하든지 내가 시행하리니" 하나님께 기도하여 응답 받을 수 있는 이름입니다. 이런 기도의 약속은 대단한 약속입니다. 그래서 성도들은 열심 있게 예수 이름으로 성령 안에서 기도해야 합니다. 그러나 기도는 열심히 하는데 아무 일도 일어나지 않는 일이 대부분입니다. 그것을 이상하게 여기지도 않습니다. 자신의 능력이 없어서, 믿음이 적어서, 죄가 있어서 등으로 생각하고 기도를 포기합니다.

그럼 과연 예수 이름의 권세는 언제 누구에게 나타나는 것일까요? "먼저 생각할 것은 우리가 이 땅에서 예수 그리스도의 이름을 부르는 의미를 알라"기도는 나를 위한 것이 아니라, 하나님을 위한 것임을 잊지 말아야 합니다. 즉 예수 이름을 사용하는 목적이 나를 위함이 아니라, 하나님의 영광을 위함이어야 한다는 것입니다. 예수의 이름은 내가 하나님을 이용하도록 주신 것이 아니라, 하나님께서 나를 사용하시기 위해 주신 이름이라는 말씀입니다. 이를 알고 성령으로 기도해야 합니다. 성령 안에서 예수님의 권세가 나타나는 것입니다.

성령 안에서 예수님의 이름으로 기도할 때 하나님이 들어주시고 응답하여 주십니다. 우리가 '예수님의 이름으로' 기도하는 것은, 예수님께서 돌아가시기 전에 제자들에게 마지막으로 부탁하신 말씀 때문입니다. 물론 '예수님의 이름으로' 기도할 때에는, 예수님의 가치와 목적과 성품이 그 기도 속에 포함되어 있어야 합니다. 즉 성령의 임재가운데 성령으로 기도해야 합니다. 그 구체적인 기도의 내용이 바로 주님이 가르쳐주신 주기도문에 담겨있습니다. 무엇보다 우리가 기도하는 대상이신 하나님에 대해서 오해를 풀어야 합니다. 우리의 기도는 억지로 떼를 써서라도 인색한 하나님에게 우리가 원하는 것을 받아내는 고집스러운 행위가 아니라, 단순하고 솔직하게 필요한 것과 성령님이 감동하시는 것을 믿음으로 간구하는 것입니다.

그리고 '예수님의 이름으로' 기도할 때에 우리가 받게 될 가장 좋은 응답은 바로 '성령'이라는 것을 알아야 합니다. 기도할 때 성령을 주십니다. 이것이 바로 예수님께서 우리에게 '예수님의 이름으로' 기도하라고 가르쳐주신 진정한 이유입니다. 이 부분에 대해서 조금 더 깊이 묵상할 필요가 있습니다. 예수님께서 승천하시기 전에 제자들에게 남겨주신 말씀은 "오직 성령이 너희에게 임하시면 너희가 권능을 받고 예루살렘과 온 유대와 사마리아와 땅 끝까지 이르러 내 증인이 되리라 하시니라."(행1:8)입니다. 누가복음 11장에서 주님은 우리가 '예수님의 이름으로' 기도하면 '성령'을 받게 될 것이라고 말씀하셨습니다. 여기 사도행전 본문에서는 '성령'이 임하면 '권능'을 받게 될 것이며, 그 '권능'을 받아야 땅 끝까지 이르러 '주님의 증인'이 될 수 있다고 하셨습니다. 그리고 오순절 성령강림을 통해서 실제로 주님께서 약속하신 성령이 제자들에게 하나씩 임했습니다.

자, 그렇다면 제자들이 성령이 임함으로써 받게 된 '권능'이 구체적으로 무엇일까요? 오순절 성령강림절 당일에 제자들이 다른 나라의 말로 '방언'을 말함으로써 예수 그리스도의 복음이 선포되는 정말 놀라운 일이 나타났습니다. 그러나 '방언'을 '권능'이라고 표현하기에는 무언가 충분하지 않다는 느낌입니다. 성령이 임하심으로 제자들이 받게 된 '권능'이 무엇일까요?

베드로가 행한 오순절 설교에서 이 '권능'의 의미가 잘 설명되고 있습니다. "이스라엘 사람들아 이 말을 들으라. 너희도 아는 바와 같이 하나님께서 나사렛 예수로 큰 권능과 기사와 표적을 너희 가운데서 베푸사 너희 앞에서 그를 증언하셨느니라."(행2:22)입니다. 베드로는 예수님께서 이미 '권능'을 나타내셨다고 이야기합니다. 예수님께서 행하신 '권능'(權能)이란 기사(wonders)와 표적(signs)을 행하실 수 있는 눈으로 보이는 '능력'(power)이라는 것입니다. 그 권능을 통해서 예수님이 하나님의 아들이요. 그리스도이심을 하나님께서 '증언'하셨다는 것입니다. 반드시 예수님의 권능은 말로만 그치는 것이 아니라 실제 몸으로 느끼고, 눈으로 보이는 실제적인 현상이 나타나야 합니다. 정리하자면, '권능'은 기사와 표적을 행하는 능력인데, 그것을 통해서 예수 그리스도가 증명(prove)될 수 있는 그런 능력입니다.

자, 그렇다면 오순절 성령강림 사건을 통해서 제자들이 받게 된 '권능'은 무엇일까요? 그것은 예수님과 똑같습니다. '기사'와 '표적'을 행할 수 있는 '능력'입니다. 그 권능을 사용함으로써, 주님께서 하신 말씀처럼, 제자들은 비로소 땅 끝까지 이르러 예수님을 증언하는 사역을 할 수 있게 되었던 것입니다. 그러니까 예수님께서 제자들에게 '예수님의 이름으로' 하늘 아버지께 기도하여 '성령'을 받으라(눅11:13)고 말씀하신 이유는, 결국 제자들이 성령을 받아야 이와 같은 권능을 사용할 수 있게 되기 때문인 것입니다. 권능은 성령으로 기도할 때 기사와 표적이 나타나기 때문입니다. 그렇기 때문에 예수님의 권능을 사용하려면 반드시 성령으로 세례를 받아야 합니다.

그렇게 해서 실제로 초대교회에서는 성령 받은 제자들로 말미암아 많은 '기사와 표적'이 나타나게 되었습니다(행2:43). 그 중의 그 첫 번째 사건이 바로 성전 미문에서 구걸하던 나면서부터 못 걷게 된 장애인을 베드로와 요한이 치유한 일입니다. 이때 베드로가 그를 향해서 무엇이라고 말했습니까? "베드로가 이르되 은과 금은 내게 없거니와 내게 있는 이것을 네게 주노니 나사렛 예수 그리스도의 이름으로 일어나 걸으라 하고…."(행3:6)라는 말입니다. 여기에서 우리가 주목해야 할 부분은, 베드로가 권능을 행하면서 사용한 '나사렛 예수 그리스도의 이름으로'라는 말입니다. 베드로는 '내가 명하노니 일어나 걸으라!'라고 하지 않습니다. '예수님의 이름으로 일어나 걸으라!'고 명령합니다. 바로 이것이 '예수님의 이름으로' 기도하여 성령의 권능을 받은 사람들이, 그 권능을 행할 때 하는 방법입니다. '예수님의 이름으로' 기도하여 얻은 권능은 오직 성령 안에서 '예수님의 이름으로' 명령함으로써 그 능력이 나타나게 되는 것입니다.

그렇다면 예수님은 기사와 표적을 행하실 때에 당신의 이름을 사용하셨을까요? 아닙니다. 예수님은 당신의 이름을 사용하실 필요가 없으셨습니다. 그냥 '말씀하심'으로 놀라운 기사와 표적을 보이셨습니다. "…중풍병자에게 말씀하시되 일어나 네 침상을 가지고 집으로 가라 하시니 그가 일어나 집으로 돌아가거늘….”
(마9:6b-7). 베데스다 연못가에 누워 있던 38년 된 병자를 향해
서도 예수님은 그냥 명령하셨습니다.“예수께서 이르시되 일어나
네 자리를 들고 걸어가라 하시니 그 사람이 곧 나아서 자리를 들
고 걸어가니라.”(요5:8-9). 명령하셨습니다.

예수님은 굳이 ‘예수님의 이름으로’ 선포하실 이유가 없으십니
다. 왜냐하면 그분이 바로 예수 그리스도 자신이시기 때문입니
다. 그러나 제자들은 다릅니다. 제자들은 자신의 능력으로 기사
와 표적을 나타내 보이는 것이 아닙니다. 성령 안에서 예수님의
이름으로 기도하여 얻은 ‘권능’으로 기사와 표적을 보이는 것입니
다. 따라서 그들은 반드시 ‘예수님의 이름으로’ 그렇게 선포하고
명령해야 하는 것입니다.

그러니까 엄밀하게 말하자면 제자들이 기사와 표적으로 ‘권능’
을 행할 때에, 예수님께서 그 일을 행하신다는 믿음을 가지고 ‘예
수님의 이름으로’ 기도하는 것이며, 동시에 예수님께서 행하실
일(기사와 이적)에 대해서 선포하고 명령하는 것입니다. 예수님
께서는 믿음의 ‘기도’를 들으시고 이적이 나타날 대상에게 성령으
로 ‘명령’하는 것입니다. 이 명령을 대상이 알아듣고 순종하니 기
적이 나타나는 것입니다. 이와 같은 놀라운 일은 베드로에게만
경험된 것이 아니었습니다. 바울은 그보다 더 놀라운 일을 행했
습니다. 빌립보에서는 예수 그리스도의 이름으로 귀신들린 여종
에게서 귀신을 내쫓기도 했습니다.“…바울이 심히 괴로워하여 돌

이켜 그 귀신에게 이르되 예수 그리스도의 이름으로 내가 네게 명하노니 그에게서 나오라 하니 귀신이 즉시 나오니라."(행16:18). 바울이 말 한대로 귀신이 나왔습니다. 에베소에서 사역할 때에는 정말로 믿기지 않는 놀라운 역사가 나타나기도 했습니다. "하나님이 바울의 손으로 놀라운 능력을 행하게 하시니 심지어 사람들이 바울의 몸에서 손수건이나 앞치마를 가져다가 병든 사람에게 얹으면 그 병이 떠나고 악귀도 나가더라."(행19:11-12). 이는 실제로 일어난 성령의 역사입니다.

이 이야기는 마치 12년 동안 혈루증을 앓던 여인이 예수님의 옷에 손을 대고 고침을 받은 장면을 연상하게 합니다. 그러나 그것은 어디까지나 예수님 이야기입니다. 하나님의 아들이신 예수님이라면 물론 얼마든지 그런 일을 행하실 수 있습니다. 그런데 바울의 몸에서 손수건이나 앞치마를 가져다가 얹으면 병이 고쳐지고 악귀가 나가는 이런 일이 어떻게 벌어진단 말입니까? 오랫동안 선교활동에 헌신하다가 보니까 바울도 예수님과 같은 어떤 초자연적인 능력을 가지게 된 것일까요? 아닙니다. 그것은 바울이 가지고 있는 능력이 아닙니다. 본문은 이와 같은 오해를 막기 위해서 분명한 어조로 말합니다. "하나님이 바울의 손으로 놀라운 능력을 행하게 하셨다."

바울을 통해서 나타난 일은 분명히 보통 사람들로서는 감히 행할 수 없는 아주 '이례적인'(extraordinary) 것이었습니다. 그러나 그것은 바울이 자신의 능력으로 행한 일이 아니라, 하나님께서 바울을 통해서 하신 일입니다. 지금도 하나님은 성령으로 세례를 받고 믿음 있는 성도들을 통해서 일을 하십니다.

왜 하나님께서는 바울을 통해서 그런 놀라운 능력을 나타내셨을까요? 그것은 바울이 선포하는 '말씀의 권위'를 세워주시기 위해서였습니다. 잘 새겨들으십시오. '바울의 권위'가 아닙니다. '말씀의 권위'입니다. 바울이 가르치고 전하는 주님의 말씀의 권위를 높여주시기 위해서 놀라운 능력을 보여주신 것입니다. 하나님이 바울을 통하여 일을 하신다는 것을 나타내신 것입니다.

이와 같은 일은 예수님의 공생애 기간 동안에 이미 경험되어진 일입니다. 예수님께서 제자들을 파송하셨을 때에도 제자들을 통해서 놀라운 권능이 나타났습니다. "예수께서 열두 제자를 불러 모으사 모든 귀신을 제어하며 병을 고치는 능력과 권위를 주시고 하나님의 나라를 전파하며 앓는 자를 고치게 하려고 내보내시며…."(눅9:1-2). 예수님은 열두 제자를 한 자리에 불러놓으시고, 그들에게 '모든 귀신을 제어하며 병을 고치는 능력(power)과 권위(authority)를 주셨다'고 합니다. 이 '능력'과 '권위'를 한 마디로 줄여서 말하면 바로 '권능'(權能)이 되는 것입니다. 그런데 이 '권능'의 구체적인 내용이 무엇이었을까요? 그렇습니다. 바로 성령 안에서 '예수님의 이름을 사용할 수 있는' 능력과 권위입니다. 우리는 이 능력과 권위를 예수 이름으로 사용해야 합니다.

실제로 이때 파송 받은 제자들은 '각 마을에 두루 다니며 곳곳에 복음을 전하며 병을 고쳤다'(눅9:6)고 합니다. 또한 '귀신들이

제자들에게 항복하는'그런 일들도 체험했습니다(눅10:17). 그것
또한 제자들의 능력이 아니었습니다. 오히려 그들이 전하는 하나
님 나라의 '복음의 권위'를 드러내기 위해서 주님께서 제자들에게
'예수님의 이름을'사용할 수 있는 권능을 주셨고, 그것을 통해 놀
라운 능력을 실제로 나타내신 것입니다.

베드로와 바울이 행했던 권능도 이와 같이 예수님의 이름을 사
용하는 능력이었습니다. 그것을 통해서 놀라운 기사와 표적이 나
타났던 것입니다. 그러나 '예수님의 이름'을 사용한다고 해서, 누
구에게나 이와 같은 놀라운 일이 나타나게 되는 것은 아닙니다.
바울이 에베소에서 사역할 때에 '예수님의 이름으로'귀신을 쫓아
내는 것을 본 마술사들이 그 흉내를 냈던 일이 있었습니다. "이에
돌아다니며 마술하는 어떤 유대인들이 시험 삼아 악귀 들린 자들
에게 주 예수의 이름을 불러 말하되 내가 바울이 전파하는 예수를
의지하여 너희에게 명하노라 하더라."(행19:13). 여기에서 '돌아
다니며 마술하는 어떤 유대인들'은 그냥 눈속임수로 사람들을 즐
겁게 해주는 '마술사'를 의미하지 않습니다. 이들은 사실'악한 영
들을 쫓아내는' '유대인 퇴마사'였습니다.

사도행전 8장에서 빌립이 사마리아 성에 내려가 복음을 전하
다가 만난 '시몬'이라는 마술사나, 사도행전 13장에서 바울이 첫
번째 선교여행 중에 구브로의 바보에서 만난 '바예수'라는 유대인
거짓 선지자인 마술사도, 엄밀하게 말하면 사실 퇴마사들이었습
니다. 물론 그들이 행하는 것은 눈속임수의 가짜 마술에 불과했

지만, 그것을 잘 모르는 사람들에게는 '퇴마사'로서 큰 영향력을 행사하고 있었습니다. 그러다가 빌립이나 바울을 통해서 진짜 능력이 나타남으로써 그들의 가짜 행세가 들통 나고 말았었습니다.

바로 이곳 에베소에도 그와 같이 여기저기 떠돌아다니며 사기 쳐서 먹고 사는 가짜 퇴마사들이 나타났던 것입니다. 그들은 바울을 모방하여 '시험 삼아' 귀신을 축출하려고 했습니다. 악귀 들린 사람들에게 '내가 바울이 전파하는 예수를 의지하여 너희에게 명하노라!'라고 말하면서, 예수님의 이름을 이용하여 귀신을 쫓아내려고 했던 것입니다. 아마도 바울이 '예수 그리스도의 이름으로' 귀신을 쫓아내는 장면을 목격했었던 모양입니다.

자, 과연 어떤 일이 벌어졌을까요? 그들도 정말 귀신을 쫓아낼 수 있었을까요? "악귀가 대답하여 이르되 내가 예수도 알고 바울도 알거니와 너희는 누구냐 하며 악귀 들린 사람이 그들에게 뛰어올라 눌러 이기니 그들이 상하여 벗은 몸으로 그 집에서 도망하는지라."(행19:15-16). 그렇습니다. 예수 그리스도의 이름을 아무리 큰 소리로 부른다고 하더라도, 만일 그가 예수님을 구주로 믿지 않는 사람이라면, 그에게는 아무런 능력도 나타나지 않습니다. 왜냐하면 그 능력의 근원은 '예수 그리스도의 이름'에 있는 것이 아니라 '예수님 자신'에게 있기 때문입니다. 예수님께서 행하신다는 믿음이 없는데, 그 이름을 부른다고 무슨 일이 나타나겠습니까? 믿음 없이 부르는 '예수 그리스도의 이름'은 아무런 능력도 나타내지 않는 공허한 '주문'(呪文)이 되고 맙니다. 그것이 바로 하나님께서 십계명을 통해서 엄중하게 금지하신 '하나님의 이름을 망령되이 일컫는' 죄를 범하는 것입니다.

베드로가 성전 미문에서 행한 표적을 보고 놀란 사람들이 솔로몬 행각으로 모여들었을 때에, 그들에게 베드로는 이렇게 선포했습니다. "그 이름을 믿으므로 그 이름이 너희가 보고 아는 이 사람을 성하게 하였나니 예수로 말미암아 난 믿음이 너희 모든 사람 앞에서 이같이 완전히 낫게 하였느니라."(행3:16). 그렇습니다. 예수님의 이름을 불렀다고 권능이 나타나는 것이 아니라, 예수 그리스도의 이름을 믿는 믿음이 그와 같은 놀라운 기적을 나타낸 것입니다. 예수님이 자신을 통해서 일하신다는 믿음이 있을 때 성령이 역사합니다. 절대로 자신이 행하는 것이 아닙니다. 예수님이 하신다는 믿음을 보고 행하시는 것입니다. 우리는 예수님이 사용하시는 도구에 불과합니다.

3. 권능을 개발하는 비결

요한복음 14장에서 주님은 '내 이름으로 무엇이든지 내게 구하면 내가 행하리라'(요14:14)고 말씀하셨습니다. 그래서 우리 그리스도인들은 기도할 때마다 반드시 예수님의 이름으로 기도합니다. 그러나 예수님의 이름으로 구한다고 해서, 무조건 우리가 간구하는 모든 기도와 소원이 이루어지는 것은 아닙니다. 믿음으로 기도해야 합니다. 예수를 그리스도로 믿는 믿음으로 기도

해야 합니다. 그럴 때에 우리의 생각과 기대를 뛰어넘는 하나님의 놀라운 은혜와 능력으로 응답되는 것입니다.

'예수님의 이름으로' 기도할 때에 우리는 성령으로 세례를 받습니다. 성령을 세례를 받아 성령이 임하게 되면 우리는 '예수 이름으로 명령하는 권능'을 받게 됩니다. 예수님께서 행하신다는 확실한 믿음을 가지고 '예수님의 이름으로' 기도하며, 또한 '예수님의 이름으로' 명령할 때에, 하나님께서는 우리를 통해서도 얼마든지 놀라운 기사와 표적을 나타내시면서 예수님이 하나님의 아들이요, 그리스도이심을 증언하게 하실 것입니다.

성도들은 하나님께서 주신 예수 이름의 권세를 사용해야 합니다. 많은 목회자들이 성도들에게 예수님을 믿으면 하나님의 자녀가 되는 권세가 있다고 말합니다. 그래서 많은 성도들이 자신에게 하나님의 권세가 있는 줄 압니다. 자신에게 권세가 있다는 것을 안다고 권세가 나타나는 것이 아닙니다. 성령 안에서 믿음으로 사용할 때 권세가 권능으로 나타납니다. 그런데 문제는 권세를 사용할 줄을 모른다는 것입니다. 권세가 있어도 사용하지 않으면 무용지물입니다. 사용할 때 권능으로 역사가 나타나는 것입니다. 주신 권능을 사용하여 처소를 천국되게 하시기 바랍니다.

아무리 말씀을 많이 알아도 방해꾼이 있으면 평안하지 못합니다. 성령 안에서 예수 이름을 사용하면 방해꾼들이 떠나갑니다. 생각해보십시오. 적이 없으면 편안한 거 아닙니까? 우리를 망하게 하고, 병들게 하고, 부부간에 싸우게 하는 영적인 놈을 쫓아내면 우리 가정이 편안하지 않겠습니까? 그 악한 것들로 인해 우리의 영혼이 병들어 지옥에 가면 어쩝니까? 그러므로 귀신은 무조건 쫓아내야 합니다. 그러나 귀신 쫓는 것만 가지고 안됩니다. 생명의 말씀과 성령으로 충만 받아야 합니다. 그래야 귀신이 감해 넘보지 못합니다. 예수 이름의 권세는 성령으로 세례 받은 남녀노소를 무론하고 다 나타납니다. 그러나 만 원짜리와 천 원짜리의 가치가 다르듯 하나님의 능력 또한 기도의 양과 정비례한다는 것을 알아야 합니다. 한 시간 기도한 사람과 세시간 기도한 사람의 능력은 차이가 있습니다. 성령으로 기도하면 성령이 충만해지기 때문입니다. 성령으로 충만하면 그 만큼 권능이 강하게 나타나는 것입니다. 베드로의 그림자만 밟아도 병이 낫는 것은 베드로가 성령 안에서 기도를 습관화했기 때문입니다. 제가 성령 안에서 예수 이름을 사용하여 치유사역을 하는 것은 기도하기 때문입니다.

저는 항상 이렇게 말합니다. 제가 예배나 집회 때 성령의 역사를 일으키고, 내적인 상처를 치유하고, 귀신을 쫓아내고, 정신적인 문제를 치유하고, 심방을 가서 성령의 역사를 일으키며 문제를 해결하고, 집중 치유를 하면 목회자 성도가 영적으로 변화되는 모든 것에 비결은 깊은 기도에 있다고 합니다. 기도를 성령 안에서 깊게 하기 때문입니다. 저만의 기도하는 비결을 터득했기 때문입니다. 저에게서 권능이 떠나지 않는 비결은 바로 늘 성령으로 기도하기 때문입니다. 당신도 할 수 있습니다. 할렐루야!

3장 성령으로 세례 하는 비결

(행 11:15-16)"내가 말을 시작할 때에 성령이 저희에게 임하시기를 우리에게 하신 것과 같이 하는지라. 내가 주의 말씀에 요한은 물로 세례를 주었으나 너희는 성령으로 세례를 받으리라 하신 것이 생각났노라"

성령으로 세례를 받아야 성령치유를 받을 수가 있습니다. 물론 성령치유 사역자가 되려고 해도 성령으로 세례를 받아야 합니다. 성령세례는 성도에게 필수입니다. 성령세례에 대한 여러 견해가 많아서 성도들이 혼동하는 경우가 있습니다. 그러나 하나님은 성령으로 세례를 받으리라(행1:5). 말씀하십니다. 사도행전 2장 1-4절에 보면 "오순절 날이 이미 이르매 그들이 다 같이 한 곳에 모였더니, 홀연히 하늘로부터 급하고 강한 바람 같은 소리가 있어 그들이 앉은 온 집에 가득하며, 마치 불의 혀처럼 갈라지는 것들이 그들에게 보여 각 사람 위에 하나씩 임하여 있더니, 그들이 다 성령의 충만함을 받고 성령이 말하게 하심을 따라 다른 언어들로 말하기를 시작하니라."했습니다. 성령으로 세례를 받으니 성령의 충만함을 받고 다른 언어(하늘의 언어)로 말을 했습니다. 성령으로 세례를 받으니 하늘의 사람으로 변하여 하늘언어를 했다는 것입니다.

저는 십 년이 넘도록 성령치유 사역을 했습니다. 성령치유 사역을 하다가 보니 성령의 세례를 받으면 그때부터 치유가 이루어지기 시작 했습니다. 저는 성령의 세례를 이렇게 표현하기도 합니다. 성령의 세례는 예수를 영접할 때 내주하신 성령께서 순간 폭발하여 전인격을 사로잡는 것이라고 하기도 합니다. 예수를 믿으면 성령이 내주하십니다. 즉시로 죽었던 영은 살아납니다.

그러나 육체는 성령으로 장악당하지 않은 상태입니다. 육체는 구습을 따르는 옛 사람이 그대로 있다는 말입니다. 그러므로 옛 사람에게 역사하던 세상신이 여전히 주인노릇을 하고 있다는 뜻도 됩니다. 하지만 성령으로 세례를 받으면 성령께서 전인격을 사로잡으므로 옛 사람에게 역사하던 세상신이 떠나가기 시작을 하는 것입니다.

그래서 하나님은 성도들이 성령으로 세례를 받아 영적으로 변하기를 소원하십니다. 성령으로 세례를 받아야 전인격이 하나님을 따를 수 있기 때문입니다. 목회자나 성도나 할 것 없이 성령의 불 받기를 사모합니다. 그러나 성령의 세례를 받아야 성령의 불로 세례를 체험할 수가 있습니다. 저의 개인적인 견해로는 성령의 세례가 없이 성령의 불세례를 받을 수가 없습니다. 성령의 불세례를 받으려면 먼저 성령의 세례를 체험해야 합니다. 성령의 세례를 받으려면 세례를 받을 수 있는 영육의 상태가 되어야 합니다.

성령의 세례를 받으려면 먼저 마음을 열어야 합니다. 성령은 사람의 영 안에서 역사하십니다. 영은 사람의 마음 안에 있습니다. 그래서 마음을 열어야 영 안에 계신 성령이 역사하는 것입니다. 성령이 역사해야 사람이 영적인 상태가 되는 것입니다. 영적인 상태가 되어야 하나님과 교통할 수가 있는 것입니다. 그러므로 우리는 회개의 세례인 물세례로 만족하지 않고 다음은 성령의 세례를 받아야 합니다.

세례요한은"나는 너희로 회개하게 하기 위하여 물로 세례를 베풀거니와 내 뒤에 오시는 이는 나보다 능력이 많으시니 나는 그의 신을 들기도 감당하지 못하겠노라 그는 성령과 불로 너희에게 세례를 베푸실 것이요"(마 3:11)라고 말씀한대로 물세례를 받기 이전이든지 이후든지 성령의 세례를 반드시 받아야 합니다.

어떤 성도들은 성령의 세례 받으면 물세례를 안 받아도 되느냐 묻는 사람이 있는데 그것은 잘못된 것입니다. 예수님께서도 세례요한에게 직접 물세례를 받았습니다. "이때에 예수께서 갈릴리로부터 요단강에 이르러 요한에게 세례를 받으려 하시니, 요한이 말려 이르되 내가 당신에게서 세례를 받아야 할 터인데 당신이 내게로 오시나이까, 예수께서 대답하여 이르시되 이제 허락하라 우리가 이와 같이 하여 모든 의를 이루는 것이 합당하니라 하시니 이에 요한이 허락하는지라"(마 3:13-15)고 했습니다.

세례를 행하므로 하나님께 의를 이루는 것임으로 성도는 물세례를 받아야 합니다. 그렇지만 물세례로 만족하지 말고 성령의 세례를 사모해야 합니다. 사모해야 성령으로 세례를 체험할 수가 있습니다. 물세례는 예수를 믿고, 구원 받은 사람 즉 중생한 사람의 표로 받는 것이라면 성령의 세례는 구원받은 사람이 하나님의 사역을 위해 권능을 받는 것입니다. 그래서 "성령이 너희에게 임하면 권능을 받고 예루살렘과 유대와 사마리아 땅끝까지 이르러 내 증인이 되리라"(행 1:18)고 말씀하셨습니다.

우리는 전도의 사명이 있는데 전도하는데 필수적인 도구는 성령의 세례를 받는 것입니다. 성령의 권능으로 전도하는 것입니다. 성령의 권능 없이 전도할 수가 없습니다. 세상은 마귀에게 처해 있기 때문입니다. 마귀의 종 되어 있는 세상 사람을 전도하는 것은 인간의 힘만으로는 한계가 있습니다. 반드시 성령의 권능으로 전도를 해야 합니다.

성령의 세례는 보편적으로 두 가지 견해가 있습니다. 첫째가 성령의 내주하심입니다. 두 번째가 예수를 믿고 특별한 체험을 하는 경우입니다. 제가 성령세례를 받아야 한다고 강조하는 것은 바로 두 번째 사건을 말하는 것입니다.

이는 사도 베드로께서는 예루살렘에 올라갔을 때, 고넬료가 믿게 된 사실을 말씀하면서 "내가 말을 시작할 때에 성령이 저희에게 임하시기를 우리에게 하신 것과 같이 하는지라. 내가 주의 말씀에 요한은 물로 세례를 주었으나 너희는 성령으로 세례를 받으리라 하신 것이 생각났노라"(행 11:15, 16)고 하셨습니다.

이것은 자신이나 고넬료에게 있어서 성령의 세례가 최초성을 가지고 있음을 설명한 것이었습니다.

사도 바울께서"주의 이름을 불러 세례를 받고 너의 죄를 씻으라"(행 22:16)고 하신 말씀과 "주 예수 그리스도의 이름과 우리 하나님의 성령 안에서 씻음과 거룩함과 의롭다 하심을 얻었느니라"(고전 6:11)고 하신 말씀을 비교해 보면, 우리는 성령의 세례에 정결성이 있음을 봅니다. 또 사도 바울께서는 고전 12:13에서 "다 한 성령으로 세례를 받아 한 몸이 되었고, 또 다 한 성령을 마시게 하셨다"고 하심으로서, 성령 세례의 보편성에 대해 말씀했습니다.

우리는 성경에 성령의 세례는 받으라는 명령이 없는 사실과, 한 번 성령의 세례를 받았던 사람이 다시 받았던 예도 없었던 사실을 통해, 성령의 세례가 하나님의 주권성과 단회성을 가지고 있음을 알게 됩니다.

성령께서 하시는 사역 중에서 이러한 특성들을 가지고 있는 것은 오직 회심과 중생뿐입니다. 그러므로 우리는 성령의 세례란, 죄인을 회심시켜 중생케 하시는 성령의 사역을 의미한다고 보아야 합니다. 그래서 성령의 세례를 내가 지금까지 성령사역을 하면서 체험한 바를 요약해서 설명하면 이렇습니다. 물세례는 목사님들이 예수님의 위임을 받아 베풀고 있습니다. 그러나 성령의 세례는 그러한 인간 제도를 통해 주어지는 세례가 아닙니다. 성령의 세례는 영적인 세례입니다.

눈에 보이지 않는 신령한 질서를 따라 주어지는 은총의 세례입니다. 이 성령의 불세례는 인간 집례 자가 베풀 수 없습니다. 오직 하늘에 계신 예수님이 베풀어 주십니다. 살아계신 성령 하나님이 자신을 장악하여 죄악을 씻어내고 새사람으로 거듭나게 합니다. 그렇기 때문에 성령의 세례는 모든 성도에게 베풀어지지 않는 것입니다. 그러나 우리 예수님은 우리 모든 성도들이 이 성령의 세례를 받아 성령이 충만하여 기쁨이 넘치는 승리의 삶을 살길 원하십니다.

성령세례의 의미에 대해서는 교단마다 또 교회마다 또 개인에 따라서 달라지기 때문에 이것이 성령세례입니다 하고 말씀드리기는 조금 어려운 단어입니다. 일반적으로 성령세례는 두 가지 의미로 쓰인다고 봅니다.

첫째가 성령의 내주하심입니다. 우리가 예수님을 믿게 되면 성령께서 우리 안에 들어오셔서 우리와 함께 동행하시게 되는데 이것을 성령이 내주하심이라고 합니다. 또한 이것은 성령 세례입니다. 바로 우리가 예수님을 믿고 하나님의 자녀가 됨으로 말미암아 성령과 연합되는 것입니다. 성령으로 거듭난다는 뜻이 바로 우리가 예수님을 믿음으로 하나님의 자녀가 되는 사건을 의미하는 것입니다. 이런 경우 성령세례란 우리의 일생에 딱 한 번 있는 단회적인 사건이 되는 것입니다.

두 번째가 우리가 예수님을 믿고 나서 특별한 경험을 하는 경우입니다. 성령의 특별한 역사로 말미암아 뼛 속까지 회개하는 경험도 하게 됩니다. 방언을 받게 되는 경우도 있고 성령과 친밀한 교제를 하게 되는 경우도 있습니다. 하늘의 권능을 받는 것입니다. 권능 있는 삶을 살아가는 계기가 됩니다. 이런 경험을 성령세례라고 칭하는 경우도 있습니다. 이런 경우 성령세례란 우리의 일생에 한번 체험할 수 있는 사건이 될 수 있습니다. 성령의 세례를 체험하고 나면 성령에 강하게 사로잡힐 때마다 성령의 역사를 체험하게 된다는 뜻입니다.

바울 사도가 한 번은 에베소 교회를 방문했습니다. 교인들에게 바울이 "너희가 믿을 때에 성령을 받았느냐 가로되 아니라 우리는 성령이 있음도 듣지 못하였노라 그러면 너희가 무슨 세례를 받았느냐 대답하되 요한의 세례로라"(행 19:2-3)고 했습니다. 이때에 "바울이 그들을 안수하매 성령이 그들에게 임하시므로 방언하고 예언도 하니 모두 열 두 사람쯤 되니라"(행 19:6)라고 해서 성령 세례의 필요성을 알게 된 것입니다.

하나님은 성령의 세례를 체험하게 하고 단련하여 하나님 마음에 합한 자를 하나님의 일에 사용하십니다. 베드로의 경우를 예로 들어봅니다. 고기를 잡는 어부였던 베드로가 예수님의 부르심으로 그물을 버리고 주님을 따랐습니다. 주님을 따라 다니면서 문둥이를 치유하고, 죽은 자를 살리고, 오병 이어의 기적을 일으키고, 귀신을 쫓아내는 이적과 기적을 보면서 3년 동안 주님을 따랐습니다. 베드로가 이렇게 주님의 능력을 인정하고 주님을 따르면서 3년 동안 훈련을 받았지만 믿었던 주님이 십자가에 죽게 되자 세 번씩이나 주님을 모른다고 부인한 겁쟁이입니다. 왜 그렇습니까? 성령으로 세례를 받지 못해서 그런 것 아니겠습니까? 성령의 세례를 체험하지 못하고 인도받지 못하니 아직 육신적인 믿음의 수준을 넘지 못한 증거입니다.

그러던 베드로가 마가의 다락방에서 120 문도와 함께 기도하다가 성령으로 세례를 받고 완전히 사람이 변했습니다. 육신적인 사람이 초자연적인 사람으로 변화되었습니다. 성령이 베드로를 장악한 것입니다. 그러자 성령의 언어를 합니다. 어떻게 변화되었습니까? 초자연적인 성령의 사람이 됩니다. 베드로는 오순절 마가의 다락방에서 완전히 변화되어 성령 충만한 사도로 능력의 삶을 보여 주기 시작하였습니다. 귀신이 떠나가고, 병자가 고쳐지고, 죽은자가 살아났습니다. 베드로가 전하는 말씀에 감동 받아 하루에 3천명이 예수님 믿고 구원받는 역사가 나타났던 것입니다.

놀라운 일이 아닐 수 없습니다. 우리도 성령의 세례를 체험하고 성령의 인도 하에 하나님의 훈련을 순종하므로 받으면 우리에게도 베드로와 같은 역사가 나타날 수 있다고 확신합니다. 영적으로 무지하던 저도 불같은 성령의 세례를 체험하고 변하여 성품이 유순하게 변하고 인내할 줄 아는 사람이 되었습니다. 기도가 깊어지고 성령의 인도에 순종하며 영안이 열려서 말씀을 볼 때 말씀 속에 있는 영적인 비밀이 보입니다. 말씀 속에서 영적인 원리를 깨달으며 말씀을 적용할 때 하나님의 기적이 일어나는 것을 체험하고 있습니다. 저도 베드로와 같이 기도할 때 병자가 치유되고 귀신이 떠나가고 상한 심령의 사람들을 치유하는 권능 있는 자가 되어가고 있습니다. 당신도 성령의 세례를 받으시기를 바랍니다. 그리고 성령의 불세례도 체험하시기를 바랍니다. 먼저 성령의 세례를 체험하려면 이렇게 하시기를 바랍니다.

성령으로 세례를 받음은 하나님의 영으로 사로잡히는 것입니다. 성령의 세례는 성도의 마음을 그리스도에 대한 이해와 사랑과 신뢰로 가득 차게 하며, 성령이 삶의 주관자가 되게 하며, 하나님의 자녀로서 하나님의 부름에 적합하도록 능력을 부여합니다. 거듭나는 것과 성령으로 세례 받은 것과는 다른 별개의 사건입니다. 하나님은 로마서 8장 9절에서 "누구든지 그리스도의 영이 없으면 그리스도의 사람이 아니라."말씀하십니다.

그리스도인은 성령에 의해 태어난 사람으로 성령은 그 사람 안에서 중생의 사역을 이루십니다. 그리스도인이란 그 안에 성령이 내주 하는 사람을 지칭하며 성령세례 받은 자를 의미하는 것은 아닙니다. 거듭남으로 구원을 받게 됩니다. 즉 성령으로 거듭나서 하나님의 자녀가 되는 것입니다. 그러나 사람이 성령에 의해 거듭났지만, 성령으로 세례 받지 못한 경우도 있습니다. 그러므로 중생과 성령세례는 동의어가 아니라는 뜻입니다.

그러므로 성령으로 세례를 체험하시기를 바랍니다. 체험이라는 것은 내가 하나님의 역사하심을 눈으로 보게 된다는 뜻입니다. 성령의 세례를 받음으로 비로소 성령의 인도를 받을 수가 있습니다. 그리하여 성령으로 깊은 영의 기도를 할 수 있게 되는 것입니다. 성령으로 깊은 영의기도를 하므로 성령의 불이 임하고, 심령에서 성령의 불이 올라오는 영의 기도를 할 수 있는 것입니다. 성령의 세례는 성령의 불로 사로잡히는 것이기 때문입니다. 우리가 성령의 세례를 체험하려면 사모해야 합니다. 하나님은 사모하는 영혼에게 만족함을 주십니다. 성령의 세례도 사모해야 받는 것입니다. 사모하고 뜨겁게 기도하면서 성령의 세례가 올 때까지 구하면서 기다려야 합니다.

성령으로 세례를 받아야 그때부터 성도가 영적으로 변하기 시작 합니다. 왜냐하면 성령의 세례를 받으면 비로소 육이 영의 지배를 받기 시작하기 때문입니다. 육이 영의 지배를 받아야 비로소 영적인 사람으로 변하기 시작하는 것입니다. 성령으로 세례를 받지 않으면 육은 여전이 세상신이 장악하고 있으므로 예수를 삼십 년을 믿어도 여전이 육의 지배를 받는 것입니다.

하나님의 말씀을 들어도 비밀을 깨닫지를 못하는 고로 육의 사람의 특성인 합리를 가지고 받아들이니 기적을 체험하지 못하는 것입니다. 왜냐하면 영의 능력은 약하고 육의 능력은 강하기 때문입니다.

저는 성도라면 모두가 예수를 영접하고 성령으로 세례를 받아야 한다고 강조합니다. 제가 말하는 성령의 세례는 성령의 내주하심이 아니라, 성령이 전인격을 장악하는 성령 폭발을 말하는 것입니다. 내주하신 성령이 폭발하여 성도의 전인격을 장악해야 육이 치유되어 영의 지배를 받는 영의 사람으로 변하는 것입니다. 성령이 전인격을 장악해야 비로소 육체에 역사하던 세상신이 떠나가기 시작하기 때문입니다.

이는 성도에 따라 성령께서 장악하는데 시간이 다르게 걸립니다. 그래서 하나님은 "항상 기뻐하라! 쉬지 말고 기도하라! 범사에 감사하라! 이것이 그리스도 예수 안에서 너희를 향하신 하나님의 뜻이니라"(살전5:16-18). 하시는 것입니다. 전폭적으로 성령의 인도를 받으며 맡기는 성도는 빨리 변화가 되고, 그렇지 못한 성도는 변화되는데 시간이 더 걸릴 것입니다.

성도가 성령으로 빨리 장악이 되면 그 만큼 연단의 기간도 짧아지는 것입니다. 하나님은 성도가 성령으로 전인격이 장악이 되어 하나님이 원하시는 수준이 되어야 성도에게 배당된 하나님의 복을 풀어주시는 것입니다. 그러므로 성도는 부단하게 성령으로 세례를 받고 전인격이 성령의 지배를 받으려고 의지적인 노력을 해야 합니다. 자신의 생각이나 의지를 내려놓고 전폭적으로 성령의 인도하심을 따르면 좀 더 빨리 하나님이 원하시는 영적인 수준에 도달할 수가 있는 것입니다.

성령의 세례는 성도에게 와있는 영육간의 문제를 치유하는데도 지대한 영향을 미치게 됩니다. 성령으로 세례를 받지 않으면 치유가 되지 않습니다. 육체에 역사하는 세상신의 힘이 강하기 때문에 좀처럼 치유가 되지 않습니다. 그러다가 성령으로 세례를 받고 뜨겁게 기도하기 시작을 하면 육체가 성령의 지배를 받게 됨으로 치유가 되기 시작을 하는 것입니다.

그러므로 성도가 당하는 영육의 문제를 치유 받으려면 최우선으로 체험해야하는 것이 성령의 세례입니다. 성령의 세례가 없이는 아무리 능력이 강한 사역자라도 치유를 할 수가 없습니다. 치유는 성령께서 하시기 때문입니다.

하나님은 영이십니다. 영육의 문제는 영이신 하나님이 치유하시는 것입니다. 하나님이 치유하시게 하려면 영적인 상태가 되어야 하는 것입니다. 영적인 상태가 되려니 성령으로 세례를 받고 성령의 깊은 임재에 들어가야 합니다. 그러면 하나님의 치유의 손길이 역사하기 시작을 합니다.

하나님의 음성을 들으려고 해도 성령으로 세례를 받아야 합니다. 상처를 치유 받으려고 해도 성령으로 세례를 받아야 합니다. 귀신을 쫓아내려고 해도 성령으로 세례를 받아야 합니다. 질병을 치유 받으려고 해도 성령으로 세례를 받아야 합니다. 재정의 문제를 해결하려고 해도 성령으로 세례를 받아야 합니다. 성령의 세례가 없이는 아무것도 이루어지지 않습니다. 그러므로 성령의 세례는 모든 성도가 꼭 받아야 합니다.

한번 성령으로 세례를 받았다고 다 되는 것이 아닙니다. 지속적으로 성령 충만해야 합니다. 많은 성도들이 성령으로 세례를 받고, 방언으로 기도하면 항상 성령 충만한 줄로 생각을 합니다. 그러나 잘못된 생각입니다. 항상 성령으로 충만 하려고 의지적인 노력을 해야 합니다. 사람은 육을 가지고 있기 때문입니다.

여기서 우리가 더 알아야 할 것이 있습니다. 첫째, 성령의 세례를 이론으로 알고 스스로 성령으로 세례를 받았다고 자처하는 성도들입니다. 이런 분들이 영육으로 문제가 생겨서 치유를 받으러 옵니다. 와서 본인이 기도를 하고, 안수를 해주어도 성령의 역사가 일어나지 않습니다. 몇 주를 다니면 그때에야 반응이 있기 시작합니다. 왜냐하면 자기만의 자아가 있어서 영적인 말씀이 귀에 들리지 않기 때문입니다.

두 번째는 몇 년 전에 성령을 체험했다고 자랑하는 성도들입니다. 얼마 전에 여 집사가 2년 전에 성령을 체험했다고 하면서 치유와 능력을 받으러 왔습니다. 2일을 기도하고 안수를 하니까, 성령의 역사가 일어나 몸이 뒤틀리고 괴성을 지르는 것입니다. 한참을 안수하니 성령이 장악을 했습니다. 귀신들이 소리를 지르면서 떠나갔습니다. 지금 교회에는 몇 년 전에 성령을 체험했다고 안심하고 지내는 성도들이 있습니다.

이런 분들이 열심히 믿음 생활을 하면서도 여러 가지 문제로 고통을 당합니다. 왜냐하면 자기에게 역사하는 상처와 악한 영의 역사로 일어나는 것입니다. 그러므로 한번 성령 체험했다고 다 된 것이 아니라, 지속적으로 성령을 체험하며 깊은 영의기도를 하여 심령을 정화시켜야 합니다. 그래야 깊은 영성이 되어 하나님과 교통하는 기도를 할 수가 있습니다. 한번 성령을 체험했다고 자랑삼아 말하는 분들 자기 관리에 신경을 써야 할 것입니다. 우리가 육체가 있기 때문에 영성에 꾸준하게 관심을 가져야 합니다. 한번 체험했다고 멈추면 얼마 있지 않아 육으로 돌아갑니다. 그래서 성도는 주일날이 중요합니다. 주일날 성령 충만을 받고 뜨겁게 기도하며 영성을 유지할 수 있기 때문입니다.

저는 교회를 개척할 당시부터 주일 예배를 성령 충만한 예배로 드리고 있습니다. 오전에 40분기도, 오후 예배에 50분 기도하여 심령을 성령으로 정화하고 성령 충만을 받습니다.

이 기도 시간에 제가 일일이 안수하여 성령이 충만하고 기도가 깊어지도록 지도합니다. 왜냐하면 세상에서 먹고 살아가다가 보니 주일 하루 밖에 교회에 오지 못하는 분들이 많기 때문입니다. 정말 주일이 중요합니다. 사람은 천국에 가는 날이 좋아야 하고 주일날은 중요한 날입니다. 충만한 교회 주일날만 잘 참석하면 성령의 불로 세례를 받고 성령으로 충만하여 권능 있는 삶을 살 수가 있습니다.

성령으로 세례를 받고 권능을 받아 치유사역자로 쓰임을 받으려면 부단하게 노력을 해야 합니다. 거저 쉽게 성령의 권능을 받으려고 하면 안 됩니다. 하나님의 말씀에 거저 쉽게 성령의 사람이 된다는 구절이 없습니다. 믿음의 선진들은 모두 많은 세월을 통하여 훈련을 받았습니다. 성령치유 집회도 참석해서 은혜를 받아야 합니다. 우리 충만한교회에서 매주 토요일 실시되는 개별집중치유도 받아야 합니다. 개별 집중치유에 예약하여 오셔야 될 분은 이렇습니다. ① 영의 만족을 누리지 못하는 분. ② 기도할 때 뿐이고 마음이 답답한 분. 가슴이 답답하고 기도하기가 힘이 드는 분. ③ 강요셉 목사가 가진 성령의 은사를 전이 받고 싶은 분. ④ 축복과 영의 통로를 뚫고 싶은 분. ⑤ 성령사역을 하실 분으로 최단 기간에 치유 능력 받을 분. ⑥ 부모가 자녀들의 상처를 치유해주고 싶은 분. ⑦ 성령의 불세례를 체험하고 싶은 분. ⑧ 불치병, 귀신 역사로 고통 받아 빨리 치유 받고 싶은 분. ⑨ 시간 없어 집회에 참석하지 못해 치유 받지 못하는 분. ⑩ 마음의 참 평안을 체험하고 느끼고 싶은 분. 세상 사람들이 사용하는 프로포폴 효과에 비교할 수 없는 더 깊은 평안을 누리게 됩니다. ⑪ 목 디스크, 허리디스크, 어깨통증, 허리통증, 근육통, 온몸이 아프고 무거워 생활하기 어려움을 단기간 순간치유 받고 싶은 분. ⑫ 난치병, 영적인 문제로 고통당하고 계시는 분. ⑬ 우울증, 공황장애, 조울증, 불면증으로 고생하시는 분 중에 사전에 예약된 분들을 대상으로 매주 토요일(1차 10:00-12:30/ 2차 13:30-16:00) 개별로 집중안수 치유 능력전이 시간을 갖습니다. 이 사역은 상처와 질병이 깊고, 귀신역사가 강하여 기존 집회 시간에 해결이 안 되는 분들과, 성령의 권능을 전이 받기위해 꼭 필요한 분들을 위하여 하고 있는 특별한 사역으로 참석하신 분 모두 불치병의 치유와 성령의 능력을 받는 효과 100% 사역입니다.

한 분당 2시간 30분을 상담과 기도(불 안수)를 해드립니다. 반드시 시간을 사전 예약하여 4-6명씩 집중 안수를 합니다.사전에 선교헌금을 입금한 후에 예약이 됩니다. 감동이 오시는 분은 교회에 전화하여 확인하시고 예약하세요(02-3474-0675).

4장 강력한 성령의 인도를 받는 비결

(롬 8:13-14)"너희가 육신대로 살면 반드시 죽을 것이로되
영으로써 몸의 행실을 죽이면 살리니, 무릇 하나님의 영으로
인도함을 받는 사람은 곧 하나님의 아들이라"

영적인 사역에서 성령의 인도함을 따르는 것은 참으로 중요합
니다. 영적인 사역자는 사역간에 성령께서 주시는 레마를 받아
해동해야 역사가 일어나기 때문입니다. 사역자는 사역간 성령이
역사하는 흐름을 눈으로 보고 사역을 인도해야 합니다. 그러므
로 성령의 인도함을 받는 것은 참으로 중요하지 않을 수가 없습
니다. 신유와 축사는 전적으로 성령께서 하시기 때문입니다.

사역자는 무엇보다도 성령님과 인격적인 관계가 되어야 합니
다. 인격적인 관계란 서로를 알고 신뢰하고 행동하는 것입니다.
사역자가 성령이여 임하소서! 하고 기도하면 성령이 임해야 한
다는 것입니다. 또한 성령께서 '명령하라.' 하면 명령을 해야 합
니다. '정체를 밝혀라' 하면 "더러운 귀신아 정체를 밝혀라"하고
말해야 합니다. 그래야 서로 인격적인 관계가 열린 것입니다. 인
격적인 관계는 무엇보다도 성령의 감동에 즉각즉각 순종할 때
열리게 됩니다. 사역자는 무엇보다도 성령으로 충만한 상태에서
성령님이 보내는 신호를 감자하고 행동할 수가 있어야 합니다.

1.성령의 인도함을 받기 위해서. 하나님은 빌립보서 3장 3절에서 "하나님의 성령으로 봉사하며 그리스도 예수로 자랑하고 육체를 신뢰하지 아니하는 우리가 곧 할례당이라." 성령 안에서 기도하고 성령 안에서 찬송하며 성령 안에서 봉사하고 성령 안에서 사는 법을 배워야 합니다.

1) 성령 안에서 기도하는 생활을 통하여 성령의 인도를 받으라. 기도는 영혼의 호흡이요, 하나님과의 대화라 합니다. 이것은 가장 깊숙한 곳에 거하는 영의 흐름이 외부적으로 흘러나오는 것입니다. 영력이 흘러나오고 영적 생명이 흘러나옴으로 영에 몰입됨으로 인하여 성령 안에서 기도할 수 있게 되는 것입니다. 영력은 우리 몸의 지성소인 영속에 임재하여 계시는 하나님의 능력입니다. 우리가 지성소에 계시는 하나님을 만나기 위해서는 깊은 영의 기도가 되어야합니다. 이 기도를 통하여 하나님으로부터 주어지는 각종 은혜와 능력과 응답을 받게 됩니다. 이러한 기도를 통하여 하나님으로부터 주어지는 생명이 우리의 심령을 거룩하게 만들어가고 영적인 생명과 능력을 키워 나가는 것입니다. 열매가 맺어지고 영적인 지각이 예민해지고 영성이 개발되어집니다.

그러므로 성령 안에서 기도하는 훈련이 필요합니다. 우리의 간구는 마음의 소원이나 원하는 바를 구함으로 성령 안에서 기도하기가 심히 어렵습니다. 그러나 영으로 기도하고 마음으로 기도하면 성령 안에서 기도하기가 쉬워집니다. 성령에 몰입되어 아무런 자신의 생각이나 욕심도 없이 오로지 하나님으로부터 주어지는 것을 받게 되는 기회가 되기 때문에 영으로부터 주어지는 각종 은혜와 은사가 넘치게 됩니다. 영적인 기능과 지각이 발달됨으로 성령의 인도함을 따르게 됩니다. 성령 안에서 기도하기 위하여 성전 뜰에서 먼저 육신의 생각으로 기도하지만, 시간이 흐르고 마음이 안정이 되고 생각이 주님의 사랑과 말씀을 묵상하면서 진지하고 순전한 마음으로 하나님의 성소에서 깊어지는 기도를 하게 됩니다.

그러나 하나님이 찾아오시는 경우에는 다르겠지만, 내가 하나님께 나아가는 경우가 대부분이기에 이때는 지성소로 나아가야 하는 것입니다. 내 생각과 구하는 것까지 모두 저 버리고, 오로지 성령 안에 깊이 사로잡히는 경지에 들어가서, 기도 줄을 잡고, 시간도 의식하지 않는 깊은 경지에 몰입되어지는 상태에서, 주님과 더불어 주거니 받거니 하거나, 성령님과 주거니 받거니 하는 기도는 성령의 인도함을 따르는 깊은 기도 훈련으로 숙달되는 것입니다.

2) 영으로 사는 삶을 통하여 성령의 인도를 받으라. 영으로 사는 삶은 **첫째, 항상 기뻐하는 삶**입니다. 육신대로 살지 않고 영으로서 몸의 행실을 죽이는 삶의 훈련(롬8:13-14)인데, 이것은 겉 사람이 분을 품거나 혈기를 내는 일을 당하더라도, 속사람은 외부에 영향을 받지 아니하고 평안을 유지하며, 항상 기뻐하는 삶을 삽니다. 속칭 내 영을 지킨다는 말로 표현되고, 내 영이 훈

련되어 강한 사람은 외부의 영향권에서 벗어나서, 환경을 초월하여, 안정된 심령으로 평안과 기쁨을 유지 할 수 있게 됩니다.

둘째, 범사에 감사하며 사는 삶입니다. 원망하고 불평하면 혈기가 나오지만 범사에 감사하면서 살면 혈기가 죽어지고, 영적인 민감한 지각력이 생기게 되고, 직관의 민감한 반응의 느낌을 따르는 자기를 죽이는 훈련을 하게 되어, 영과 혼을 분별하게 됩니다(롬8:5-6).

셋째, 쉬지 않고 기도하는 삶입니다. 기도생활을 잠시라도 중단하면 육이 발동하게 됩니다. 육을 죽이기 위해서는 기도 생활을 쉬지 말아야 하는데, 특별히 방언기도와 방언 통역을 통한(고전14:14) 기도훈련은 영적으로 교통하는 가장 적극적인 방편입니다. 영으로 기도하며 마음으로 기도하는 이 방법이 영으로 교통하는 가장 빠른 지름길입니다. 이 기도는 깊은 기도에 몰입하여 대화하는 기도입니다.

기도할 때 영(속사람)의 기도에 익숙해지면 우리의 혼은 여러 가지 생각으로 세상의 일들을 하기에 바쁘고, 육신적인 일들에 바쁠지라도 우리의 속사람은 쉬지 않고 기도하는 삶을 살수가 있게 됩니다. 이러한 영적 삶을 통하여 영의 실체와 움직이는 느낌을 알 수 있고 지각 할 수 있어야 합니다. 이러한 지각이 성령의 은사로 나타나게 되며, 성령의 인도함을 따를 수 있게 됩니다.

3) 영육의 질고를 치유하는 사역을 통하여 성령의 인도를 받으라. 질병의 원인이 무엇일까? 어느 때에 성령이 역사하며 성령이

어떻게 역사하여 병을 고치는가? 안수하면 왜 병이 고쳐지며, 그리고 왜 넘어지는 사람이 생기고 발작하는 사람이 생기는가? 귀신이 어떤 사람들에게 들어가고 어떻게 잠복되어 있는가? 등을 알려는 노력은 영적인 눈을 뜨게 만들고, 성령사역과 귀신의 사역을 분별하고 이해하게 되어 영적인 것이 무엇인가를 보다 더 현실적으로 경험하게 되고 영적인 기능이 발달되어집니다.

왜 이 사람을 하나님이 고치시지 않는가? 등을 기도하면 응답받는 여러 가지 현상을 통하여 성령사역에 대하여 관념적으로 이해하던 것을 실제적이고 구체적으로 이해하게 됩니다. 영적으로 변화되지 않는 것은 내 속에 임재하신 성령이 역사하고, 성령에 의하여 일어나는 여러 가지 현상들을 이해 할 수가 있어야 하는데, 이는 결코 지식이나 연구로는 되지 않는 일입니다. 반드시 성령의 인도가 있어야 깨닫게 되는 것입니다.

그러므로 성령사역을 통한 치유사역 보다, 더 구체적이며, 실제적이고 다양한 성령의 인도함을 받는 사역은 없을 것입니다. 영적 투쟁의 분명한 원인과 결과를 다루는 이 사역이야말로 영적인 현상들을 이해하는데, 가장 적합한 수단이 될 것입니다. 성령에 의한 치유사역을 부인하는 경우는 대부분 성령에 대한 실제적인 능력으로 인정하지 않는 불신앙에 있는 것입니다.

그러므로 이러한 치유사역의 훈련은 성령의 인도함을 따르는 훈련이 가장 으뜸이 되리라 봅니다. 그러나 가장 영적이면서도 가장 하나님을 가까이 하는 수단이 되기 때문에, 그리고 사단이 가장 직접적으로 노출되어지고 추방되어지는 분야이기 때문에 사단이 기를 쓰고 방해하는 분야도 이분야인 것입니다.

2. 하나님의 영으로 인도함을 받기 위하여는 혼의 육성이 파쇄 되어야 한다

1) 영과 육을 갈라 쪼개는 심령의 변화를 통하여 성령에 순종하라. 영과 육을 분별하고 영을 좇아 살기 위해 영과 육을 갈라 쪼개는 하나님의 말씀을 경험적으로 알아 심령이 변하여야 합니다. 신앙생활이란 성경에서 기록한 예수님의 행적을 인정하고 받아드리는 것이 아니요, 단순하게 하나님을 믿기로 하는 결단이나 생각이나 감정만을 소유하는 것이 아닙니다.

믿기로 한 결단을 통하여 자신의 심령이 근본적으로 새롭게 변화되어 이 변화된 새로운 심령으로 영적인 투쟁을 계속하는 것입니다. 신앙은 외적 변화보다 중요한 것은 심령의 변화이요 영적인 변화입니다.

육신적인 세상에서 살다가 영적인 세상에서 살아가는 것이기에 이 영적 변화는 순간적이지만 계속적인 현상입니다. 죄는 용서받았지만 육신의 모양이 하루아침에 다 벗어지지 않으며, 지속적으로 육성이 벗겨져야 하기 때문입니다. 날마다 죽어야하며, 말씀의 물로 씻고 진리로 거룩하게 되어져야 합니다.

이러한 하나님의 말씀을 받아드리고, 사고방식 자체가 자기중심이 아니라, 영적으로 바뀐 사람 즉, 의에 주리고 목말라하는 사람으로 하나님 나라와 의를 먼저 구하는 사람이요, 이를 실천하려고 자기를 죽이는 삶을 사는 사람이라야 변화가 일어난 사람이요, 심령이 변화된 사람입니다. 신앙생활이란 육신을 쫓던 과거의 생활을 청산하겠다는 의지나 생각만 달라진 것을 의미하지 않습니다.

어디까지나 이를 행동으로 옮길 수 있도록 능력이 있어야 하는 것이며, 끊임없이 몸을 쳐서 복종시키는 훈련이 따라야 되는 것이며, 이를 방해하는 세력들인 보이지 않는 영적인 존재와 싸워야 되는 것입니다. 그러므로 하나님의 나라는 말에 있지 않고 능력에 있는 것입니다. 이러한 영적 능력이 없이는 결코 하나님의 나라의 유업을 이어 받을 수 없고, 축복을 누릴 수 없는 것입니다.

심령이 변화되어 육과 영을 분별하는 사람은 내 심령에 육신의 것이 들어오면 즉각적으로 불편을 느끼고 부담을 느끼게 됩니다. 이러한 것이 영적인 기능이요 영적인 지각의 일종입니다. 이러한 영적인 지각이 둔한 사람은 아직도 육성이 다스려지지 않은 상태의 육신적인 그리스도인입니다. 생각은 바뀌고 영은 살아났지만 육신에 속하여 영적 지각이 둔한 것입니다. 아직까지 육성이 덜 죽었기에 영적 지각이 둔하며 예수님께 대한 계명을 지키지 않거나 사랑이 부족하니 예수의 생명이 나타나지 않는 것입니다.

이러한 영적 지각은 성령의 흐름이 나타날 때 즉각적으로 인식하게 되어 속칭 고린도 전서 12장에 나오는 각종 유동적인 은사로 나타나게 됩니다. 그러나 이러한 영적 지각이 심령이 깨끗한 심령에서 선하게 사용될 때, 즉 성령님이 사용하실 때는 유익하게 되지만, 심령이 깨끗지 못한 육신이 지배하는 심령으로 사용되어지거나 악령이 사용 될 때는 유해하게 됩니다.

은사자가 잘못 되는 경우는 대부분 이러한 경우입니다. 은사자가 인격이 잘못되어 있는 경우, 즉 지식에까지 새로워져야 하는데, 이에 미치지 못할 경우입니다(골3:10).

2) 혼이 파괴되지 아니하는 부정적인 면의 제거를 통하여 성령에 순종하라.

첫째, 지적인 부분. 말씀의 의미나 사물의 의미나 사건들의 의미를 자기중심에서 바라보며 육신적인 차원이나 3차원적인 눈으로, 혹은 합리적이고 표면적인 관점에서만 봅니다.

그 결과 하늘의 것과 땅의 것을 구분하지 못하며 하나님의 가르침과 사람의 가르침을 구분하지 못하고, 하나님의 사랑(아가페)과 인간적인 사랑(펠로우)을 구분하지 못하고, 하나님의 일과 사람의 일을 알지 못하기 때문에 모든 성경의 말씀을 인간적이고 육신적인 차원에서 이해하게 됩니다.

그러므로 말씀을 지적으로만 이해하면 영적인 안목이 열리지 않고, 영적인 현상을 이해하지 못하게 될 뿐만 아니라, 하나님의 구원의 역사나 하나님의 손길을 보지 못하게 됩니다. 영적인 세계를 지성으로만 이해하려고 성경을 지적으로만 이해 할 수가 없기에 베드로 사도는 성경은 사사로이 풀 것이 아니라 했습니다. 그러므로 성경은 성령의 기름부음이나 가르침이 없이 헤아림이 없이 성경을 해석하고 주석 하는 것이 잘못 될 수 있으며, 실제적으로 이러한 성경 해석상의 실수들이 일반적 적인 성경주석들에 너무나 많습니다.

사람이 영적이지 못하고, 지적인 사람은 눈에 보이는 현상만 보게 되고, 육신적인 차원의 이성에 이해되어지지 아니하는 영적인 부분에 대하여는 부인하는 자가 되거나, 영적인 성경의 신비한 현상을 이해하고 알고 믿는다고 하면서도 신비한 성령역사의 경험이나, 은사의 여러 가지 경험의 실체를 체험해 보지 않았기 때문에 지적으로는 이해가 된다고 하더라도 심령으로는 이해가 안 되기 때문에 실제적으로는 영적인 일을 반대하게 되는 것입니다(마12:30).

둘째, 정적인 부분. 자기 기분과 자기감정을 죽이지 못하고 자기 기분과 자기 느낌과 자신의 기분으로 신앙생활을 합니다. 신앙생활에 정서적인 면이 전혀 결여되어 있어서 열정이 없고 냉랭한 심령입니다. 심령의 신비한 영적인 요소가 전혀 느껴지지 않고 지각되지 않으며 행동으로 실천하지 못하게 됩니다. 사람은 이 감정이 움직여지지 않고서는 사람의 전인격이 동원되지 않기 때문에 생각은 하나님의 뜻대로 살겠다고 하지만 실제적인 면에서 이러한 감정이 발로되는 차원에서는 자신의 감정으로 행동하는 영적 상태이며, 여러 가지 하나님의 은혜로운 사건이나 말씀에 성령의 감동을 전혀 느끼지 않는 냉랭한 반응만 있는 죽은 심령입니다. 지성적이기만 한 신앙은 하나님 앞에 내 생각과 감정과 의지를 다하여 하나님을 섬기라는 계명의 제1조에서 실격이 되는 사람입니다(마22:37).

셋째, 의지적인 부분: 나를 전적으로 드리지 아니함을 말합니다. 자기의 의를 내 세우고 인간의 윤리적인 면과 선을 강조합니다. 율법적이고 형식을 중히 여깁니다. 의식 깊은 곳에 좌 소를 두고 있는 이 의지는 전혀 하나님의 의지와는 상관이 없는 상태에 있습니다(마21:28-31).

지성적인 기만한 신앙은 표면적인 생각과 말로는 믿지만, 감정이 동하지 아니하기 때문에 심령으로는 순종하지 아니하는 첫째 아들이요, 현대판 바리새인이 되어, 성령사역이 실제적으로 일어나는 사건이 일어날 때는 하나님의 입장이나 뜻보다 자기의 신학적인 입장이나 의를 내세우고, 예수님 당시에 예수님을 십자가에 못을 박듯이 오늘날에는 성령의 사역을 거부하게 함으로 자신도 모르는 사이에 성령을 훼방하는 자가 되고 예수 그리스도를 다시 못박는 자가 되는 것입니다.

3) 혼안의 육성을 파쇄하기 위한 적극적인 방법을 통하여 성령에 순종하라.

첫째, 영적인 사고방식을 갖도록 합니다. 자신의 의견, 방법, 재간…등이 행동으로 옮겨지기 전에 먼저 하나님께 기도하는 습관적인 훈련으로 성령의 인도함을 받도록 훈련을 받아야 합니다. 모든 일을 하나님의 영광을 위하는 자세로 살아갑니다. 하나님의 입장에서 사물을 관찰하며 범사에 감사하며 살아갑니다.

이러한 감사의 삶을 살 수 있는 사람은 세상의 모든 일들이 하나님의 섭리와 경륜에서 이루어진다는 영적인 사고방식의 소유자만이 가질 수 있게 되는 마음의 형태입니다. 그러나 자신의 입장에서만 생각하고 판단하는 육신적인 사람의 안목에는 오늘의 문제나 일들에서 하나님의 손길을 볼 수가 없기 때문에 감사가 나오지 않고 원망과 불평을 하게 됩니다.

오늘에 주어진 문제나 불행이 하나님의 특별한 섭리와 경륜에서 이루어지고 있다는 것을 알고 있는 자로서 성경에서 가장 대표적인 사람은 요셉입니다. 이 요셉은 자기를 팔아버린 형들을 원망하지 않고, 현재 자신에게 주어진 모든 일에 불평하지 않고 최선을 다하는 삶을 살았습니다. 이러한 삶의 태도 때문에 드디어 축복의 기회가 오게 되어 엄청난 축복의 사람이 되었습니다. "당신들이 나를 이곳에 팔았으므로 근심하지 마소서 한탄하지 마소서 하나님이 생명을 구원하시려고 나를 당신들 앞서 보내셨나다"(창45:5)입니다. 이러한 영적인 안목이 열린 요셉은 범사에 감사하며 살수가 있었습니다. 그러므로 영적 안목이 열린자는 범사에 감사하는 삶을 살아 갈 수가 있게 됩니다.

둘째, 열정적인 감정이 움직이는 마음은 성령의 활동하심을 지각할 수 있게 됩니다. 감정적인 신앙과 감정이 풍성하여 성령의 인도함을 따르는 것과는 다릅니다. 열정적으로 뜨거워질 때 성령의 감동을 받기 쉬운 상태가 된다는 것입니다. 그러나 감정적인 생활이나 사람이라고 무조건 성령의 인도함을 받는 사람은 아닙니다. 많은 사람들이 이러한 부분을 착각하고 있습니다.

감정적이고 열정적인 사람이 성령의 활동을 지각하기 쉬운 사람이 될 수 있다는 것입니다. 그러나 아무리 뜨거운 열정을 지닌 신앙인 인 것 같아도 그들이 성령의 인도함을 받지 아니하고, 감정을 따라 산다면 이는 성령의 충만함과는 별개인 것입니다. 영의 사람은 뜨거움이 있지만 조용함이 있고 요란스러울 때는 요란스럽지만 요란스러운 것이 '성령 충만한 것은 아니다'는 것을 아는 사람입니다.

그러므로 영으로 인도함을 받는 법은 내 감정을 따르는 삶이 아닙니다. 심령의 기능이 동원되어 성령의 인도하시는 여러 가지 심령의 직관적인 느낌을 따라 살도록 합니다. 그러나 이 직관적인 것이 뇌파로부터 주어지는 현상이 아니라, 심령으로부터 주어지는 것이라야 합니다. 심령이 새로워지지 아니한 사람이나 심령이 거룩하고 깨끗지 못한 사람이 묵상 훈련이나 기도함으로 이 뇌파가 훈련되어 생기는 직관적인 현상을 따라거나 초자연적인 현상을 따르게 되면 이러한 초자연적인 현상은 사단이나 악령이 사용하게 될 수도 있습니다.

우리의 심령에 영향을 끼치는 일들이 일어나거나 자신이 결단해야 할 일들이 일어나면 성령에 민감하게 반응하는 심령은 이것을 즉각 알아차리게 됩니다. 마음이 굳어 있든지 심령이 정서가 메마른 상태에 있으면 성령의 감동이나 반응이 둔하기 때문에 선한 양심의 반응이 즉각 반응되지 않거나 외면하게 되거나 흘러 버리게 됩니다.

그러나 영적인 사람은 그 심령이 즉시 이를 지각하여 혼에게 전달되어 혼이 이를 즉각 깨닫고 분별하고 결정합니다. 영적인 사람이 되기 위하여서는 외부로부터 어떤 영향을 받아 심령이 상하게 되는 경우에는 즉시 자신의 영을 지키는 방법을 찾아야 됩니다.

사탄이 틈타서 사탄의 영이 내 마음을 지배하기 전에 주의 영이 나를 지배하도록 주의 이름을 부르며(롬10:13), 사탄을 물리치고 성령이 나를 지배하도록 합니다(고전3:17). 자신이 모르는 사이에 영의 자유 함을 잃어버리고 눌림을 당하고 있거나 혹은 보복의 칼을 머금고 있으면 즉시 이를 깊은 기도로 풀어버려야 합니다.

셋째, 나를 내 세우는 모든 것은 버려져야 합니다. 모든 문제는 이 자아가 깨어지지 아니함에 있습니다. 내 속에 있는 생명(영)이 나올 수가 없고 흐를 수가 없습니다. 따라서 영의 자유 함도 없고 성령의 기름부음도 없게 됩니다. 죽고자 하는 자는 살고, 살고자 하는 자는 죽습니다. 예수님이 십자가상에서 "다 이루었다"라고 말씀하실 때 지성소와 성소를 갈라놓고 있던 휘장이 찢어지는 사건이 일어났습니다.

우리의 심령이 찢어지고 깨어지는 사건이 일어 날 때, 성령의 기름부음이 있게 됩니다. 깨어지지 않은 심령 이러한 심령을 가진 사람이 바로 육신적인 사람입니다. 아무리 고상하고 점잖아 보여도, 그리고 그것이 아무리 신앙적이고 하나님의 일로 보일지라도 이것이 인간적인 것이면 이것은 어디까지나 육인 것입니다.

자아가 한번 깨어 졌다 하더라도 또 깨어지고 또 깨어져야 합니다. 자아가 깨어진 경험을 한 사람들이 성령이 소멸되어진 이유는 모든 사람들이 이 자아가 날마다 계속적으로 깨어져야 한다는 사실을 알지 못하는데 연유합니다.

자신이 한번 깨어진 경험이 있으니 자신은 영적인 사람이라고 착각하는 사이에 자신도 모르게 육신적으로 돌아가 있는 사실을 깨닫기까지는 많은 연단과 훈련을 받은 후라야 깨닫게 되는 경우가 많다. 날마다 육신과 자아가 죽어야 하고 완전히 썩어져야 됩니다.

3. 사역할 때 성령의 인도를 받아라.

1) 성령집회를 인도하면서 그 때 그 때 성령의 임재를 알고 따라가게 된다. 필자가 성령집회를 하다가 보면 성령의 임재는 다양하게 역사합니다. 어느 때는 회개의 영으로 임하십니다. 어느 때는 신유의 영으로 임하십니다. 어느 때는 축사의 영으로 임하십니다. 어느 때는 내적치유의 영으로 임하십니다. 어느 때는 성령의 불로 임하십니다. 어느 때는 예언의 영으로 임하십니다. 어

떤 때는 희락의 영으로 임하십니다. 그리고 같은 시간에 같은 장소라도 그룹별로 각각 다른 영이 임하는 경우도 있습니다. 사역자는 이렇게 임하여 역사하는 영을 보고 알아서 집회를 인도하여 나가야 강력한 성령의 역사를 일으킬 수가 있습니다. 성령의 역사는 다양합니다. 그 때 그 때 임재하시고 역사하시는 성령을 따라 사역을 할 수가 있어야 합니다. 성령의 임재는 뜨겁게 기도할 때 임하십니다.

"과연 헤롯과 본디오 빌라도는 이방인과 이스라엘 백성과 합세하여 하나님께서 기름 부으신 거룩한 종 예수를 거슬러, 하나님의 권능과 뜻대로 이루려고 예정하신 그것을 행하려고 이 성에 모였나이다. 주여! 이제도 그들의 위협함을 굽어보시옵고 또 종들로 하여금 담대히 하나님의 말씀을 전하게 하여 주시오며, 손을 내밀어 병을 낫게 하시옵고 표적과 기사가 거룩한 종 예수의 이름으로 이루어지게 하옵소서 하더라. 빌기를 다하매 모인 곳이 진동하더니 무리가 다 성령이 충만하여 담대히 하나님의 말씀을 전하니라"(행4:27-31).

이 말씀에도 보면 담대하게 말씀을 전하게 하여 달라고 기도했습니다. 손을 내밀어 병을 낫게 해달라고 기도했습니다. 그리고 표적과 기사가 거룩한 종 예수의 이름으로 이루어지게 해달라고 기도하니, 모인 곳이 진동하도록 강한 성령이 역사했다고 했습니다. 당신도 이와 같이 성령 사역시 영안으로 성령의 임재 역사하심을 보기를 바랍니다. 그래서 성령의 임재와 역사를 요청하며 사역을 이끌어 가기를 바랍니다. 성령이 권능으로 역사하게 하려면 권능의 영으로 임할 것을 요청해야 합니다. 성령이 불로 임하시게 하려면 성령의 불로 임할 것을 요청해야 합니다. 그리고 성령의 불이 임하면 성령의 불을 청중에게 던져야 합니다. 성령이 회개의 영으로 임하게 하려면 회개의 영으로 임하실 것을 요청해야 합니다. 그러면서 청중들에게 지금 성령께서 회개의 영으로 임하셨습니다. 하고 담대하게 선포해야 청중에게서 강한 회개의 역사가 일어나는 것입니다. 그렇기 때문에 영안은 성령 사역시 중요하게 사용되는 것입니다. 그래서 성령 사역자는 영안과 영감으로 성령의 역사하심을 감지하여 즉각 청중에게 선포해야 역사가 강하게 일어나는 것입니다. 성령님은 인격이기 때문에 인격적으로 대접할 때 강하게 역사하는 것입니다. 당신도 영안을 열어 성령의 역사를 감지하고 성령이 집회와 예배의 중심이 되게 하기를 바랍니다.

2) 안수할 때 손을 통하여 질병을 알게 한다. 저는 환자에게 손을 얹으면 '간에 문제가 있다.' '위장이 나쁘다.' '허리가 아프다.' '심장이 약하다.' '마음에 응어리가 뭉쳐있다.' '마음에 숨겨놓은 죄악이 있다.' 질병에 대한 치유기도를 할 때도 '세워놓고 기도하라.' '눕혀놓고 기도하라.' '앉혀놓고 기도하라.' 등등 성령의 감동으로 알게 하십니다. 그러면 저는 순종합니다. 당신도 말씀과 성령으로 영안을 여시고 성령님과 인격적인 관계를 맺으셔서 성령의 지시하심에 따라 환자를 치유하시기를 바랍니다. 필

자는 성령치유 사역을 할 때 전폭적으로 성령님을 의지합니다. "성령님 역사하여 주시옵소서. 성령님 이 성도의 문제가 무엇 때문에 왔습니까? 원인이 무엇입니까?" 그러면 성령께서 지식의 말씀으로 역사하며 알려주십니다. 성령치유 사역은 그냥 은사만 있다고 하는 것이 아닙니다. 성령님과 인격적인 관계가 되어야 합니다. 사역 간에 성령의 음성을 들어야 합니다. 그래서 성령이 주시는 레마를 받아서 사역을 행해야 합니다. 필자는 성도에게 손을 얹어 안수할 때 '성령님 알려주세요,' 하고 요청합니다. 그러면 성령님께서 "심령이 막혀서 갑갑하다. 위장에 문제가 있다. 심장에 문제가 있다. 장에 문제가 있다. 방광에 문제가 있다. 마음에 상처로 인하여 우울증이 있다. 상처로 인하여 울화병으로 고생한다. 말 못할 심령에 응어리가 있다. 태중의 상처로 인하여 서러움이 있다." 하며 알려주십니다. 그래서 치유사역을 진행합니다. 안수할 때도 성령님 다음에는 어떻게 해야 합니까? 그렇게 물어보면 "명령해라. 하시기도 하고, 정체를 밝히라고" 하라고 하시기도 합니다. 그러면 성령님이 감동하여 주신대로 순종하고 명령하면 치유의 역사가 강하게 나타납니다.

3) **성령의 은사를 사용하라.** 성령의 인도에 따라 성령의 은사를 사용하라는 말입니다. 치유사역에서 사역자에게 나타나는 병을 고치는 은사만으로도 많은 사람들에게 복음에 대한 거부감을 제거하거나, 믿음의 성장을 가져오거나, 치유가 일어납니다. 보다 더 강력한 역사를 일으키는 데는 다른 성령의 은사의 도움 없

이는 결코 많은 성과를 거둘 수가 없습니다. 환자가 병을 고치는 능력을 자신이 체험하기까지는 소극적 자세나 부정적인 자세를 가질 수도 있습니다. 일방적이 될 때는 사역자의 병 고치는 능력을 반감시킬 수도 있습니다. 강력한 믿음의 유발 요인이 되지 않을 수도 있기 때문입니다.

치유에 성과가 있기 위해서는 장애 요인과 질병의 원인을 파악하여, 그 원인의 제거도 필요하기 때문에 영분별의 은사나 지식의 말씀의 은사를 통한 활용이 있어야만 합니다. 마음의 깊은 상처나 용서하지 못한 죄들은 본인들이 모를 때도 있고, 일부러 감추려 하기도 하기 때문에 이러한 사실들을 털어놓지 아니하거나 파악하지 못하면 치유가 되지 않습니다.

치유사역에서 은사의 활용은 치유를 일으키는 결정적인 요인들을 제공하게 되기 때문에 은사에 대한 확인과 은사(성령의 나타남)에 대한 민감한 반응은 중대한 의미를 갖고 있습니다. 귀신들림이 외부로 드러나는 경우에는 누구나 알 수 있지만 귀신에 눌려 있는 잠복된 상태를 분별하지 못하는 경우가 대부분이기 때문에 이때에는 영분별의 은사가 활용되어야 하는 것입니다.

귀신이 붙어 있는 부위를 달리하여 숨을 때가 있는데 이때 숨어 있는 곳을 파악하거나 안수할 필요가 있을 때에는 영을 볼 수 있거나 느끼는 감각이 필요합니다. 귀신들이 공격을 할 때 이를 지각 할 수 있는 지각이 있어야 방어 할 수 있으며, 만약 공격을 받았으면 재빨리 추방을 하고 고통을 면할 수 있습니다.

이것은 처음으로 성령체험을 하는 성도들에게 일어나는 현상입니다. 성령체험을 계속하다가 보면 성령의 깊은 임재로 악한 영들이 정체가 폭로되어 소리 없이 떠나는 것이 보통입니다. 그러므로 사역자는 무엇보다 성령의 깊은 임재와 역사가 일어나게 집회를 인도해야합니다. 성령의 깊은 임재와 역사가 일어나게 하는 사역자만의 노하우를 가지고 활용해야 합니다.

무엇보다도 성령의 임재가 중요하기 때문입니다. 모든 것은 성령께서 하시기 때문에 사역자는 항상 성령의 역사가 앞서게 해야 합니다. 이를 위하여 평소에 성령의 충만함을 받고 성령의 역사를 감지할 수 있는 지식의 말씀의 은사가 있어야 합니다. 많이 체험하여 보는 것이 좋습니다. 그래야 그때그때 성령의 임하심을 보고 성령의 역사를 불러일으킬 수 있기 때문입니다.

더 상세한 성령의 세례와 성령의 역사에 대하여는 **"성령의 불로 불세례 받는 법"**과 **"성령의 불로 충만 받는 법"** 그리고 **"불같은 성령의 기름 부으심"**을 참고하시기를 바랍니다. 이 책을 읽으면 성령에 대하여 많은 진리를 터득하게 될 것입니다.

5장 영적인 세계가 열리는 비결

(엡6:12)"우리의 씨름은 혈과 육을 상대하는 것이 아니요 통
치자들과 권세들과 이 어둠의 세상 주관자들과 하늘에 있는 악
의 영들을 상대함이라."

성령치유를 받거나 성령치유 사역을 하려면 반드시 영적인 세
계가 열려야 합니다. 유일하신 하나님은 우리가 영적 세계를 알
고 실제로 체험하고 5차원의 성령의 권능으로 4차원의 영적인 세
계와 3차원의 인간세계와 물질세계를 지배하기를 원하십니다. 5
차원의 영적 세계에는 두 가지 형태의 영이 존재합니다. 하나님
의 성령과 성령으로 거듭난 사람의 영입니다. 4차원의 세계에는
타락한 마귀의 영이 거합니다. 하나님의 일반 은총으로 누구나
사용하면서 살아가는 인간세계, 물질세계는 3차원에 속합니다.
3차원은 보이는 세계입니다. 인간계 물질계입니다. 그렇다면 3
차원의 인간세계와 물질세계를 지배하는 것은 무엇입니까?

5차원의 성령의 세계와 4차원에 속한 영의 세계입니다. 저는
이 책에서 편의상 물질세계와 인간세계를 3차원이라고 지정하여
부르고, 영적인 세계를 5차원의 성령의 세계와 4차원의 마귀의
세계라고 지정하여 부르겠습니다. 필자가 지정한 1차원, 2차원,
3차원, 4차원, 5차원을 좀 더 세부적으로 자세하게 설명하겠습
니다. 1차원은 식물세계를 말합니다. 2차원은 동물세계를 말합

니다. 3차원을 인간세계와 물질세계를 말합니다. 영적인 세계는 보이지 않는 세계로서 4차원인 마귀의 세계와 5차원인 성령의 초자연적인 세계를 말하는 것으로 이해하시고 책을 읽어 가시기를 바랍니다. 그래서 1차원인 식물은 2차원인 동물이 지배하고 살아갑니다. 2차원인 동물세계는 3차원인 인간이 지배하고 다스리며 살아갑니다. 그리고 3차원의 인간세계와 물질세계는 4차원인 타락한 마귀의 세계에 지배를 당하고 살아가는 것입니다.

4차원의 타락한 마귀의 세계는 5차원인 성령에게 지배당하고 살아가는 것입니다. 그래서 3차원의 세계에 속한 인간이 4차원의 마귀의 세계를 지배할 수가 없는 것입니다. 왜 그렇습니까, 아담이 마귀의 미혹에 속아서 선악과를 먹음으로 사람의 영적인 지위가 마귀 아래로 내려갔기 때문입니다. 그래서 예수를 믿지 않는 인간은 4차원에 속한 마귀를 이길 수가 없고 마귀의 종이 되어 마귀의 지배를 당하며 살아가는 것입니다. 그래서 예수를 믿지 않는 세상 사람들은 모두 마귀의 종으로 살아가는 것입니다. 세상 사람들은 마치 이스라엘 백성들이 애굽에서 바로왕의 수하에 속해서 종살이를 하면서 살아가는 것같이 마귀의 종으로 살아가는 것입니다. 그래서 세상 사람들이 환란과 풍파를 당하면 인간 스스로 해결할 수가 없다는 것을 알고 무당이나 신접한 잡신들을 찾아가는 것입니다. 그래서 그들에게 무엇을 얻어서 환란과 풍파를 면해보려고 하지만 할 수가 없고 물질을 빼앗기면서 고통만 더 당하면서 살아가는 것을 신문 지면과 매스컴을 통하여 우리는 잘 알 수가 있는 것입니다.

그러면 영의 세계는 어떤 세계입니까? 보이지 않는 영의 세계입니다. 하나님의 성령과 마귀와 성령으로 거듭난 사람의 영이 거하는 보이지 않는 영적인 세계입니다. 이 보이지 않는 영의 세계가 보이는 인간세계와 물질세계를 지배하는 것입니다. 좀 더 깊이 있게 설명하면 우리가 성령을 요청할 때 어떻게 기도합니까? 성령이여 임하소서라고 기도합니다. 이는 성령이 임해야 보이는 세계가 지배되기 때문입니다. 다시 말해서 인간세계의 문제나 환란과 풍파가 성령에게 장악을 당해야 해결되는 것입니다. 왜냐하면 보이는 세계에 일어나는 악의 문제의 배후에는 4차원의 영적존재인 마귀가 있기 때문입니다.

그래서 마귀보다 강한 5차원의 성령이 임하여 장악해야 성령의 역사로 문제나 환란과 풍파가 떠나가고 사람의 눈에 보이는 하나님의 창조물이 생겨나는 것입니다. 이것은 성경에 잘 기록되어있습니다. 창세기 1장2절부터 3절만 읽어보면 이해가 되는 것입니다. 창세기 1장 2-3에"땅이 혼돈하고 공허하며 흑암이 깊음 위에 있고 하나님의 영은 수면 위에 운행하시니라 하나님이 이르시되 빛이 있으라 하시니 빛이 있었고" 땅이 공허하며 흑암이 깊음 위에 있었는데 하나님의 영(성령)은 수면에 운행을 했다고 했습니다. 이는 하나님의 영(성령)이 공허하고 흑암이 깊은 곳을 장악하니 하나님의 말씀대로 빛이 있으라 하시니 빛이 생겨났다고 말씀하고 있습니다.

이는 성령이 혼동하고 공허한 세상을 장악하고 하나님의 말씀이 떨어지면 하나님의 말씀대로 창조물이 생겨난다는 것입니다. 영의 세계는 말로서 보이는 형상이 나타나는 것입니다. 그러므로 성도는 말을 잘해야 합니다. 말이 씨가 되는 것입니다. 성령으로 거듭난 성도가 말한 그대로 이루어지는 것입니다. 그래서 하나님이 천지를 창조하실 때 성령으로 천지를 장악하시고 말씀으로 천지를 창조하신 것입니다. 그리고 성령으로 거듭난 성도가 아니더라도 영의 세계의 영향을 받아 우상을 숭배하는 신비종교들도 말로서 보이는 형상을 이루어내는 것입니다.

이는 애굽의 현인들과 마술사들을 보면 잘 알 수가 있는 것입니다. 출애굽기 7장 10-12절에 "모세와 아론이 바로에게 가서 여호와께서 명령하신 대로 행하여 아론이 바로와 그의 신하 앞에 지팡이를 던지니 뱀이 된지라. 바로도 현인들과 마술사들을 부르매 그 애굽 요술사들도 그들의 요술로 그와 같이 행하되, 각 사람이 지팡이를 던지매 뱀이 되었으나 아론의 지팡이가 그들의 지팡이를 삼키니라." 이렇게 마술사들도 지팡이로 뱀을 만듭니다. 그러나 아론의 지팡이가 그들의 지팡이를 삼켰다고 했습니다. 그러므로 마술사들이 만들어내는 형상은 미혹하는 허구에 불과한 것입니다. 그러므로 우리는 영안을 열어 영적인 세계를 분별해야 합니다.

그럼 원래 사람이 마귀의 지배아래 있었습니까? 아닙니다. 하나님은 아담보고 에덴동산을 지키고 가꾸라고 했는데 아담이 에덴동산을 지키지 아니했었습니다. 왜냐하면 마귀가 마음대로 출입하도록 내버려 두었습니다. 마귀는 에덴동산에 조그마한 제재도 없이 마음대로 들락날락 했습니다. 하나님이 아담에게 에덴동산을 지키라고 했는데 안 지켰습니다. 창세기 2장 15절에 "여호와 하나님이 그 사람을 이끌어 에덴 동산에 두어 그것을 경작하며 지키게 하시고." 분명히 하나님이 지키라고 하셨습니다. 그런데 안 지킨 것은 아담의 잘못인 것입니다. 그리고 마귀의 유혹에 찬 말에 귀를 기울였습니다. 마귀가 나쁜 것을 알면서도 마귀와 대화를 하고 마귀의 유혹에 귀를 기울였다는 이 자체가 대단히 잘못된 것입니다.

창세기 3장 4~5절에 "뱀이 여자에게 이르되 너희가 결코 죽지 아니하리라. 너희가 그것을 먹는 날에는 너희 눈이 밝아져 하나님과 같이 되어 선악을 알 줄 하나님이 아심이니라"고 선악과를 따먹으라고 유혹해서 하와가 따먹고 아담에게도 주어서 아담도 먹고 하나님을 반역하고 그들은 마귀의 종이 돼 버리고 말은 것입니다. 그러므로 사람은 성령을 힘입지 않고는 4차원의 마귀를 지배할 수가 없습니다. 그리고 마귀는 하나님으로부터 창조된 피조물이므로 초자연적으로 역사하는 5차원인 성령을 지배할 수가 없습니다. 왜 그렇습니까? 성령은 하나님이십니다. 성령은 세상에 초자연적으로 역사하는 삼위일체 하나님이십니다. 고로 성령 하나님이 이 천지 만물을 지배합니다.

창세기 1장 2절에 "땅이 혼돈하고 공허하며 흑암이 깊음 위에 있고 하나님의 영은 수면 위에 운행하시니라."고 말씀하시므로 성령께서 보이는 세계를 장악하시는 것으로 묘사되어 있습니다. 그러므로 성령께서는 하나님의 모든 능력을 실제로 행하시고 역사하시는 영원한 차원의 세계에 속한 분입니다. 그러나 성령은 예수를 영접한 사람에게만 내주 하십니다. 절대로 강압적으로 인간의 영을 지배하지 않습니다. 반드시 예수를 영접한 사람의 영 안에 내주하십니다. 그러나 마귀는 그렇지 않습니다. 옛 사람(예수를 영접하지 않은 아담 안에 있는 사람)은 마귀의 종이였기 때문에 마음대로 인간을 점령하는 것입니다. 그리고 사탄에 의해 지배되는 악령의 세계인 흑암도 사람보다 강한 초인적인 힘으로 영적인 세계에 능력을 행사하지만, 그것은 진정한 의미의 영적인 세계가 아닙니다. 이는 성령의 세계와는 전적으로 다른 것입니다. 그래서 5차원인 성령의 역사가 일어나면 떠나가야 하는 것입니다. 그러나 애굽의 마술사들이 하나님의 능력을 모방한 것과 같이 악령의 세계에도 일시적이고 허위 적인 치료와 기적들이 일어나기도 합니다. 사탄은 이러한 허위적이고 특이한 기적의 사건들을 일으키면서 이에 속아 현혹되고 미혹된 사람들을 끌어들입니다. 사탄은 예수 그리스도 안에서 성령으로 거듭나지 않더라도 영적인 체험을 할 수 있다고 사람들을 속이고 미혹합니다. 그러나 우리가 여기서 똑바로 기억해야 할 점은 사탄이 사람들을 미혹하기 위해 아무리 하나님의 능력을 모방한다 하더라도, 그 능력은 역시 하나님의 권세 아래 제한되어 있다는 점입니다. 사람을 변화시키고 살리는 진정한 능력과 권세는 전능하신 하나님께 속한 것입니다. 영원한 삶의 변화를 일으키는 성령의 영원한 세계에 사탄의 제한된 능력이 절대로 관여할 수 없습니다. 영적인 세계를 바르게 알아야 권세 있는 삶을 살아갈 수가 있습니다. 제가 그동안 성령치유 사역을 하다가 체험한 사실로는 영적인 세계를 모르면 아무것도 안 된다는 것입니다. 왜 그렇습니까? 세상이 악한 자 안에 처해 있기 때문입니다. (요일5:19) "또 아는 것은 우리는 하나님께 속하고 온 세상은 악한 자 안에 처한 것이며."그래서 필자가 영적인 세계에 대하여 관심을 갖다가 그동안 체험한 바를 책으로 발간하게 된 것입니다.

사람은 영적 존재이므로 구원받지 못한 사람이나, 구원받고 거듭 난 사람이나 할 것 없이 모두가 자신이 속한 영적 세계의 지배를 받습니다. 사람의 영은 악령의 세계에 속하든지, 아니면 예수 그리스도를 영접하여 예수 안에서 삶을 안내하고 도와주는 성령의 세계에 속해 있습니다. 절대로 아무런 영적인 세력의 지배 없이는 살아갈 수가 없습니다. 아무리 자신이 무신론을 주장해도 그의 영은 마귀의 지배하에 있는 것입니다. 왜냐하면 사람은 영적인 동시에 육적인 존재이기 때문입니다. 그래서 우리는 영적인 세계를 잘 알고 대처해야 하는 것입니다.

그리고 예수를 주인으로 영접하지 않아 구원받지 못한 사람들의 영은 하나님의 복과 능력이 아닌, 사탄이 주는 허구적인 능력과 평안을 갖게 하는 어떤 환영과 그런 류의 잡신인 영적 세계를 경험함으로써 신적인 세계와 가까워지려고 노력합니다. 왜냐하면 사람은 육적인 존재인 동시에 영적인 존재이기 때문입니다. 자신이 추구하는 영적세계에 따라서 마귀에게 속할 수도 있고 성령에 속할 수도 있는 것이 사람입니다. 그러나 마귀는 성령으로 거듭난 사람은 지배할 수가 없습니다. 성령은 초자연적으로 역사하는 하나님의 영이시고, 마귀는 초인적인 힘을 가진 존재이기 때문입니다.

그래서 우리가 정확하게 알아야 할 것은 3차원의 인간의 힘과 능력으로는 4차원의 마귀를 이길 수가 없습니다. 3차원의 인간의 힘만으로는 4차원인 마귀를 이길 수가 없어 마귀의 지배하에 종노릇하면서 살아가는 것입니다. 왜 그렇게 되었습니까? 아담이 하나님의 말씀에 순종하지 못하고 마귀의 미혹에 속아서 선악과를 먹으므로 사람의 권위가 마귀의 아래로 내려간 것입니다.

그래서 성경 누가복음 11장에 보면 예수님께서 말을 못하게 하는 귀신에게 눌려서 말을 못하며 고생하는 사람에게서 5차원의 성령의 권능으로 귀신을 쫓아내시니 귀신이 나갔습니다. 그러니까 말을 못하던 사람이 말을 하기 시작했습니다.

이는 말을 못하게 하는 배후에는 귀신이 있었다는 것입니다. 4차원인 말을 못하게 하는 귀신이 3차원의 사람의 언어를 지배하니까 말을 하지 못한 것입니다. (눅11:14)"예수께서 한 말 못하게 하는 귀신을 쫓아내시니 귀신이 나가매 말 못하는 사람이 말하는지라 무리들이 놀랍게 여겼으나." 이 소문이 퍼지자 바리새인들이 예수님을 비방합니다. 예수님이 귀신의 왕 바알세불을 힘입고 귀신을 쫓아낸다는 것입니다. 이는 바리세인들이 알고 있는 인간적인 지식으로는 사람의 능력으로는 귀신을 쫓아내지 못한다는 것입니다. 귀신을 쫓아내려면 다른 영적인 세력의 힘을 빌려야 되는데 예수님은 귀신의 왕 바알세불의 힘을 입고 귀신을 쫓아낸다고 말하는 것입니다.

이 바리새인들이 말한 대로 사람의 힘만으로는 귀신을 쫓아내지 못하는 것이 맞습니다. 왜냐하면 3차원의 인간이 4차원의 귀신을 지배할 수가 없기 때문입니다. (마12:24)"바리새인들은 듣고 이르되 이가 귀신의 왕 바알세불을 힘입지 않고는 귀신을 쫓아내지 못하느니라 하거늘." 이와 같이 3차원인 사람이 4차원에 속한 귀신을 쫓아내지 못하는 것입니다. 4차원에 속한 귀신보다 강한 5차원의 능력을 가져야만 귀신을 쫓아낼 수가 있는 것입니다. 그러므로 3차원의 사람이 4차원에 속한 귀신을 쫓아내려면 5차원인 성령의 능력을 힘입어야 가능한 것입니다. 3차원의 인간은 4차원인 마귀의 지배를 당하고 살아가기 때문입니다. 그래서 성도는 영적인 세계를 알아야 하는 것입니다. 그런데 바리새인들이 예수님을 비방하는 말을 주님이 아시고 예수님은 이렇게 반박을 하십니다.

누가복음 11장 17-18절에 "예수께서 그들의 생각을 아시고 이르시되 스스로 분쟁하는 나라마다 황폐하여지며 스스로 분쟁하는 집은 무너지느니라. 너희 말이 내가 바알세불을 힘입어 귀신을 쫓아낸다 하니 만일 사탄이 스스로 분쟁하면 그의 나라가 어떻게 서겠느냐." 이 말씀은 예수님이 귀신의 왕 바알세불을 힘입고 귀신을 쫓아낸다면 사탄이 스스로 분쟁하는 것이니 어떻게 사단의 나라가 서겠느냐고 반박을 하십니다. 이는 예수님이 귀신의 왕 바알세불을 힘입고 귀신을 쫓아내는 것이 아니라는 것입니다. 그러면서 예수님은 제자들에게 이렇게 말씀을 하십니다. (마12:28)"그러나 내가 하나님의 성령을 힘입어 귀신을 쫓아내는 것이면 하나님의 나라가 이미 너희에게 임하였느니라." 예수님이 성령님의 능력을 힘입어 귀신을 쫓아낸다는 것입니다. 그러므로 하나님의 나라가 이미 제자들에게 임했다는 것입니다. 예수님은 당시 성령의 인도를 받으면서 사역을 하셨습니다. 그러므로 예수님이 5차원인 성령님의 권능을 힘입어 귀신을 쫓아내는 것입니다. 그래서 3차원인 사람이 4차원인 귀신을 제압할 수가 없고, 5차원인 성령의 능력을 힘입어야 귀신을 쫓아낼 수가 있는 것입니다. 그러므로 마귀는 어떻게 하든지 성도가 성령으로 충만하지 못하도록 기를 쓰고 방해하는 것입니다.

그러니까 사람이 5차원의 성령의 능력으로 귀신을 쫓아낸다면 이미 그 심령에 하나님의 나라가 임했다는 것입니다. 성령은 하나님의 영이시기 때문입니다. 성령은 예수를 영접한 사람의 영 안에 거하시는 것입니다. 그래서 여기서 말씀하시는 하나님의 나라는 사람의 영 안(심령성전)을 말하는 것입니다. 성령의 능력으로 귀신을 쫓아내는 사람의 영 안(심령성전)에는 하나님의 나라가 임한 것입니다. 왜냐하면 성령의 능력은 사람의 영 안(심령성전)에서 올라오기 때문입니다. 그러면서 예수님은 이렇게 알려주십니다. (눅11:21-22)"강한 자가 무장을 하고 자기 집을 지킬 때에는 그 소유가 안전하되 더 강한 자가 와서 그를 굴복시킬 때에는 그가 믿던 무장을 빼앗고 그의 재물을 나누느니라." 이 말씀은 귀신을 쫓아내려면 귀신보다 더 강한 자가 와야 만이 가능하다는 말씀입니다. 그러므로 4차원인 귀신을 쫓아내려면 5차원인 성령의 능력을 힘입어야 가능한 것입니다. 고로 3차원인 인간이 4차원에 속한 귀신을 쫓아내지 못합니다. 반드시 5차원인 성령의 능력을 힘입어야 가능한 것입니다. 그래서 3차원에 속한 인간은 4차원에 속한 마귀의 지배를 받고 살아가는 것입니다.

그리고 예수를 주인으로 영접하지 않아 구원받지 못한 사람들의 영은 하나님의 복과 능력이 아닌, 사탄이 주는 허구적인 능력과 평안을 갖게 하는 어떤 환영과 그런 류의 잡신인 영적 세계를 경험함으로써 영적인 세계와 가까워지려고 노력합니다. 이런 무리의 최고 경지에 이른 사람들은 악마의 지배권에 속한 동양의 신비주의 같은 데서 자주 그러한 경험을 하게 됩니다. 그들은 사탄이 주는 허구적인 환영과 정신적 영상으로 3차원에 속한 자신의 육체를 지배합니다. 그러나 이들은 5차원인 성령에 의하여 능력이 제한 받고, 예수를 영접한 5차원의 성령의 사람에게는 제한된 능력을 행사할 수밖에 없습니다.

왜냐하면 성령의 사람이라도 육체를 가지고 있기 때문입니다. 사람은 육체를 가지고 있기 때문에 5차원의 성령으로 충만하지 않으면 성령으로 장악되지 않은 성도의 육체에 마귀가 역사할 수가 있다는 것입니다. 그러나 성도가 성령으로 충만하면 마귀가 성도를 지배할 수가 없습니다. 그래서 이들은 성도가 성령으로 충만해지는 것을 방해하는 것입니다. 그리고 성령의 역사에 대하여 두려움을 갖습니다. 성도에게서 성령의 역사가 일어나면 떠나가야 하기 때문입니다.

일본에서 온 일련종정(일명 '남묘호랭객교'라고도 함)은 사탄의 지배에 속한 더러운 미신인 것입니다. 이것은 필자가 시화에서 목회할 때 우리 교회에 등록하여 다니는 성도의 간증을 듣고 알게 된 사실입니다. 이 성도가 하는 말이 자신이 예수를 믿게 된 동기는 몸이 하도 많이 아프고 가정의 여러 가지 환란과 풍파가 있어 고통을 당하는 데, 옆집에 살던 예수 믿는 성도가 와서 예수를 믿으면 모든 문제가 예수 이름으로 해결된다고 하여 예수를 믿었습니다. 그런데 예수를 믿고 교회를 열심히 다녀도 아픈 몸을 치유되지 않았답니다. 그러는 즈음에 '남묘호랭객교'를 믿는 사람이 자신의 처지를 알고 찾아와서 자꾸 자기가 다니는 곳에 한번만 같다오면 병이 낫는다고 자꾸 설득을 하는 바람에 그 사람을 따라서 '남묘호랭객교'를 믿는 사람들이 모여 있는 신전에 갔답니다.

두 번에 걸쳐서 가서 기도를 받았는데 병이 나아버린 것입니다. 그래서 계속 다니다가 예수님 외에는 구원이 없다는 것을 깨닫게 되어, 내가 여기 계속 다니다가는 지옥에 간다는 생각이 들어서 다시 교회에 와서 예수를 믿기 시작했다는 것입니다. 그래서 제가 단단하게 주의를 시키고 회개를 하게하고 다시는 그런 일이 없게 하라고 하고 남묘호랭객교의 귀신을 축사하고 이 말씀을 가슴에 새기라고 알려주었습니다. (히6:4-6)"한 번 빛을 받고 하늘의 은사를 맛보고 성령에 참여한 바 되고, 하나님의 선한 말씀과 내세의 능력을 맛보고도 타락한 자들은 다시 새롭게 하여 회개하게 할 수 없나니 이는 그들이 하나님의 아들을 다시 십자가에 못 박아 드러내 놓고 욕되게 함이라." 이렇게 이방신들도 신유의 역사를 일으킵니다. 병 고치려고 아무 곳에나 가면 절대로 안됩니다. 특히 기 치료는 위험한 사탄의 역사입니다. 그래서 우리는 영적인 세계를 바로 알고 대처해야 하는 것입니다. 그러나 이들은 육신에 속한 3차원의 사람에게만 능력을 행사할 수 있습니다. 그러니까 우리 성도들도 성령으로 충만하지 못하고 하나님을 멀리하고 세상을 사모하고 세상을 향하여 있게 되면 이들에게 침입을 당할 수가 있습니다. 그래서 마귀의 능력 수준을 보면 사람보다 약간 강한 4차원인 초인적인 수준 밖에 되지 못하는 것입니다. 성령께서 우리에게 저들이 사악한 영에 의해 여러 가지 이적을 행하는 것은 출애굽기에 나오는 애굽의 마술사들이 모세의 이적을 흉내 낸 것과 같은 방식임을 알려 주셨습니다(출7:10-12).

애굽의 바로왕의 수하에 있던 현인들과 마술사들이 요술로 뱀을 만들었으나 아론의 지팡이로 만든 뱀이 그들의 지팡이로 만든 뱀을 삼켜 버렸습니다. 이렇게 사탄의 역사는 5차원인 하나님의 초자연적인 역사에는 힘을 발휘하지 못합니다. 고로 성령은 마귀에게 능력을 행사할 수 있지만, 마귀는 성령에 역사에 아무런 능력도 행사할 수 없습니다. 또 사람이 성령으로 거듭나지 아니하면 마귀를 대적할 수도 마귀 세계를 지배할 수도 없습니다. 마귀를 대적할 힘도 능력도 없어서 마귀에게 매일 지배를 당하면서 종으로 살아가게 됩니다. 하나님께서는 예수 그리스도를 믿음으로 거듭난 사람들에게는 하나님의 자녀가 되는 권세를 주셨습니다(요 1:12). 창조주 하나님의 자녀는 5차원인 성령의 세계에 속하므로 불신자들보다 더 위대한 권세가 있는 것입니다. 불신자는 최고의 경지에 이르러도 사탄의 능력을 초과할 수 없습니다. 모세의 지팡이로 만든 뱀이 바로 왕 술객들이 만든 뱀을 삼킨 것을 보면 압니다. 하나님을 찬양합시다! 우리는 하나님의 자녀들이기 때문에 성령 안에서 창조적인 삶을 살 수 있습니다. 예수를 믿고 5차원의 성령으로 충만한 우리는 4차원의 마귀의 세계와 3차원의 환경을 다스리며 큰 권능을 행사할 수 있습니다. 이 모든 일은 우리 안에 계신 성령의 능력에 의해서 되는 것입니다. 우리가 악한 영에게 속지 않고, 지배당하지 않고, 대적하여 승리하기 위해서는 영적 세계를 잘 알고 대처해야 합니다. 고로 우리가 살고 있는 세계는 보이는 3차원의 인간세계와 물질세계와, 보이지 않는 영적인 세계로 구분 됩니다. 4차원 이상의 영적인 세계는 인간의 감각, 이성으로 접촉할 수 없는 세계를 말합니다. 반면 3

차원인 물질세계와 인간세계는 인간의 감각과 이성으로 접촉할 수 있는 눈에 보이며 만져지는 현존 세계를 말합니다.

이 두 구분된 세계는 분리되어 있지만 서로 밀접하게 연관되어 있습니다. 사람들은 대부분 물질세계와 인간세계에 많은 관심을 가지고 있습니다. 세대에 따라 약간의 차이는 있으나, 특히 현대인은 물질계에 더 많은 관심을 가지고 있습니다. 믿음에 따라 물질계→인간계→영계→하나님 나라로 관심이 부여됩니다.

옛 사람인 육의 사람은 돈이 제일이다 하고 돈에만 관심을 쓰다가 어느 정도 나이가 들면 사람과의 관계에 관심을 가집니다. 그러다 문제가 생기면 영적인 것에 신경을 쓰게 됩니다.

예수를 믿는 사람은 처음에는 돈에 관심을 갖다가 사람에 관심을 갖습니다. 그러다가 영적인 세계에 관심을 갖다가 하나님 나라(천국)에 관심을 갖게 됩니다. 구분된 세계는 공통적인 질서가 형성되어 있으며 상호 작용의 법칙과 원리가 있습니다. 인류는 인간세계와 물질(자연)계의 원리와, 이에 따른 상호 관계 작용의 법칙(과학, 물리학, 의학 등의 현대과학)을 발견하는데 모든 시간을 바쳤으며, 그로 인하여 물질계를 어느 정도 다스리는데 성공하였고, 인류는 그 혜택을 누리고 있습니다.

그러나 아무리 인간이 연구 발전시킨 것으로 그 혜택을 누려도 예수를 영접하지 않아 성령으로 장악당하지 않은 사람들은 모두 사탄의 지배하에 있다는 것을 명심해야 합니다. 그래서 사탄에게 메여서 종으로 살아가는 것입니다. 여러분 필자의 체험으로 말한다면 영적인 세계를 모르면 박사도 어찌할 수 없이 사탄에게 당한다는 것을 그동안 성령 사역을 통하여 알게 하셨습니다. 박사도 귀신에게 눌려서 고통을 당하다가 필자에게 와서 귀신을 축사하고 치유 받고 간 성도가 여러 명이 됩니다.

인간이 행할 수 있는 범위와 한계를 넘어 초자연적이면서 초인간적인 능력을 베풀 수 있는 두 권위를 가진 세력이 있습니다. 그들은 하나님과 사탄입니다. 두 존재는 초자연적이며 초인간적인 능력을 베풀 수 있는 존재이나 서로 동일하지 않습니다. 인간의 눈으로 볼 때, 사단은 굉장한 능력을 소유하였지만, 그들은 인간처럼 하나님으로부터 창조된 피조물이며 제한된 존재입니다. 사단은 현재 세력을 행사하지만 이미 십자가에서 패배한 존재이며 멸망당할 존재들입니다. (골 2:15)"통치자들과 권세들을 무력화하여 드러내어 구경거리로 삼으시고 십자가로 그들을 이기셨느니라."사단은 하나님의 일을 방해 할 수 있습니다. 사단은 하나님이 다니엘에게 보낸 천사를 막아 하나님의 일을 방해하려 했으나 천사장 미가엘의 도움으로 다니엘에게 하나님의 응답을 21일이 지난 후에 전달했습니다.

(다니엘 10:12-14)"그가 내게 이르되 다니엘아 두려워하지 말라 네가 깨달으려 하여 네 하나님 앞에 스스로 겸비하게 하기로 결심하던 첫날부터 네 말이 응답 받았으므로 내가 네 말로 말미암아 왔느니라. 그런데 바사 왕국의 군주가 이십일 일 동안 나를 막았으므로 내가 거기 바사 왕국의 왕들과 함께 머물러 있더

니 가장 높은 군주 중 하나인 미가엘이 와서 나를 도와 주므로 (14)이제 내가 마지막 날에 네 백성이 당할 일을 네게 깨닫게 하러 왔노라 이는 이 환상이 오랜 후의 일임이라 하더라."

이로보아 기도는 응답을 받을 때까지 하는 것이 정상입니다. 사단을 포함하여 천사들은 하나님의 창조 질서에 있어서 인간보다 하위에 있었습니다. 하나님은 인간을 천사보다 뛰어나게 지으셨으며, 모든 피조물 중에 유일하게 인간만을 하나님의 형상을 따라 만드셨습니다(창1:26-28). 하나님이 에덴을 창설하시고 거기 살도록 하면서 인간이 지켜야할 법을 주셨습니다(창2:15-17). 그러나 하와가 하나님의 말씀을 믿지 못하고 마귀의 꾀임에 속아 이 법을 지키지 못하고 타락하고 말았습니다(창3:1-6). 이렇게 인간이 사단의 말을 믿고 선악과를 먹으므로 타락한 후, 사단에게 인간의 권위를 빼앗겼기에 능력 면에 있어서 하위로 내려왔으나, 예수 그리스도의 십자가 보혈의 공로로 예수를 믿고 하나님의 자녀가 되면서 우리는 타락 이전의 지위를 되찾게 되었습니다. 따라서 영적인 권위의 서열 이동이 있어 예수를 믿은 우리의 권위가 올라가게 됩니다. 우리가 예수를 믿기 전에는 하나님→ 천사(사단) →인간의 순위에 있었습니다. 그러나 예수를 믿은 후 하나님→인간→천사(사단의 세력)순으로 원래의 지위가 회복되고 있습니다. 그래서 인간이 본래의 권위를 회복하려하니 마귀가 가만두지를 안는 것입니다.

우리가 예수를 믿고 불같은 성령세례를 체험하면 그때부터 마귀와의 일전이 시작이 됩니다. 이는 피할 수 없는 일전입니다. 예수님도 성령으로 세례를 받고 40일 동안 주리시면서 마귀와 일전을 치루셨습니다. 그러나 예수님은 말씀과 성령이 충만함으로 세 번의 마귀의 시험을 이기셨습니다. 그러므로 예수를 믿고 성령으로 세례를 받은 우리도 마귀와의 일전을 치러야 하는 것입니다. 이는 우리의 권위가 회복되어 본래의 지위가 회복되면 성령의 권능에 의하여 마귀가 사람에게 지배를 당해야하니 결사적으로 막고 방해하는 것입니다. 그것도 가장 가까운 사람을 통해서 방해하는 것입니다. 그러므로 우리는 영적인 세계를 알고 대처 할 줄 알아야 하는 것입니다. 영적인 세계에 대하여 더 많이 알고 싶은 분은"영적인 세계가 열려야 성공한다" "영안을 밝게 여는 비결"책을 활용하시면 영적세계와 영안이 활짝 열릴 것입니다.

충만한 교회에서는 매주 월/화/목요일 오전 11시부터 오후 4시 30분까지 성령능력 전문치유집회를 합니다. 매주 다른 과목을 가지고 집회하여 말씀의 비밀을 깨닫고, 성령으로 충만 받아 자기 영을 자신이 지킬 수 있도록 훈련합니다.

목회자들은 자신이 치유되면서 성령의 권능이 나타나 능력 있는 목회를 할 수 있게 됩니다. 성도는 자신의 영육이 치유되면서 영적인 자립을 하도록 사역을 합니다. 매주 무료집회로 회비는 없습니다. 단 매주 교재가 있어서 구입해야 입장이 가능합니다. 교재비는 2만원입니다. 사전 예약하지 않아도 되며 자유스럽게 참석하여 치유와 능력을 받을 수가 있습니다.

6장 영들의 전이를 대비하는 비결

(마7:21-23)"나더러 주여! 주여! 하는 자마다 다 천국에 들어갈 것이 아니요 다만 하늘에 계신 내 아버지의 뜻대로 행하는 자라야 들어가리라. 그 날에 많은 사람이 나더러 이르되 주여! 주여! 우리가 주의 이름으로 선지자 노릇 하며 주의 이름으로 귀신을 쫓아내며 주의 이름으로 많은 권능을 행하지 아니하였나이까 하리니 그 때에 내가 그들에게 밝히 말하되 내가 너희를 도무지 알지 못하니 불법을 행하는 자들아 내게서 떠나가라 하리라"

하나님은 우리들에게 영적전이 뿐만 아니라, 영적손상이 있다는 것을 알고 대비하게 하십니다. 영적인 치유사역을 하다 보면 영적전이 뿐만 아니라, 영적인 손상도 있다는 것을 알게 되실 것입니다. 영적전이와 영적 손상이라는 말을 들어보셨습니까? 신령한 은사를 받아서 사역에 임하는 과정에서 흔히 경험하게 되는 두 가지 비슷한 영적 현상으로서 '전이'(transference)와 '손상'(damage)이 있습니다. 이 두 가지는 증상으로는 서로 비슷하기 때문에 구분이 잘 되지 않지만 면밀히 점검하면 분별할 수 있는 것입니다. '영적 전이'는 은사를 받은 초기에 주로 많이 나타나며, 전이를 체험하는 가운데에는 자신의 은사의 한 기능으로 자리 매김이 되는 경우가 있습니다.

그러나 '영적 손상'은 사단과 마귀 또는 귀신으로부터 공격을 받아 생기는 증상이기 때문에 주로 축사의 신유은사를 받은 사람에게 나타나며, 때로는 악한 영에 의해서 질병이 생겼을 경우, 그 질병을 치유하는 사역자에게서 경험되는 것입니다. 악한 영은 아직 영적 능력이 약하거나 경험이 많지 않은 초보 사역자를 위협하여, 사역을 약화시키거나 두려움을 주어, 사역을 못하고 물러나게 하기 위해서 충격을 주는 것입니다. 악한 영은 이렇게 악랄하게 영적인 사역을 못하도록 온갖 방법을 다 동원하는 것입니다.

실제로 안양에 사시는 목사님이 저에게 이렇게 말했습니다. 저는 나이가 들어 목회자가 된 사람인데 나이가 있어 육십 오세부터 신학대학원을 다니면서 교회를 개척하여 목회를 했습니다. 그런데 오시는 성도 분들이 모두 환자만 오셨습니다. 그래서 예수 이름으로 기도하면 병이 낫기도 했습니다. 그러던 어느날 할머니 한 분이 기도를 해달라고 하며 교회를 찾아오셨습니다. 그래서 머리에 손을 얹고 예수 이름으로 명하노니 질병은 떠나가라, 했더니 이 할머니가 막 울더랍니다. 야~ 이놈아, 네 놈 때문에 내가 나가야 한다. 야 이놈아, 네 놈 때문에 내가 나가야 한다. 하며 우는데 등골이 오싹하고 등에서 찬물이 줄줄 흐르는데 도저히 사역을 할 수가 없더랍니다. 그런 일이 있은 다음부터는 두렵고 불안하여 기도도 못하고 사역도 하지 못했다고 했습니다. 이것이 바로 영적 손상입니다. 이분은 아직 성령으로 장악당하지 못하고 성령 충만하지 못하여 악한 영으로부터 영적 손상을 당한 것입니다. 이 분은 자신이 축사를 받았어야 합니다. 당신도 만약에 이런 경험이 있었다면 귀신축사를 받으시기를 바랍니다.

1. 영적손상의 경우

영육치유를 행하는 사역자나 축사를 행하는 사역자는 환자의 상태에 대한 지식의 말씀으로 영적 전이를 경험하게 됩니다. 환자가 앓고 있는 질병의 정도나 또는 아직 환자가 질병을 제대로 깨닫지 못하고 있는 경우에 또는 사역자가 어느 곳에 손을 얹어야 할 것인지를 깨닫게 하기 위해서, 그리고 자신이 감당할 수 있는 문제인지를 가늠하게 하기 위해서 성령께서 환자의 고통을 사역자에게 전이시켜 느끼게 하는 것입니다. 예를 들어서 머리가 아픈 사람을 치유 기도하려고 하면 사역자의 머리가 아프다는 것입니다.

예를 든다면, 상대방의 통증부위가 동일하게 아프고 힘들게 되기도 하고…. 속이 더부룩하거나…. 쓰리거나…. 어지럽거나…. 현기증을 느끼거나…. 구토증이 생기거나…. 냉기를 느끼거나…. 온 몸의 뼈나 근육이 뭉쳐들고 뻣뻣해지는 것 같은 체험을 하게 되며…. 눈앞이 아찔해지며…. 독한 약에 취한 사람처럼…. 넋을 잃은 것처럼…. 몽롱한 현상을 겪기도 합니다.

아주 약한 전기에 노출된 듯 손이나 팔이나 어깨에 찌릿해지는 정전기 같은 체험도 있고요…. 몸살이나 오한처럼…. 몸이 밑으로 쳐지며…. 미열이 나고…. 식은땀이 나기도 하고…. 몸이나 팔다리가 욱신욱신 아프게 되는 영적다운 현상을 경험하기도 합니다. 이것이 바로 영적인 손상의 현상입니다.

저도 이런 일을 경험합니다. 한 일 년이 지난 일인 것 같습니다. 이 근방에서 기도원을 한다는 권사가 왔습니다. 그래서 권사를 나오라고 해서 기도하려고 하니까, 제 머리가 많이 아팠습니다. 기도를 해주고 상당한 시간동안 깊은 기도를 해서 해결했습니다.

또 치유 사역 초기에 이런 경우가 있었습니다. 집회에 처음 오는 사람이 많을 경우 첫 시간에 집회를 인도하기가 영적인 힘이 버거워지다가 두 시간 정도 지나면 장악이 되는 경우도 있습니다. 좌우지간 치유 사역자는 성령이 충만한 가운데 사역을 해야 합니다. 그래서 성령께서 앞서시면서 성령치유 사역과 축사를 하시게 해야 합니다. 사역자는 성령을 따라가는 사역자가 되어야 합니다. 그래야 사역자에게 피해가 생기지 않는 것입니다. 사역자는 부단하게 자신의 영성에 관심과 힘을 써야 합니다. 만약에 환자가 영적으로 강하여 귀신이 축사되지 않을 경우는 성령으로 완전하게 장악한 다음에 축사를 하도록 해야 합니다. 어느 정도 시간이 경과되어야 합니다. 절대로 영적인 사역은 급하게 되지 않습니다. 하나님의 시간표를 따라야 합니다. 치유를 받으러 다니는 성도님들도 이점을 알고 사역자에게 조급하게 안수기도를 받으려고 하지 말아야 합니다. 성령의 역사를 따라가지 않으면 악한 영의 영향으로 사역자가 고통을 당합니다.

실제로 어느 여 목사님은 류마치스 관절염을 앓는 환자를 기도해주었는데 자신이 류마치스 관절염이 걸려서 손가락이 틀어졌다고 하는 분을 기도해준 경험도 있습니다. 또 제가 시화에서 목회 할 때 어느 권사님이 벌침을 배우겠다고 해서, 제가 저희 교회에 와서 영성훈련을 받으면 신유은사가 나타나니, 신유은사를 가지고 전도를 하라고 했더니, 그 권사님 하시는 말이 저 신유은사 받지 않을 래요, 전에 우리 교회 목사님이 신유은사가 있어서 환자들을 자주 기도해 주었는데, 기도해 주고나면 환자는 병이 낫는데 자신이 아파서 며칠씩 고생하는 것을 보았습니다. 저는 그런 고생을 하기 싫으니까 신유은사 받지 않겠습니다.

이런 경우 환자의 고통이 고스란히 사역자에게 전달되어 오는 것입니다. 자신이 감당할 수준이 아닌 문제를 다루고자 하면 문제가 해결 되지 않을 뿐만 아니라, 자신도 피해를 입게 되는 것입니다. 영적 전이의 현상은 사람마다 상황마다 다를 수 있습니다. 환자를 접촉하기 전인 중보기도 단계에서도 경험할 수 있으며, 환자를 직접 대하고 사역을 행할 때 느낄 수 있으며, 사역을 마치고 귀가한 후에 나타날 수도 있습니다.

현장에서는 전혀 느끼지 못했던 것을 집에 돌아온 후에 서서히 증상을 느끼기 시작하여 힘이 빠지고 통증이 일어나기도 합니다. 이런 경우 대부분은 잠깐 경험하게 되지만, 경우에 따라서는 몇 시간 또는 며칠이 될 수도 있습니다. 그러나 이런 경우는 예외적이며, 대부분은 기도하면 사라지게 됩니다. 성령으로 인도받지 못하고 성령이 보증해 주지 않는 이런 영적 사역은 자신이 지니고 있는 영적 능력을 소진하게 되는 소모성 사역입니다. 성령이 보증을 하여 주지 않는다는 증거입니다.

그러므로 사역자는 사역 전후로 충분한 기도로 무장해야 합니다. 이런 증상을 자주 경험하게 되는데, 치유하지 않고 그냥 방치한 일부 사역자에게는 악한 기능으로 고정되기도 합니다. 영적 사역은 영적 분별을 몸으로 느껴야만 하기 때문에 환자의 질병 정도를 가늠하기 위한 인식 수단으로 사역자의 영적 전이 현상이 환자 분별의 기능이 됩니다. 이런 기능을 갖추는 사람은 치유 사역자이며, 능력 전도자에게는 거의 찾아볼 수 없는 기능이기도 합니다. 일명 성령의 지식의 말씀의 은사입니다.

다시 한 번 말씀드리면 자신에게 강하게 고통이 찾아오는 경우는 영적으로 강하게 눌린 상태이므로 말씀과 영의 찬양과 안수로 치유를 받아야 합니다. 그리고 계속 성령의 깊은 임재로 완전히 심령이 장악된 다음에 사역을 하시기를 바랍니다. 성령의 사역은 급하게 인간 욕심으로 사역하면 안 됩니다. 대규모 군중 집회에서 치유의 역사를 일으키는 전도자에게 있어서 영적 전이는 사실상 필요하지 않습니다.

이 기능은 일대일 치유를 하는 경우 전인치유를 위해서 주어지는 성령의 지식의 말씀의 한 부분이기도 합니다. 그러나 지식의 말씀의 은사는 환자를 치유할 때 나타나는 현상이지, 치유가 끝난 다음에 나타나는 현상은 아니라는 것을 아셔야 합니다. 사역을 끝낸 다음에 나타나는 현상은 영적손상으로 나타나는 현상이니 치유하고, 사역자 자신의 영성관리를 하여야 합니다. 이런 영적 전이와 비슷한 영적 손상은 악령의 공격에 의해서 영적 능력이 급격히 소진되었을 경우에 나타나게 되며, 간혹 충분한 기도와 성령의 역사 없이 인간적인 욕심으로 혼적인 사역을 행한 결과 영적 능력이 상당히 소진되어 버렸기 때문에 나타나는 현상입니다. 저는 이렇게 사역을 하시다가 체력과 영력이 소진되어 사역을 하지 못하는 목회자를 많이 치유하여본 경험이 있습니다. 이런 분들의 공통적인 특징이 목회를 할 수 없을 정도로 탈진을 경험한다는 것입니다.

영적 탈진은 과도하게 능력을 소모했거나, 자신이 감당하기에 벅찬 악한 영으로부터 충격을 받았을 경우 나타납니다. 마귀의 집요한 공격을 받게 되면 영적 탈진이 일어나, 영적인 일이 시들해지거나, 무기력해져서 무덤덤한 신앙생활을 하게 되는 경우가 있습니다. 성령 충만이 사라지고 육신적으로 신앙생활을 해야 하기 때문에 교리적이고, 형식적인 신앙생활에 빠지게 됩니다. 그리고 기도가 되지 않고, 몸이 이곳저곳 아프기도 하고, 힘이 없고 피곤하기만 합니다. 짜증이 심해지기도 합니다. 이것이 일반적인 성도들과 경험이 부족한 사역자들이 경험하게 되는 영적 탈진의 현상입니다.

영적 사역자들이 경험하는 영적 손상으로 인한 능력의 소진은 점진적으로 나타나는 것이며, 악령으로부터 지속적으로 공격을 받게 되면 영적 능력이 소멸되어가게 됩니다. 일부 사역자들이 이런 증상을 영적 전이로 오해하게 되어 자신에 대한 축사를 하지 않게 되어 지속적으로 악령의 공격을 받게 되며, 그럴 때마다 영적 탈진이 일어나고, 마침내는 더 이상 사역을 할 수 없는 지경에 이르게 되는 것입니다. 체력도 소진되고 여러 영육의 문제가 발생하여 더 이상 사역을 하지 못하게 되는 것입니다. 일 년을 치유해도 회복이 되지 않는 사역자도 있습니다.

악한 영에 의해서 발생한 질병이나 문제를 다룰 때는 반드시 악령으로부터 공격을 받게 됩니다. 그러나 경험이 부족하거나 이에 대한 지식이 부족한 사역자의 경우 단순한 질병이나 문제로만 여기고, 주님이 주신 영적인 권세로 축사를 제대로 하지 못하고, 성령께서 치유하시거나 해결해주시기만을 간구하는, 치유하여 주시옵소서하는 나약한 기도를 하게 됩니다. 이런 경우에도 치유가 일어나고 문제가 해결될 수도 있지만, 사역자는 자신도 모르는 사이에 악한 영으로부터 심각한 영육의 훼손을 받게 되는 것입니다.

영적 손상을 받게 되면 육신적으로 힘이 빠지고, 쑤시고 아파서 환자처럼 눕게 되거나, 머리가 어지럽고, 매스꺼우며, 정신이 혼미해지고, 힘이 빠져 행동할 수 없게 됩니다. 몸은 매를 맞은 듯이 쑤시고, 이곳저곳 아프며, 머리가 어지러운 현기증 증상에 시달리게 되며, 이명 현상(tinnitus)이 나타나 정신을 차릴 수가 없습니다.

때로는 정신이 맑아져 잠을 잘 수 없게 되어, 불면증에 시달리기도 합니다. 환상이 보이고 환청이 들리며, 육신이 고단해져서 신음소리를 내기도 합니다. 이런 육신적 고통을 단순히 영적 전이로만 이해한다면 문제가 생길 수도 있습니다. 왜냐하면 축사를 받은 후에 나타나는 증상과 비슷하기 때문에 속기 쉽습니다. 일반적으로 축사를 받을 후 며칠 동안은 힘이 없는 경우가 많습니다. 그래서 특히 축사사역에 있어서 영적 능력을 가늠하는 것이 중요합니다. 자신이 감당할 수 있는 악령의 수준이 있는 것입니다. 성령이 앞서서 하시게 해야 합니다. 그리고 강력한 영권으로 무장하여 대적기도를 해야 합니다.

감당하지 못할 강한 악령을 만나게 되면 심각한 타격을 받게 될 뿐만 아니라, 심하면 귀신 들리게 될 수도 있습니다. 능력도 없는 스게와의 일곱 아들들이 함부로 귀신을 쫓으려다가 봉변만 당하였듯이, 능력이 되지 않는 상태에서 귀신을 섣불리 상대하려고 하다가 불행한 일을 당하는 경우가 있습니다. 귀신들린 청년을 불쌍히 여기고 믿음으로 귀신을 쫓아주려던 사모가 귀신 들려 고생한 경우가 있었습니다.

축사 사역자의 경우에 기본적으로 어느 정도의 귀신들은 감당할 수 있는 능력이 있지만, 계속 되는 영적 전투에서 많은 능력과 체력을 소진할 수 있습니다. 그런 경우에 더 강력한 악령을 만나게 되면 심각한 손상을 받을 수 있습니다. 악한 영의 공격을 단순히 영적 전이로 오해하여 사역자 자신에 대한 적절한 축사를 하지 않으면 계속 탈진을 경험하게 됩니다. 악한 영에 의해서 생긴 문제를 다룰 때마다, 심각한 영적 탈진을 경험하게 되면 자신에 대해 축사를 해야 합니다.

악한 영을 대적하여 몰아내지 않기 때문에 악령은 사역자를 얕잡아보고 계속 공격을 하게 되고, 그럴 때마다 영적 전이라고만 생각하고 아무런 대응을 하지 않으면 이런 고통은 계속 당하게 될 것입니다. 영적 전이는 환자가 가지고 있는 영적 문제에 대한 정보를 성령으로부터 받아서 효과적으로 사역을 할 수 있게 하기 위한 성령의 기능으로 주어지는 일종의 지식의 말씀인 것입니다.

그런데 사단은 사역자를 괴롭게 하기 위해서 손상을 주게 됩니다. 사역 초기에 또는 이런 사실을 제대로 이해하지 못하는 사역자에게 마귀는 집요하게 공격을 하게 됩니다. 이렇게 되면 그 사역자는 영적 전이와 영적 손상을 함께 경험하게 됩니다. 그래서 자신에게 나타나는 모든 경험은 다 성령께서 주시는 영적 전이라고 믿어버리게 됩니다. 그 결과 육신적 고통을 계속 치르게 되는 것입니다. 더 나가서는 사역을 하지 못하게 되는 것입니다. 이를 흔히 '양신 역사'라고 부르는데, 성령과 악령이 그 사람을 함께 사용하는 것입니다.

그러나 이런 상태는 결국 오래 가지 못합니다. 사역자가 알아차리고 자신을 축사하고 관리하면 금방 없어집니다. 그러나 이런 사실을 제대로 파악하지 못하면 성령은 차츰 위축되고 악령의 역사가 더 강해지게 됩니다. 사단은 교묘하게 사역자를 속여서 그릇된 일을 하도록 만듭니다. 결과적으로 시간이 지나면 사역자의 타락으로 나타나게 됩니다. 인간 방법을 동원한 사역을 하게 됩니다.

그러다가 성령의 기름부음이 없는 사역자가 되어 필경에는 사역을 못하게 되는 것입니다. 이렇게 하는 것이 마귀의 목적입니다. 하나님의 일꾼을 타락시켜 사역에서 제외시키려는 것입니다. 영적 충격은 서서히 영적 능력을 소멸시켜 무기력하게 만들려는 사단의 전략이기도 합니다. 능력을 받아서 사역을 행하던 사람이 몇 년이 지나고 나면 무기력해져서 치유 사역을 더 이상 할 수 없게 되는 모습을 볼 수 있습니다. 이런 경우에 상당수는 이와 같은 과정에서 제대로 대처하지 못했기 때문에 있는 것도 빼앗긴 경우라고 볼 수 있을 것입니다. 그래서 사역자는 자신의 내면관리에 힘써야 합니다. 그리고 깊은 기도로 심령이 항상 성령의 임재 가운데 있어야 합니다.

그래야 자신의 영성을 보존하며 건강을 유지하며 사역할 수 있습니다. 특히 축사 사역을 할 때는 성령의 강한 역사를 일으켜서 성령께서 하시도록 해야 합니다. 절대 자신의 의지로 사역을 하려고 하면 영락없이 영적 손상을 당하게 됩니다. 그러므로 사역자는 항상 성령의 충만과 내면관리에 힘써야 합니다. 기도가 깊어져서 자신의 영성을 맑게 유지해야 합니다. 그래야 사역시 악한 영의 공격을 받지 않고 자신을 보호 할 수가 있습니다. 자신을 보호하며 사역을 해야 사역자의 수명이 길어지고 길게 사역을 할 수가 있는 것입니다.

얼마 전에 한 집사님이 저에게 메일로 상담을 하신 내용입니다. 저는 24년째 믿음 생활을 하고 있는 집사입니다. 제가 상담하고 싶은 것은 이런 것입니다. 제 생각 같아서는 충만한 교회에 직접 가서 은혜 받고 능력 받고 싶은 것이 솔직한 심정이나 그렇지 못할 상황이다 보니 저의 신앙을 상담 드립니다. 언제부터인가 금요 철야예배에 가서 찬양하고 기도 드리다보면 하품이 나는 것을 깨달았습니다. 저희 목사님도 성령 충만 하시다보니 기도 하던 중 넘어지기도 하고요. 말씀을 듣는 것도 아니고, 환상을 보는 것도 아니기에 능력을 받는 다는 느낌은 받지 못하고 그냥 그런 현상만 나타나는 것이었습니다. 그런데 "귀신축사 알고 보니 쉽다"라는 책과 "가계의 고통을 끊고 축복받는 비결"이라는 책을 보면 영안이 열릴 때 가슴이 답답하고 하품이 나온다고 했습니다.

저의 경우에는 새벽기도 때 환자를 위해 기도하다보면 주체할 수 없는 하품이 나오며 가슴이 답답하고 온몸에 힘이 다 빠지는 것을 몇 번 체험을 하였습니다. 물론 환자를 놓고 기도 할 때 다 그런 것은 아니지만 정말 하품을 할 때는 입이 찢어지는 것 같고 눈물도 주체가 되지 않습니다. 그러다 보면 온몸에 힘이 다 빠지는 것을 느낍니다. 그러나 책을 보면 이러한 현상은 성령 세례를 받을 때 한번 나타난다고 설명이 되어있는 것 같아서요. 정말 영안이 열려서 주의 일을 하고 싶고 기회가 닿으면 꼭 충만한 교회에 가서 능력 받고 싶어요. 저 같은 경우 왜 이런 현상이 자꾸 나타날까요? 그래서 제가 이렇게 답변을 해주었습니다.

성령의 체험은 이론을 알고 이론을 들어서 체험할 수 있는 것이 아닙니다. 성령은 살아있는 실체이기 때문에 이론으로는 이해할 수가 없는 것이지요. 집사님의 교회 목사님이 안수하시면 넘어지기도 한다고 하는데, 넘어지고 아무런 영적인 현상이 일어나지 않으면 한번 잘 생각해볼 문제입니다. 성령의 권능으로 영. 혼. 육이 순간 성령으로 장악이 되어 넘어지는 것인데, 저의 지금까지 임상적인 경험으로는 이렇게 성령으로 장악되어 넘어지면 영적인 무슨 현상이 일어나야 진정한 성령에 권능에 의해 넘어진 것입니다.

우리 교회에서 제가 안수를 할 때 넘어지는 사람은 더러운 영들이 떠나고, 성령으로 충만함을 받아 방언을 말하는 영적인 현상이 눈에 보이게 나타납니다. 그리고 집사님이 자꾸 하품이 나오고 가슴이 답답한 것은 미약한 성령의 역사가 집사님에게서 나타나는 현상입니다. 이런 상태를 가지고 환자를 기도해주면 집사님에게 환자에게서 잘못된 영이 전이 되어 집사님이 고생을 합니다. 왜냐하면 집사님의 영이 열린 상태이기 때문에 영들이 쉽게 들락거릴 수가 있습니다.

그래서 기도해주고 나면 힘이 없고 자신을 감당하기 어려운 영적다운 현상을 경험하는 것입니다. 이것은 신학적인 용어로 영적 손상이라는 것입니다. 내가 상대방의 악한 영의 전이로 인하여 고통을 당한다는 것입니다. 우리 교회에 교재와 테잎 중에 영의전이와 성령의 역사라는 것이 있습니다. 여기에 제가 아주 자세하게 설명해 놓았습니다. 권면을 드리자면 집사님은 아직 성령이 완전히 장악하여 내면에서 올라오는 상태가 아니기 때문에 환자를 기도해주는 것은 삼가는 것이 본인의 영성관리를 위하여 좋습니다. 한번 오셔서 강한 불같은 성령을 체험하여 심령 안에 답답함을 말씀과 성령으로 씻어 내는 것이 좋겠습니다. 그리고 제가 지금 까지 출판한 책을 읽어보시면 많은 영적인 도움이 있고 집사님이 궁금해 하는 것이 많이 풀릴 것입니다.

영적인 은사를 사용하려면 영감이 깊어져야 하고 영력이 있어야합니다. 영적 삶이란 성령의 일과 마귀의 일을 분별하는 능력을 길러내는 과정이라고 생각할 수 있습니다. 하나님의 아들 예수께서 오신 이유는 마귀의 일을 멸하고자 함이 아닙니까? 그리고 그의 제자들인 성도들 역시 마귀의 일을 멸하는 것이 의무입니다. 그러려면 마귀의 속임수를 파악해야 하며, 특히 성령의 일로 위장한 짝퉁을 분별해낼 줄 알아야 할 것입니다. 날이 갈수록 교묘해지는 사단의 전략 전술을 밝혀내고, 그 정체를 폭로하는 일은 영적 사역자가 할 일입니다. 말씀을 왜곡시키는 이단은 말씀 사역자인 신학자가 할 일이며, 육신적인 고통을 주어 무기력하게 하려는 사단의 음모는 능력 사역자가 폭로해야 할 영역입니다. 신학자와 능력 사역자가 서로 보조를 맞추어서 사단의 책략을 밝혀내어 성도들을 안전하게 지키는 것이 주님이 우리들에게 권세와 능력을 주신 목적이기도 합니다. 이단과 악령은 우리가 잠시, 조는 틈을 타서 가라지를 뿌리고 갑니다. 그래서 정신을 차리고 우는 사자처럼 다니는 악령들을 멸해야 할 것입니다. 깨어 기도하지 않고는 이런 일을 이길 장사가 없습니다. 정신을 놓으면 속아 넘어갈 수밖에 없는 짝퉁들이 너무 많습니다.

2. 영적인 사역자에게 잘 발생하는 영적손상의 경우

1) 안양의 어느 목사님의 경우에 부흥회를 인도하면 꼭 자녀들이 다칩니다. 이는 이 목사님이 자신의 가정 사역을 등한시 해서 일어나는 현상입니다. 자신의 가정에 역사하는 악한 영의 역사를 성령으로 청소하면 이런 일이 일어나지 않습니다.

2) 경찰서 유치장에 전도를 열심히 하던 권사님의 경우입니다. 우울증으로 불면증으로 고생하다가 본 교회에 와서 치유 받고 갔습니다. 이는 경찰서 유치장 같은 곳에 역사하는 잘못된 악한 영이 자신에게 전이되었는데 영적 지각능력이 없어서 자신을 관리하지 않아 누적되어 일어나는 현상입니다. 이런 곳에 전도하는 성도는 항상 성령 충만해야 하고 깊은 영의 기도로 자신의

영성관리에 힘써야 합니다.

3) 무당집에 방비 없이 무당집에 다니며 전도하다가 가슴이 답답하고 가정의 여러 문제가 발생한 경우도 있습니다. 이경우도 마찬가지로 성령으로 충만하여 자신의 심령에서 성령의 능력이 올라오게 한 다음 무당집을 출입하는 것이 좋습니다. 자신의 영적인 상태가 약하면 악한영이 육을 타고 들어올 수가 있는 것입니다. 절대로 방심은 금물입니다. 강하게 영적인 무장을 하고 무당집에 전도하시기를 바랍니다.

4) 부적을 통하여 문제가 발생하기도 합니다. 성도 집에서 부적을 회수하여 교회에 두었는데 그 부적을 통해 문제가 발생했습니다. 부적에 대하여는 앞 14장에서 자세히 설명했으니 참고하시고 부적은 회수하여 반드시 소각처리 하시기를 바랍니다.

15) 절 옆에서 살던 아이가 성령이 임재 하니 중이 염불하는 소리를 아주 능숙하게 했습니다. 이는 염불을 외우게 하는 귀신이 아이를 장악하여 그렇게 된 것입니다. 그러므로 저는 우리 예수를 믿는 성도들은 이사를 가더라도 아무 곳에나 가면 안 된다고 권면을 합니다. 자신에게 해악을 끼치는 곳은 가지 않는 것이 상책입니다. 그러나 불가분 갔다면 피를 흘리면서 싸워이겨야 합니다.

어느 여 목사님이 저에게 상담한 내용입니다. "목사님 저는 상대방에 대하여 전화로 기도를 해주어도 제가 기침을 해댑니다. 어느 때는 강단에서 설교할 때도 기침이 나오고 구역질이 나와서 덕이 되지 못합니다. 환자들을 기도할 때 환자는 아무런 역사도 나타나지 않는데 저만 막 기침을 해댑니다." 그래서 내가 이렇게 대답을 했습니다. "목사님 자신의 관리에 힘써야 하겠습니다. 상대방을 안수하는데 목사님이 구역질이 나오고 기침을 한다는 것은 목사님 안에 있는 상처가 나오는 것입니다. 원래 성령의 역사는 사역자가 먼저 일어납니다. 그 다음에 피 사역자에게로 성령의 역사가 전이되는 것입니다. 그래서 목사님에게서 일어난 성령의 역사로 목사님 안에 있던 상처가 나가면서 기침을 하는 것입니다." 그랬더니 이 목사님이 이렇게 말합니다. "목사님 어떤 영성 사역하는 목사님이 그러시는데 상대방의 악한영이 나에게서 나가는 현상이라고 합니다." 그래서 "잘못 아신 것입니다. 어떻게 상대방의 악한 영이 목사님을 뚫고 들어와서 목사님의 입으로 나갑니까? 절대로 잘못 아신 것입니다." 이런 경우는 그 여 목사님이 치유가 완전히 되지 않아서 자신의 더러운 것들이 나오는 것입니다. 원래 성령의 역사는 자신이 먼저 나타는 것입니다.

자신에게 나타난 성령의 역사가 상대방에게 전이가 되는 것입니다. 그래서 자신에게 나타난 성령의 역사로 자신에게 있던 상처들이 나가는 것입니다. 이런 분은 많은 시간을 치유하여 자신을 깨끗하게 하고 사역을 해야 합니다. 정 그렇게 하지 못한다고 한다면 일주일에 하루라도 자신이 치유를 받으면서 사역을 해야 합니다. 그렇지 못하면 자신의 건강에 문제가 올 수가 있습니다. 젊을 때는 문제가 없을 수 있지만 나이가 들어 체력이 떨어지면 탈진현상이 나타나 사역을 하지 못할 수도 있는 것입니다. 그러면서 목사님에게 이렇게 경각심을 가지고 사역을 하도록 했습니다. "목사님! 앞으로 주의하셔야 합니다. 지금같이 목사님이 성령으로 완전하게 장악되지 않고 치유되지 않은 상태로 계속 환자들을 상대하면 어려움을 당할 수도 있습니다. 왜냐하면 환자들에게 역사하던 악한 것들이 목사님에게 전이 될 수 있습니다. 목사님은 기도를 많이 하는 편이므로 영이 열린 상태라, 환자에게 역사하던 악한 영이 목사님에게 들어올 수가 있다는 것입니다. 이는 목사님이 육체를 가지고 있기 때문입니다. 그러므로 개인을 대상으로 치유 사역을 하는 사역자는 자신의 관리를 잘해야 합니다. 자신의 관리가 잘되지 않으면 상대방에게 역사하던 악한 영들이 사역자에게 전이 될 수가 있다는 것입니다. 이것을 신학적인 용어로 영적 손상이라고 합니다. 앞으로 좀 더 자기 관리에 힘쓰면서 사역을 하시기를 바랍니다."

성도나 목회자나 영적 손상을 당할 수가 있습니다. 그렇기 때문에 영적 손상을 당할 때 나타나는 현상을 바르게 인식하고 대처해야 합니다. 지금 영적인 사역을 하는 목회자가 무분별하게 성령의 능력을 사용하다가 영적인 손상을 당하여 목회를 하지 못하는 분들이 많습니다. 영적인 것은 성령으로 분별이 가능합니다. 성령의 인도를 따라서 사역을 감당하는 지혜로운 성도, 목회자가 되시기를 바랍니다.

영들의 전이와 영적인 손상, 그리고 축복과 능력의 전이에 대하여 상세하게 알고 사역을 하실 분은 "하나님의 복을 전이 받는 법" 책을 활용하시기를 바랍니다. 이 책에는 영들의 전이와 영적인 손상, 그리고 축복과 능력의 전이에 대하여 상세하게 제시되어 있습니다. 평신도나 성령치유 사역자나 할 것 없이 모두 이 책은 반드시 읽어야 합니다. 그래야 영적인 세계와 전이를 알고 불필요한 고통을 당하지 않습니다.

우리 충만한 교회에서는 영적으로 눌림이 강하여 이곳에서도 치유되지 않고, 저곳에서도 치유되지 않아 고통을 당하는 분들을 대상으로 매주 토요일날 개별집중치유시간(1차10:00-12:30/2차 13:30-16:00)을 갖고 있습니다. 2시간 30분 동안 기도와 안수를 하면서 성령의 역사를 체험합니다. 이렇게 기도와 안수를 하면 아무리 강하게 막힌 영의 통로라도 2-3번만 참석하면 대부분 뚫립니다.

이 방법이 최고로 빨리 치유할 수 있는 방법입니다. 영의 통로가 뚫리면서 우울증이나 정신적인 질병의 치유는 물론이고, 상처가 치유되고, 불면증이 치유되고, 귀신이 축사되고, 마음에 참 평안을 찾게 됨과 동시에 성령의 은사와 능력이 나타납니다. 일석이조가 되는 것입니다. 아주 좋은 사역입니다. 반드시 정한 선교헌금을 입금하고 1주전에 예약을 해야 합니다. 많은 분들이 이 집중치유를 통하여 영의통로를 뚫고 영적인 만족을 누리고 있습니다.

7장 영들을 분별하는 비결

(막 9:20-27)"이에 데리고 오니 귀신이 예수를 보고 곧 그 아이로 심히 경련을 일으키게 하는지라 그가 땅에 엎드러져 구르며 거품을 흘리더라. 예수께서 그 아버지에게 물으시되 언제부터 이렇게 되었느냐 하시니 이르되 어릴 때부터니이다. 귀신이 그를 죽이려고 불과 물에 자주 던졌나이다. 그러나 무엇을 하실 수 있거든 우리를 불쌍히 여기사 도와주옵소서, 예수께서 이르시되 할 수 있거든이 무슨 말이냐 믿는 자에게는 능히 하지 못할 일이 없느니라 하시니, 곧 그 아이의 아버지가 소리를 질러 이르되 내가 믿나이다. 나의 믿음 없는 것을 도와주소서 하더라. 예수께서 무리가 달려와 모이는 것을 보시고 그 더러운 귀신을 꾸짖어 이르시되 말 못하고 못 듣는 귀신아 내가 네게 명하노니 그 아이에게서 나오고 다시 들어가지 말라 하시매 귀신이 소리 지르며 아이로 심히 경련을 일으키게 하고 나가니 그 아이가 죽은 것 같이 되어 많은 사람이 말하기를 죽었다 하나 예수께서 그 손을 잡아 일으키시니 이에 일어서니라"

하나님은 우리 성도들이 귀신역사를 분별하여 속지 말고 대처하기를 원하십니다. 그러나 많은 그리스도인들이 의외로 마귀나 귀신에 대한 지식이 거의 없다는 사실을 인식하지 못하는 채로 살아가고 있습니다. 제가 병원에 능력전도 다닐 때 대화를 하다가 보면 불교신자들과 무속을 믿는 사람들은 귀신에 대하여 이야기 하면 대화가 됩니다. 그런데 기독교인들은 귀신에 대하여 이야기하면 저를 이상한 목사로 바라봅니다. 기독교인이 귀신하면 이단이라고 생각을 하는 성도들도 있습니다. 이는 목회자들이 그렇게 생각을 하도록 교육한 결과입니다. 귀신 이야기 하면 이단이라고 말하고 아는 대는 근본 원인이 있습니다. 귀신을 쫓던 아무개 목사를 교계에서 이단이라고 정죄 했습니다. 이를 한 단계 깊고 신중하게 알아보면 귀신 쫓은 것이 이단이 아니라, 귀신을 무속신앙에다가 결부를 시켜서 이단이 된 것입니다. 바르게 알지 못하고 귀신 쫓는 것이 이단이라고 인식을 해서 아예 귀신에 대하여 관심을 멀리 한 것입니다. 잘못하면 이단이라고 정죄를 당하니 아예 귀신축사를 기피해 버린 것입니다.

또 마귀와 귀신의 이야기는 남의 나라 이야기쯤으로 여기는 것은 이 부분에 대해서 세상 사람들이 과학이라는 이름으로 무시하기 때문입니다. 세상은 마귀의 영향 속에 있기 때문에 이들이 마귀와 귀신을 기피하는 것은 어쩌면 당연한 일일 것입니다. 그러나 교회는 그런 세상의 속임수를 따라가서는 안 되는 것은 물론이고, 나아가 적극적으로 마귀와 귀신의 정체를 드러내어 몰아내야 할 의무가 있습니다. 성경은 "하나님의 아들이 나타남은 마귀의 일을 멸하려 함이라"고 기록하고 있습니다. 그러므로 무엇이 마귀와 귀신의 일인지를 분명하게 밝혀낼 수 있는 곳은 오로지 교회 밖에 없는 것입니다.

그리스도인에게 우선으로 해야 할 일이 마귀와 귀신의 영향을 제대로 인식할 있어야 한다는 사실입니다. 이 영분별의 말씀에서 는 마귀보다 비교적 단순한 귀신의 영향을 먼저 살펴보고자 합니 다. 귀신은 우리의 육체를 멸하기 위해서 그리스도인이든 불신 자이든 상관없이 접근해서 육체를 지배하여 자신들이 하고자 하 는 일을 하려고 합니다. 이 장에서는 광범위하게 나타나는 귀신 의 영향을 분별하는 법에 대해서 다루고자 합니다. 귀신은 삼킬 자를 찾기 위해서 두루 다니면서 많은 사람들에게 영향을 끼칩니 다. 그리고 기회를 엿보면서 종으로 삼을 사람이 어떤 깊은 상처 를 받는 충격사건이 일어나면 그것을 발판으로 들어오게 됩니다.

귀신은 무작위로 사람들에게 영향을 줍니다. 이것은 침투할 가능성을 엿보기 위해서 시험하는 것인데, 마귀의 시험에 대해 서는 성경이 여러 부분에서 기록하고 있지만 귀신의 시험에 대 해서 다룬 부분이 별로 없습니다. 성경은 이 부분에 대해서 거의 취급을 하지 않으며, 귀신 들리게 되는 배경이나 과정에 대해서 도 자세하게 다루고 있지 않습니다. 단순히 하나님의 영광을 위 해서 귀신들리게 될 수 있음을 지적하고 있는 정도입니다. 귀신 은 우리의 육체를 점령하기 위해서 우리의 육체에 자극을 주기 시작합니다. 귀신은 영적 존재이지만, 그 특유의 성향으로 인해 서 우리 영과 접촉할 때 그 성격이 드러나게 됩니다. 이것을 영 향이라고 설명할 수 있습니다.

귀신이 접근해서 영향을 끼치는 경우 가장 먼저 영이 이 사실을 알게 됩니다. 그러나 일반적으로 영에 대한 지식이 부족하고 특히 영이 강하지 못한 사람에게는 이 느낌이 단순한 육체적 또는 정서적인 변화일 것으로 오인하고 대수롭지 않게 여길 수 있습니다. 특히 영적인 것에 거의 경험이나 지식이 없는 일부 목회자들에게 있어서 이런 현상은 정신적인 스트레스나 심리적인 강박감 때문이라고 생각합니다. 이런 사람들은 성경을 따르지 않고 세상이 만들어놓은 심리학이나 정신분석학의 입장을 따라서 그렇게 생각하는 것입니다. 귀신의 영향을 받으면 우선 자신에게 영향을 주고 있는 귀신의 존재가 지니고 있는 독특한 영적 분위기가 전달되어옵니다. 그렇게 되면 영적 감각이 무디어지기 시작하는데, 귀신은 우리 몸을 점령해서 육신을 파괴하기 위한 목적이기 때문에 몸이 무기력해지고 답답해지기 시작합니다.

귀신의 영향을 받는 사람은 자주 어두운 분위기에 휩싸입니다. 까닭 없이 기분이 가라앉고, 자주 우울해지며 그 강도가 점점 심해집니다. 자주 불안해지고 초조해지며, 식은땀이 나는 전율도 경험하게 됩니다. 알 수 없는 어떤 영적 존재 같아 보이는 검은 물체나 기운이 자신을 향해서 스며들거나 다가오는 것 같이 느껴지기 시작하며, 잠들기 직전에 가위 눌림과 같이 답답함을 느끼며, 심해지면 바람과 같은 차가운 기운이 스며들거나, 어두운 물체가 자신의 몸속으로 들어오는 것 같이 느껴집니다. 실제로 귀신이 들어오면 이 감각은 실제가 되어 몸이 마비되고, 악령이 바람처럼 마치 흡입구에 빨려 들어가는 것 같이 자신의 몸이 그 영을 빨아들이는 것을 느낍니다. 자신에게 침투할 때 마치 공포영화나 전설의 고향에서 듣던 효과음 같은 음산하면서 뱀이 지나가는 것 같은 사악 하는 소리가 들립니다.

초겨울 황량한 바람소리처럼 그렇게 스산한 분위기를 자아냅니다. 때로는 이와 반대로 매우 화려하고 밝은 분위기 속에서 아주 신비한 형상을 한 존재가 다가오는데 그 얼굴은 검고 형체를 알아볼 수 없습니다. 밝은 분위기는 빛으로 인해서 밝은 것이 아니라, 인위적인 조명으로 인해서 밝은 것 같습니다. 주님의 임재나 천사가 등장할 때 나타나는 밝음은 그 조명이 어떤 방향을 지니고 있지 않으며, 밝음 속에 그냥 파묻혀 있는 것 같은데, 귀신이 가장해서 보여주는 밝음은 무대 조명과 같이 느껴지며, 그 밝음은 깊이가 없으며 외부에서 비춰주는 밝음입니다. 주님의 밝음은 방향도 없으며, 주님 자체가 빛이시므로 그 모습에서 퍼져 나오는 밝음은 세상의 빛과 분명히 다르다는 느낌을 받습니다.

귀신은 이와 같이 때로는 빛의 천사를 가장하는데 그 정도가 너무 지나쳐서 오히려 어설프게 보입니다. 우리가 귀신을 경험하게 되면 귀신은 매우 유치하고 치졸하다는 것을 곧 알게 됩니다. 마귀와는 달리 귀신은 무척 어설픕니다. 그 행위가 유치하며, 천박합니다. 고상한 면이 거의 없으며, 마치 삼류 연예인들의 화장술 같아서 품격이 떨어지고 화려하고 원색적이어서 곧 그 위장이 드러나게 됩니다. 주님을 경험하지 못한 사람에게는 이런 화려함이 오히려 눈을 끄는 대단한 경험처럼 여겨질 수 있을 것입니다. 그러나 진짜를 경험하게 되면 얼마나 유치하고 조잡한지를 알게 됩니다. 고귀한 인격을 만나지 못하면 그 삶이 천박해지고 어설퍼지고 본능적이 되는 것과 같습니다. 인격의 담금질이 없는 거친 삶을 사는 하류층처럼, 귀신은 그렇게 천박하기 때문에 귀신의 영향을 받게 되면 행동이 천박해지고 본능적이 됩니다.

겉으로 보면 인격적인 사람 같은데 실제의 삶을 들여다 보면 본능적이고 동물적인 삶을 사는 사람들이 많습니다. 귀신의 영향을 받으면 삶의 태도가 거칠어지고 천박해지기 시작합니다. 언어가 거칠고, 행동이 지저분해지며, 가치관이 속물적으로 변하기 시작합니다. 귀신의 영향은 그에게 다가와 있는 영의 존재의 직무가 무엇이냐에 따라서 다르게 나타날 수 있습니다. 더러운 귀신이 영향을 주기 시작하면 씻는 것을 게을리 하고 주변이 더러워집니다. 심지에 24시 목욕탕에서 잠을 자고 나와도 머리를 감지 않습니다. 치우지 않아도 불편함을 느끼지 못합니다. 서서히 불결해지기 시작하는 것입니다. 속이는 귀신의 영향을 받으면 뻔히 들통이 날 거짓말을 자기도 모르게 불쑥하게 되며, 하고 난 직후 후회하는 일이 거듭됩니다. 그러면서 차츰 거짓말에 익숙해지기 시작하고 양심이 무디어 집니다. 이런 변화를 사람들은 단순한 습관이나 정서적 장애 정도로 보려고 하는 것은 세상이 귀신들 편이기 때문에 하나님은 물론이거니와 영적 존재 전체를 부인함으로써 귀신을 경계하지 못하게 하려는 마귀의 의

도입니다.

특히 지식이 많다고 생각하는 사람들에게 귀신의 존재는 기억에서 사라진 옛날이야기가 됩니다. 이들은 철저하게 세상(사단)이 만들어놓은 거짓 학문 체계에 속아서 살아갑니다. 그것이 지성인이 취할 태도라고 여기기 때문이지요. 높은 차원의 마귀는 세상의 학문을 장악해서 그들이 의도하는 방향으로 사람들을 몰아갑니다. 철저히 하나님을 부인하고 영의 세계를 부인하도록 하는 것입니다. 이런 사단의 의도에 다수의 목회자들도 휩쓸려 영의 일에 깊이 관여하는 것을 두려워하게 됩니다. 귀신의 영향을 받는 사람은 자주 거짓 영적 경험들을 하게 됩니다. 그것을 성령께서 주시는 것으로 착각하고 분별하려고 하지 않고 그냥 받아들이게 됩니다. 성령의 나타나심과 악령의 영향을 구분하지 못하기 때문에 모든 영적 경험을 다 받아들이게 됩니다. 귀신이 거짓으로 보여주는 환상과 영적 감흥을 많이 받게 되며, 방언 역시 귀신으로부터 오는 악령의 소리가 섞여서 나오게 됩니다.

귀신의 영향을 받는 사람은 자신이 그것을 구분하기란 결코 쉽지 않습니다. 초기에는 영적 지식이나 경험이 없기 때문에 구분하지 못하며, 그 후에는 귀신이 이미 자신 속에 잠재되어 있기 때문에 스스로 떨쳐낼 수 없습니다. 귀신들림의 초기 단계인 영향을 받는 단계는 대수롭지 않게 여길 수 있지만 이것이 위험하며, 그대로 방치하면 귀신들리는 불행한 결과가 오는 것입니다. 귀신의 영향을 받는 사람은 영을 분별하는 능력을 지닌 사람에게 가면 그 증상이 나타나기 시작합니다. 교회 안에는 반드시 영을 분별하는 능력을 지닌 사람이 있기 마련입니다. 그러나 담임 목사는 그 사실조차 알지 못하며, 이런 분야에 관심조차 없기 때문에 귀신의 영향을 받는 사람뿐만 아니라 육체의 질병이 들거나 마음에 상처를 지닌 사람들이 고아처럼 버려진 상태에 있는 것입니다.

귀신의 영향으로 심령이 병든 사람의 특징은 이렇습니다. 마음이 어두워지고 평안과 기쁨과 감사를 잃어버립니다. 귀신이 사람의 의지를 잡으니까, 일어나는 현상입니다. 귀신에게 눌려서 의지를 발휘하지 못하여 일어나는 현상입니다. 이런 사람을 축사하면 정상으로 돌아옵니다. 미운 생각, 세속적 생각, 교만한 생각, 부정적 생각의 사람이 됩니다. 항상 생각이 부정적이 되어서 정상적인 사람들과의 대화가 되지를 않습니다. 은혜가 소멸되어 성경과 교회가 멀어지고 말씀을 불순종하며 거역합니다. 귀신에게 영이 눌려서 잠을 자니 생명의 말씀이 깨달아지지 않기 때문입니다. 차가운 사람, 불순종의 사람, 거짓을 말하고 증오를 합니다. 마음을 열지 않으니 마음이 차갑습니다. 좋은 이야기를 해도 의심하며 받아들이지 않기 때문에 정상적인 사람들이 대화하기를 꺼려합니다. 양심이 마귀의 화인을 맞아 죄책을 느끼지 못합니다. 그래서 인간으로서는 상상하지 못하는 범죄를 저지릅니다. 요즈음 일어나는 유아 성폭행 등을 들 수가 있습니다. 귀신이 마음을 억압하면 자신을 학대하게 되는데 의욕

상실. 우울증. 불면, 패배감. 자포자기, 환각. 환청, 자살충동, 정신이상 등 자신의 본래모습을 상실하고 맙니다. 옛사람이 나타나서 유혹의 욕심을 따라서 정욕으로 행합니다. 우상을 좇습니다. 허영을 좇습니다. 음욕이 불타서 성적인 범죄를 저지릅니다. 술과 탐욕과 쾌락의 노예 되어 낚시에 물린 고기 같은 귀신에게 끌려 다니다가 지옥 가는 운명을 살게 됩니다. 환경에 지기 때문에 심령이 병드는 것입니다. 환경에는 귀신이 역사하기 때문에 예수를 믿는 성도들은 환경을 이겨야 합니다. 자기(육의 본성)를 이기지 못하기 때문에 심령이 병드는 것입니다. 약속의 말씀과 성령으로 환경과 육의 본성을 이겨야 마귀와의 영적전투에서도 승리할 수 있습니다. 마치 막 5장의 군대 귀신들린 자의 모습(막5:1-20)이 됩니다. 자기 몸에 상처를 내며 사람들에게 공포를 조성하는 사람이 됩니다. 이렇게 더러운 귀신이 들어오면 인격과 신앙과 생활이 더럽게 되어 버립니다.

가정 중심에서 벗어납니다(막5:3). 가정에서 함께 지내지 못합니다. 군대 귀신 들린 자는 무덤 사이에서 거처했습니다. 엄청난 힘이 나타납니다(막5:3-4). 귀신의 영향으로 힘이 장사라 사람들이 제압할 수가 없습니다. 귀신의 영향 아래 있는 자는 주체할 수 없는 탐식과 정욕 등이 나타납니다. 고래고래 고성을 지릅니다(막5:5). 부부 싸움 중 인격이 돌변되어 나타나는 고함, 술 먹고 노래방 등에서 질러대는 괴성의 노래 등도 이런 영향 아래 있는 경우가 많습니다. 자해를 합니다(막5:5). 조폭들만 자해를 하는 것이 아닙니다. 귀신의 영향 아래 있는 자해의 형태는 부부 싸움에서의 폭력이나 파괴하는 행동이나 문신이나 지나친 성형수술 등도 이에 포함됩니다. 옷을 벗고 지내기도 합니다(막5:15). 여성에게 귀신이 역사하면 다른 남자가 있어도 옷을 벗고 있습니다. 아담 타락 후 사람의 본능은 죄의 몸을 가리게 되었습니다(창3:7). 그러나 귀신의 영향 아래 있으면 옷을 벗으면서도 부끄러운 줄을 모릅니다. 신령합니다(막5:6-7). 그래서 무당이나 점쟁이가 되는 것이며, 양신 역사 아래 있는 자들 중에는 예언하는 예수 무당도 있음을 알고 경계를 해야 합니다. 점치는 영의 영향으로 예언 받기 좋아하는 성도는 분별력을 길러야 합니다(겔13:17-19).

사람 속의 귀신과의 대화가 가능합니다(막5:8-9). 귀신이 말을 못하게 하니 사역자에게 말을 하지 않는 환자도 있습니다. 귀신도 간구합니다(막5:10). 귀신은 사람이나 짐승 속에 수천씩이나 들어갈 수 있으며(막5:9), 많은 귀신이 들어가면 미쳐버립니다(막5:13). 귀신이 나가면 온전해집니다(막5:15). 귀신이 나가고 은혜가 들어오면 전도를 합니다(막5:20). 전도는 강력한 성령의 역사에 의한 은혜 운동이며, 성령의 전폭적 지지를 받기 때문에 구원받은 성도들은 전도 사명에 전력해야 합니다.

귀신에게 눌려서 귀신의 조종을 받는 성도의 생활을 살펴보면 이렇습니다. 첫째, 교회생활입니다. 외모에 신경을 많이 쓰고 짙은 화장과 시선을 끌만한 옷을 입습니다. 무엇이든지 교회직

분을 맡으려고 하는데…. 진정한 봉사가 아닌 자기 자랑거리로 직분을 탐합니다. 봉사는 성령으로 해야 합니다. 온갖 기도회는 모두 참석하여 깊은 영의기도를 하지 않고 눈을 뜨고 고개를 돌리면서 기도하는 사람들을 모습을 살핍니다. 말이 갑자기 애교스러워지며(상냥해지며) 간드러지게 말을 하며 남자(여자)를 홀리듯이 쳐다봅니다. 남, 녀 선교회나 각종 회의시 가결한대로 따르지 않고 꼭 자기의 의견을 덧붙입니다. 자기 의견이 무시될 때는 갑자기 직분이나 사회경력으로 무시하려고 합니다.

목사님 설교나 회의시 자기나 자기 가족문제와 비슷하다고 생각되면 말로 대적하기 시작합니다. 목사님이 말씀으로 자기를 친다고 떠들고 다닙니다. 목사님이나 장로님의 허물을 지적하면서 공공연하게 말하는 것을 스스로 자랑스러워합니다. 성령 세례 받고, 성령 충만 받은 자, 항상 성령으로 기도하는 사람과 눈을 맞추지 못합니다. 교회 안에서 만나고 어울리는 사람의 폭이 좁습니다. 자기와 영이 통하는 사람과 어울리기 때문입니다. 자신에게 어떤 영이 역사하는지 쉽게 알려면 자신과 잘 통하는 친구를 보면 알 수가 있습니다. 봉사나 헌신을 하면서도 꼭 자신의 얼굴에 빛이 나는 것만 하려고 합니다.

둘째, 가정생활입니다. 교회에서는 성도 같은데 집에 오면 말이나 생활이 다른 사람으로 돌변합니다. 남편이나 아내에게 말을 함부로 하고, 심지어 쌍욕을 하는데 교회 가는 날만 조용합니다. 술과 고기를 탐하며 심지어 담배까지 피우며 찬송가 대신 유행가를 흥얼댑니다. 아내나 자식 심지어 이웃 사람이 놀러와 있는 대에도 교회 비판과 주의 종 욕을 합니다. 불신자들과 자주 어울리고 고스톱 포커 등으로 시간을 보냅니다. 가정에서 예배는 아예 관심도 없고, TV나 컴퓨터 앞에 앉아 시간을 보냅니다. 안목의 죄(음란물, 포르노 사이트)에 휩싸여 있으면서 성경 말씀 읽는 것과는 거리가 멉니다. 혈기를 자주 부리고 흉측하고 폭력적인 행동을 하며 거짓말을 쉽게 합니다.

셋째, 사회생활입니다. 남편이나 아내 외에 외도하는 여자나 젊은 남자를 둡니다. 헌금은 아까워하면서도 자기를 위한 약을 사거나, 술을 마시거나, 술집에서는 돈을 물 쓰는 것과 같이 사용합니다. 예배시간을 잘 지키기지 못하면서 친구들과 먹고 마시는 시간은 꼭 지킵니다. 불신자들과 어울릴 때는 신앙의 티를 전혀 내지 않습니다. 샤머니즘적인 신앙을 끊지 못하고, 사주팔자, 무당, 점쟁이를 찾아가며, 그런 것을 무척 흥미로워합니다. 스스로 사람을 만나기를 피하며…. 어두운 곳을 좋아하며…. 늘 입으로 죽고 싶다고 합니다. 돈을 무척이나 밝히고 돈에 손해가 나거나 돈이 궁색해지면 우울증이 발병합니다.

집안에 머무는 귀신이 있습니다. 만약에 당신의 집안에 머무는 귀신이 있다면 자기와 체질적으로 맞는 사람을 찾지 못했거나 주변 여건이 맞지 않아서 사람에게 침입하여 접신을 하지 못한 것입니다. 이 귀신들은 집안에 있는 사람에게 언제라도 들어갈 준비가 되어있습니다. 이 귀신들로 인하여 집안에 피해를 입습니다. 특별히 이사를 간 직후에 일어납니다. 교통사고가 빈번하게 일어납니다. 제가 병원에 능력전도 다닐 때 이사 온지 6개월이 되었는데 교통사고를 세 번이나 당한 사람도 만났습니다. 교통사고에 놀라 심장병이 발생하여 병원이 입원했다가 저에게 안수기도 받고 치유되어 퇴원한 성도도 있습니다. 또 이사 온지 석 달이 되었는데 아이들 둘이 번갈아 병이 발생하여 두 번이나 병원에 입원 했다가 저에게 안수기도 받고 치유 되어 퇴원한 경우도 있었습니다. 매사가 잘 안 풀립니다. 집안에 우환이 생기게 합니다. 까닭 없이 부부간에 자주 싸우고, 이유 없이 자녀가 가출을 하거나, 부모 말에 순종하지 않고 반항하며, 부모와 싸우게 합니다. 또 컴퓨터 게임에 빠지는 등 이해가 되지 않는 행동을 하기도 합니다. 특히 잠을 자고 일어나면 머리가 아프고, 숙면을 취하지 못해 몸이 나른하고, 피곤할 뿐만 아니라, 악몽을 꿉니다. 그리고 가위에 눌립니다. 원인이 없는 문제는 없는 법입니다. 집안에 귀신이 머물고 있으면 음산한 기운 때문에 건강이 나빠지고, 언제 가족에게 침입하여 들어올지 모르므로 항상 위험을 안고 사는 것입니다. 이사를 갔는데 원인 모를 이상한 일들이 반복적으로 일어납니다.

제가 우리 교회 권사님의 집에서 실제로 이런 일이 일어난 것을 체험했습니다. 전도를 하러갔는데 권사님 집을 방문하라고 성령께서 감동시는 것입니다. 그래서 권사님의 집을 방문했습니다. 아파트 이 층이기 때문에 집에 도착하여 초인종을 눌렀더니 권사님이 누구냐고 합니다. 강 목사입니다. 하고 집 안으로 들어 갔습니다. 차를 주시기에 받아서 마시고 있었습니다. 권사님이 이러시는 것입니다. 목사님! 저의 남편 집사님이 어제 화장실에서 볼일을 보다가 가위눌림을 두 번을 당했습니다. 막 숨도 제대로 쉬지 못하고, 소리를 지르지 못하다가 제가 이상해서 화장실 문을 열었더니 도망을 쳤습니다. 참으로 이상합니다. 그래서 제가 화장실에 귀를 기우리고 차를 마시면서 들으니까, 화장실에서 버스럭 버스럭 하는 소리가 나는것입니다. 화장실 문을 열고 성령이여 임하소서! 내가 나사렛 예수 이름으로 명하노니 화장실에서 역사하는 귀신은 떠나갈지어다. 명령했더니…. 권사님이 하시는 말씀이 아~ 이제 알았습니다. 목사님! 우리 아들이 이 아파트에 이사 오기 전날 밤에 청소를 하고 잠을 자는데 부스럭 부스럭 하는 소리 때문에 밤새 싸우느라고 잠을 자지 못했답니다. 그런데 그것이 우리 집사님 목을 누른 것 같습니다. 그래서 식구들을 보아놓고 예배를 드리면서 성령의 임재를 충만하게 하고 귀신들을 몰아낸 일이 있습니다. 그 후 한 번도 그와같은 잘못된 일이 일어나지 않았습니다. 만약 당신의 가정에 이런 일이 일어난다면 지체하지 말고 성령이 충만한 예배를 드리면 떠나가는 것입니다. 반드시 성령의 역사를 일으켜 귀신을 몰아내야 합니다.

마귀는 끊임없이 우리의 생각 속에 하나님과 어긋나는 생각들 즉 이기적이고 탐욕적인 생각들을 불어넣습니다. 그런데 이것이 교묘하게 위장될 뿐만 아니라, 타당한 근거를 지닌 내용처럼 보이기 때문에 속기 쉬운 것입니다. 하나님의 말씀으로 판단의 기초를 제대로 갖추지 못하면 우리는 그런 부분에서 마귀의 유혹에 휘말리게 됩니다. 우리의 그릇된 분별과 판단을 이용하여 마귀는 자신들이 하고자 하는 일을 하게 됩니다. 마귀는 각 그룹마다 자신들의 독특한 특징을 지닙니다. "종교의 영"은 거짓 종교 체계를 따르도록 우리를 유혹하며, "발람의 영"은 권세와 물질을 더 좋아하게 만들며, "이세벨의 영"은 우상을 숭배하게 만듭니다.

그 밖에 "게으른 영"은 모든 것을 내일로 미루도록 만들며, "분리의 영"은 항상 부정적으로 비판하게 만들어 분리하게 합니다. "다툼의 영"은 사소한 일도 크게 만들어 다툼이 일어나며, 이런 영을 가진 사람이 모임에 들어오면 반드시 싸움이 생깁니다. 수많은 영적 기능들이 있는데 이 마귀들이 접근함에 따라서 우리의 생각이 그 특성을 드러내기 시작하는 것입니다. 마귀는 우리 영속에 자신들의 특성적인 신호를 보내면 우리의 지각은 이것을 분석하여 받아들이게 됩니다. 말씀에 미약한 사람은 이 신호를 분별하지 못하고 자신의 생각인 것으로 여겨 그대로 행동하게 되는 것입니다.

떠오르는 생각 가운데 우리 영의 생각, 성령의 생각, 천사의 생각, 마귀의 생각이 있습니다. 이처럼 우리의 생각은 온갖 영의 생각들이 복잡하게 드러나는 싸움터입니다. 이런 생각들의 출처를 확실하게 구분할 줄 아는 것이 영적 분별력이며, 기술이기 때문에 배워서 익혀야 합니다. 우리의 생각을 멋대로 내버려 두어서는 안 됩니다. 하나님의 말씀으로 무장하고 분별력을 높여 하나님의 음성을 더 잘 듣도록 노력합시다. 귀신은 우리의 육체를 점령하여 그 가운데 거처를 삼고자 기회를 엿봅니다. 마음의 상처나, 고통스런 사건을 경험하여 심령이 극심하게 허약해져 있어 분별력이 없을 때 침투하게 됩니다. 극심한 사건이 없다 하더라도 영이 강건하지 못한 경우, 귀신은 접근을 시도합니다. 우리가 영적인 일에 무지하고 믿음이 약할 때 역시 공격을 시도하는데 귀신의 공격목표는 우리의 육신입니다. 그러므로 귀신이 접근하면 먼저 우리의 영이 이 사실을 깨닫게 되며, 그 신호를 육체에게 보냅니다. 육체가 느끼는 다양한 신호 가운데 가장 많이 나타나는 것이 소름끼치는 것입니다. 가슴이 조여들고 현기증이 나고 불쾌한 생각이나 두려운 생각, 썩은 냄새, 머리카락이 서는 강한 공포 등의 신호를 우리 감각기관에 보냅니다. 검은 물체가 보이거나, 어두운 분위기와 짓누르는 것 같은 압박감 등도 나타나며, 어둡고 불쾌하며 두려운 생각이 짓누르고 가위눌려 몸을 움직이지 못하게 되며, 악몽에 시달리며, 짐승들의 울부짖는 것과 같은 소리가 날카롭게 들립니다.

방언이 거칠고 날카롭게 나오며, 짐승소리 비슷하게 변합니다. 공중에서 급하게 바람이 휘몰아 가는 것 같은 느낌이 들며, 날카로운 바람 소리가 들립니다. 무당들이 점을 칠 때 내는 독특한 휘파람 소리 같은 소리가 스쳐지나 가며, 뱀이 낙엽 위로 사삭거리면서 지나가는 것과 같은 소리와 느낌이 듭니다. 때로는 발자국 소리가 들리기도 하고 문이 열려 있어서 냉기가 스며드는 것 같아 누가 문을 열어두었나 하고 살피게 됩니다. 귀신은 공포를 동반하는데 이 모든 것이 일차적으로는 우리의 영이 우리 자신에게 알려주는 신호입니다. 귀신은 자신의 존재를 나타내려고 하지 않지만, 우리의 영은 이 사실을 알기 때문에 이런 다양한 신호를 우리에게 보냅니다. 귀신이 자신에게 접근해 오면 우리의 영이 이를 알고 느끼기 시작하며, 때로는 성령께서 이 사실을 우리에게 알게 해 주십니다.

마귀와 귀신의 접근은 마치 감기처럼 누구에게나 오는 것입니다. 우리의 몸과 영은 이 두 차원의 악한 존재들로 인해서 항상 싸움터가 되며, 이 영적 전쟁에서 이기기 위해서는 깨어 기도해야 합니다. 마귀는 우리가 하나님의 사랑을 더 많이 받을 수 있는 길목을 지키다가 적당한 때가 이르면 모조품을 먼저 우리 앞에 내어놓습니다. 마귀는 우리의 약점을 너무도 잘 압니다. 성령께서는 자신의 약점이 무엇인지를 알기 원하십니다. 누구든지 한 가지 이상의 약점을 지니고 있으며, 그 약점은 우리가 하나님 앞에서 겸손하게 하기 위한 은혜의 수단이기도 합니다.

영분별에 대하여 더 깊게 많이 알고 싶은 분은 "영분별과 기적 치유" 책을 활용하시기를 바랍니다.

8장 기도를 깊게 하는 비결

(엡6:18~20)"모든 기도와 간구를 하되 항상 성령 안에서 기도하고 이를 위하여 깨어 구하기를 항상 힘쓰며 여러 성도를 위하여 구하라. 또 나를 위하여 구할 것은 내게 말씀을 주사 나로 입을 열어 복음의 비밀을 담대히 알리게 하옵소서 할 것이니, 이 일을 위하여 내가 쇠사슬에 매인 사신이 된 것은 나로 이 일에 당연히 할 말을 담대히 하게 하려 하심이라"

하나님은 예수를 믿고 성령으로 거듭난 우리에게 성령 안에서 기도하라고 하십니다. 우리가 신앙생활 하는 가운데, 가장 어려운 것 한 가지가 바로 기도입니다. 기도하는 습관이 되지 않으면 기도생활을 꾸준히 지속적으로 해 나가는 것이 얼마나 어려운 가를 우리는 경험하며 살아가고 있습니다. 기도는 기본이 있습니다. 기도의 기본을 적용하지 않고 기도함으로 아무리 열심히 그리고 오래 기도를 해도 참 평안을 누리지 못하는 것입니다.

우리는 기도를 바르게 알아야 합니다. 기도는 하나님과 사귀는 것입니다. 하나님과 가까이 하는 것입니다. 하나님과 함께 시간을 보내는 적극적인 행위입니다. 하나님과 사랑을 나누는 시간입니다. 하나님께 사랑을 고백하고 감사하는 시간입니다. 우리의 삶에서 가장 깨어있는 시간, 하나님의 소리를 듣는 시간입니다. 자신을 치료하는 시간입니다. 예수를 믿는 성도가 하는 기도는 세상 사람들이 하는 기도와 다릅니다. 자신이 매일 철야하며 새벽기도를 해도 영육이 변화되지 않고, 환경이 어려운 것은 세상적인 기도를 하기 때문입니다. 예수를 믿는 성도가 하는 기도는 다음과 같은 원칙을 가지고 해야 합니다.

1. 성령 안에서 기도하라.

바른 기도생활을 위해서'좋은 기도의 습관'이 중요하긴 하지만 그 보다 더 중요한 것이 있습니다. 그것은 바로 기도의 영을 받아 가지고 있는 겁니다. 우리가 새벽기도를 생각해볼 때 우리가 항상 새벽에 그 시간에만 살아가는 것이 아니지 않습니까? 우리가 예배당 안에서만 살고 있지는 않지 않습니까? 우리가 가정에서나 직장에서나 세상에서 살아갈 때 우리 앞에 다양하게 펼쳐지고, 우리에게 다가오는 그런 도전과 문제, 그 어려운 상황 속에서 우리의 기도가 정해진 기도의 제목만으로는 우리 삶을 다 감당하지 못해요. 그래서 좋은 기도의 습관을 갖는 것도 중요하지만, 우리가 기도의 영을 가져서 성령 안에서 기도하는 것 그것은 더욱 중요합니다. 마치 내 영이 기도의 영이신 성령 안에 푹 잠겨 있는 것처럼 내가 하루 24시간 어디에서 무엇을 하고 있든지 하나님과 끊임없는 교통가운데서 내 삶이 진행되는 것, 그것이 바로 기도의 영을 가지는 것인데, 이것이 바로 기도생활의 이상이라고 할 수 있습니다. 그래서 하나님 말씀은 우리에게 '성령 안에서 기도하라' '성령으로 기도하라'라는 말씀을 여러 번 당부하십니다.

그 중 한 곳인 에베소서 6장 18절을 같이 읽겠습니다. "모든 기도와 간구를 하되 항상 성령 안에서 기도하고 이를 위하여, 깨어 구하기를 항상 힘쓰며, 여러 성도를 위하여 구하라" 과거 개역에는 '무시로 성령 안에서 기도하라'고 했는데, '무시로'란 항상이란 뜻입니다. 영어로 always 또는 all times입니다.

그렇다면 어떻게 기도하는 것이 '성령 안에서 기도'하는 것일까요? '성령 안에서 기도한다'는 의미는, "성령의 영성과, 성령의 지성과, 성령의 감성을 따라서 기도하는 것이다" 라고 말할 수 있습니다. 또, 성령의 임재 가운데 기도하는 것입니다. 실제적으로 성경에 보면, 성령께서 우리를 위하여 말할 수 없는 탄식으로, 성령의 생각이 삼위일체 하나님과 합치된 상태에서 우리 안에 와 계신 성령께서 우리를 위하여 계속 기도하고 계십니다.

(롬8:26~27)"이와 같이 성령도 우리의 연약함을 도우시나니, 우리는 마땅히 기도할 바를 알지 못하나 오직 성령이 말할 수 없는 탄식으로 우리를 위하여 친히 간구하시느니라. 마음을 살피시는 이가 성령의 생각을 아시나니 이는 성령이 하나님의 뜻대로 성도를 위하여 간구하심이니라."

'성령 안에서 기도하라'는 엡6장 18절의 말씀을 실행 할 수 있는 그 약속이, 이 로마서 말씀에 주어져 있습니다. 로마서 8장 26~27절속에는, 성령의 [영성] [지성] [감성]이 나타나 있어요. 성령의 영성은 무엇과 같은가요? 어머니의 영성과 같지요. 어머니는 자녀들을 한없는 사랑으로 용납해주고 품어줍니다. 그러한 것처럼 성령은 포근한 영성, 온유하신 영성, 인자하신 영성으로서 마치 어머니가 자식을 위해 기도하듯이, 성령께서 우리를 위하여 기도하고 계신다는 거예요. 우리는 무엇을 위하여 기도하는지도 모르고, 우리 앞에 어떤 일이 일어날지도 모릅니다.

그렇기 때문에 성령께서 '우리를 위하여 마땅히 무엇을 위해서 기도할지 모르지만, 우리를 위하여 앞서 기도'하고 계신다는 것입니다. 성령의 영성이 그러하단 것입니다. 또 성령의 영성은, 성령은 지성을 가진 인격체이셔서 우리를 위해서 기도 할 바를 명확하게 인지하시고, 그리고 그 생각을 갖고 기도하고 계십니다.

롬8장 27절 말씀에 성령은 지성을 지니신 분이시다. 라는 것을 보여주는 한 표현이 있습니다.'마음을 살피시는 이가 성령의 생각을 아시나니' '성령의 생각'이라고 했습니다. 성령은 생각하신다. 즉, 지성을 지니신 분이십니다. 우리를 향하신 그 성령의 생각이 얼마나 많은지 시편 40편 5절에 이런 말씀이 나옵니다.

"여호와 나의 하나님이여 주의 행하신 기적이 많고 우리를 향하신 주의 생각도 많도소이다" 우리의 부모가 자녀를 위해서 기도하지 않습니까? 자녀에 대한 모든 사정을 헤아리고 살펴서 자녀를 위해서 기도합니다. 부모는 자녀를 위해서 기도하지만, 자녀는 부모를 그렇게 생각하지 않아요. 자기 인생이 바쁘기 때문에 내리 사랑을 해서 부모는 자녀를 위해서 그렇게 안타깝게 간절히 기도하지만, 자녀들은 그 부모에 대한 마음을 헤아리지 못합니다. 저도 자녀를 위해서 기도하면서 '이 아이들이, 부모인 내가 이렇게 하나님 앞에서 간절히 자기들을 위해 기도하는 것을 알고 지내기나 하나?'그런 생각을 할 때가 있습니다.

마찬가지로 우리는 별로 하나님을 생각하지 못하고 살아가지만 성령께서 우리를 위하여, 해변의 모래보다 더 많으신 그 생각, 그 사랑의 생각을 가지고 우리를 위해서 기도하고 계십니다. 또한 성령은 감성을 지닌 분이십니다. 로마서 8장 26절 말씀에 성령의 감성을 보여주는 한 어구 한 표현이 있습니다. "말할 수 없는 탄식으로 우리를 위하여 기도하시는 성령님"이라고 했습니다.

성령은 감성을 가지고 계세요. 우리는 성령을 근심하게 할 수도 있고, 우리는 성령을 기쁘시게도 할 수 있습니다. 성령이 인격적으로 우리를 대해주십니다. 이 말씀이 보여주는 바대로 성령님은 어머니와 같은 그런 넓으신 자애로우신 사랑의 영성을 지니셨고, 또한 성령은 생각을 가지신 지성을 지니신 인격체이시고, 성령은 우리를 위하여 말 할 수 없는 탄식으로 하나님 앞에서 기도하시는 감성을 지니신 분이십니다. 성령께서 우리 안에 오셔서 우리를 위해 그토록 기도하시는 그 성령의 영성과 지성과 감성을 따라 기도하는 것이 성령님 안에서 기도하는 것입니다.

2. 성령으로 기도하라.

우리에게 그 기도는 필요하죠. 내 생각대로, 내 욕심대로, 내 마음대로 기도하는 것이 아니라, 내 영이 성령 안에 잠긴 것처럼 성령이 그 영성과 지성과 감성을 따라서 기도하는 것, 그것이 바로 우리가 지향하는 이상적인 기도입니다. 예를 들어서 설명 드립니다. 이미 세월이 지나서 다 잊어버리셨겠지만, 부모님들이 어린 자녀들을 키울 때, 자녀들이 막 글자를 깨우쳐 갈 나이일 때 글씨 쓰는 법을 가르쳐 주지 않습니까? 그때 어떻게 가르쳐 주셨어요? 아이가 글자를 삐뚤삐뚤 쓰니까 엄마나 아빠가 아이를 품 안에 안고 아이의 작은 손을 내가 손으로 잡고 연필을 쥔 아이의 손을, 내가 붙잡아서 글자를 써갑니다. 마찬가지로 기도할 줄 모르는 우리들을 성령께서 안으시고 품으시고, 나의 작은 손을 그 권능의 손으로 붙드셔서 내게 기도하는 법을 가르쳐 주신다는 거예요. 부모가 어린자녀든 장성한 자녀든 자녀를 위해서 밤낮 기도하듯이 성령께서 우리에게 오셔서 나는 의식도 하지 못하는데, 나는 느끼지도 못하는 사이에 나를 위하여 말할 수 없는 탄식으로, 그 많으신 성령의 사랑의 생각을 갖고서, 하나님의 뜻에서 합치된 방향으로 나를 위하여 기도하고 계시는데 내가 그것을 깨닫고 성령의 인도를 따라 기도하는 것이 바로 성령 안에서 기도

하는 것입니다.

그것이 그토록 중요한 이유는 우리가 성령 안에서 기도하게 되면, 우리가 중언부언 하는 기도는 하지 못하죠. 여전히 우리는 내 짧은 욕심이 들러붙은 그런 마음의 손을 가지고 기도를 하는데, 우리가 점차적으로 성령 안에서 변화를 받게 되면, 우리가 마음속에 품게 되는 소원과 우리가 하나님께 아뢰는 기도의 제목들이 하나님의 뜻에 합치되는 방향으로 내 그 기도가 바뀐다는 것입니다. "이와 같이 성령도 우리의 연약함을 도우시나니 우리는 마땅히 기도할 바를 알지 못하나 오직 성령이 말할 수 없는 탄식으로 우리를 위하여 친히 간구하시느니라." 우리의 기도가 성령 안에서 드려지게 되면 우리가 간구하는 것이 하나님의 뜻에 맞게 되니까 하나님께서 하나님의 뜻을 이루어주시지 않겠습니까?

로마서 8장 28절에 보면 "우리가 알거니와 하나님을 사랑하는 자 곧 그 뜻대로 부르심을 입은 자들에게는 모든 것이 합력하여 선을 이루느니라."하셨습니다. 우리 기도가 성령 안에서 드려지는 기도, 우리의 뜻이 하나님의 뜻에 합치되는 방향으로 변화 받게 되면, 우리가 기도하는 바를 하나님이 응답해 주실 뿐만 아니라, 우리에게 둘러싼 삶의 환경을 하나님께서 절대주관 가운데 품으시고, 붙드시고, 변경하시고, 조정하셔서 모든 것들을 합력하여 선을 이루게 해 주신다는 겁니다.

그러니까 로마서 8장 28절에'성도의 모든 것을 합력하여 선을 이루신다'는 구절은, 문맥상 26절과 연결해서 해석할 때, 성령 안에서 기도하는 성도에게, 모든 것이 합력해서 선이 이루어진다는 뜻입니다. 즉 28절의'성도의 모든 것이 합력해서 선을 이루는'은총은 26절의 성령 안에서 기도하며 살아가는 자에게 주어지는 축복입니다. 시편 37편 4절 말씀에도 '또 여호와를 기뻐하라. 저가 내 마음의 소원을 이루어 주시리로다.'라고 하셨습니다.

우리 기도가 성령 안에서 기도하는 것으로 점차로 바뀌어서 우리가 성령 안에서 하나님을 기뻐하며 살아가게 될 때, 성령님께서 우리 마음속 안에 있는 모든 소원들을 아시고 헤아리시고 살피셔서, 우리로 하여금 하나님께 기도드려서 그 소원들을 다 이루게 해주시기 때문에 성령 안에서 기도하는 것이 그토록 중요합니다. 그런데 혹자는, '성령 안에서 기도 한다.'는 것은 방언기도 하는 것을 뜻한다고 하여 성령 안에서 기도와 방언기도를 동일시합니다. 저는 부분적으로는 맞는다고 생각해요. 그러나 다 맞는 것은 아니고, 부분적으로 맞습니다. 성령께서 우리에게 방언의 은사를 주시면, 그 사람은 그 방언기도를 하는 가운데 성령 안에서 기도하게 됩니다. 성령의 영성과 지성과 감성에 내가 편입되어서 내가 그 의미를 다 모르고 기도하는 사이에도 내가 성령 안에서 기도하는 것으로, 나의 기도가 바뀔 수가 있어요. 그래서 방언기도는 귀중한 은사입니다.

그런데 '성령 안에서 기도하는 것'을 [방언기도]로 한정해 놓으면, 그런데 진정 하나님 안에 구원받은 하나님 자녀들 가운데서도 아직 방언기도를 하지 않는 사람들도 많습니다. 방언이라는 것은 은사입니다. 은사는 다양하게 모든 사람에게 주어지는 것이지, 한 은사를 모든 그리스도인에게 나누어 주시는 것은 은사가 아니예요. 내가 비록 방언의 은사를 받지 못했지만, 남이 가지고 있지 않은 은사가 나에게 주어집니다. 섬김의 은사, 구제의 은사, 가르침의 은사, 예언의 은사, 병 고침의 은사 등, 방언의 은사 말고도 더 많은 은사들이 있습니다. 그런데 '성령 안에서 기도하는 것'을 방언기도로만 한정해놓으면, 방언기도를 하지 않는 다른 그리스도인은 성령 안에서 기도할 수 없는 것으로 되니까. 그것은 말이 안 되는 것이지요. 그러므로 방언은사를 받지 않은 많은 그리스도인들도, 성령 안에서 기도할 수 있습니다.

3. 성령으로 기도하는 방법

기도에 대하여 바르게 알아야 합니다. 많은 성도들이 문제가 있으면 무조건 기도하면 문제가 풀어지는 줄로 알고 있습니다. 그래서 무조건 기도하라고 합니다. 그렇지 않습니다. 기도는 하나님의 음성을 듣는 것입니다. 문제의 원인에 대하여 하나님께 질문하여 하나님께서 알려주시는 것을 해결하면서 기도해야 합니다. 예를 든다면 회개라든가, 용서라든가, 하나님께서 알려주시는 레마를 받아 순종하며 기도해야 문제가 풀어지는 것입니다. 막연하게 문제를 해결하여 주시옵소서. 하며 기도하면 문제가 해결되지 않습니다. 반드시 하나님에 알려주시는 해결 방법을 적용하여 해결하면서 기도해야 문제가 풀어지는 것입니다. 성도들이 바르게 알아야 할 것은 자신이 당하는 문제는 하나님의 문제라는 것을 믿어야 합니다. 그래서 자신에게 일어나는 문제는 하나님이 해결해야 합니다. 왜냐하면 자신은 예수를 믿을 때 죽었습니다. 다시 예수로 태어났습니다. 지금 예수 인생을 사는 것입니다. 그렇기 때문에 성령으로 기도하여 영의 상태가 되면 하나님께 해결 방법을 질문하여 응답받은 대로 조치를 해야 문제가 해결되는 것입니다. 그렇기 때문에 문제를 해결하려면 기도하지 않으면 안 되는 것입니다. 성령으로 기도하여 영의 상태가 되어야 내적인 상처도 치유되고, 귀신도 떠나가고, 병도 고쳐지고, 문제도 해결되고, 하나님의 음성도 들을 수가 있는 것입니다.

성령으로 기도하는 것은 성령의 임재가운데 성령 안에서 기도하는 것을 말합니다. 마음으로 기도하여 마음의 문이 열려야 영으로 기도하게 되는 것입니다. 영으로 기도하는 것이 성령으로 기도하는 것입니다. 그렇기 때문에 먼저 마음의 기도로 마음의 문을 열어야 영으로 기도할 수가 있는 것입니다. 성령으로 기도하는 비결은 이렇습니다. 숨을 들이 쉬고 내 쉬면서 주여! 숨을 들이 쉬고 내 쉬면서 주여! 숨을 들이 쉬고 내 쉬면서 주여! 자연스럽게 주여! 주여! 를 하면 되는 것입니다. 방언으로 기도할 줄 아는 분들은 호흡을 들이쉬고 내쉬면서 방언기도하고, 호흡을 들이쉬고 내쉬면서 방언기도를 합니다. 즉 내면의 활동이 강화되어 자신의 마음속 영 안에 계신 성령이 밖으로 나오시게 해야 합니다. 코로는 바람을 들이쉬고 배꼽 아랫배로 호흡을 하는 것입니다. 호흡을 들이쉬고 내쉬면서 주여! 주여! 주여! 하다가 성령께서 감동을 주시는 것이 있습니다.

예를 든다면 "자녀를 위하여 기도하라!" 하실 수도 있습니다. 그러면 자녀를 위하여 기도하는 것입니다. 자녀에게 문제가 있는 것도 할 수가 있습니다. 자녀에게 바라는 것이 있으면 그것을 기도해도 좋습니다. 기도를 마치고 다시 주여! 주여! 주여! 하면서 기도를 합니다. 다시 성령께서 너의 물질문제를 기도하라고 하실 수도 있습니다. 물질문제를 기도합니다. 물질문제가 어떻게 해서 생겼는지 하나님에게 질문하며 기도합니다. 죄악으로 인한 것이라면 회개를 합니다. 회개하고 죄악을 타고 들어온 귀신을 축귀합니다. "예수 이름으로 명하노니 선조들의 죄를 따라 들어와 물질 고통을 주는 귀신아 물러가라" 소리는 크지 않아도 됩니다. 성령이 충만한 상태이므로 귀신들이 잘 떠나갑니다. 다시 다른 기도를 위하여 주여! 주여! 주여! 하면서 기도를 합니다.

그러면 성령께서 다시 감동을 합니다. 너의 건강을 위하여 기도하라! 그러면 자신의 건강을 위하여 기도합니다. 기도하면서 하나님에게 질문을 합니다. 하나님! 저의 어느 부분이 문제가 있습니까? 하면서 기도하여 조치를 취하면 됩니다. 무엇을 결정해야 할 경우는 어느 정도 기도하여 성령으로 충만한 상태가 되면 지속적으로 문의 하는 것입니다. 이것을 어떻게 해야 합니까? 이것을 어떻게 해야 합니까? 이것을 어떻게 해야 합니까? 지속적으로 질문을 하면 문득 떠오르는 생각이 있습니다. 이것이 하나님의 방법입니다. 이것을 해결하면 치유가 되는 것입니다. 이것이 성령으로 기도하는 것입니다. 어려울 것이 없습니다.

자신의 생각이나 욕심을 내려놓고 순수하게 성령을 따라 기도하는 것입니다. 보통 성도님들이 하시는 말씀대로 기도분량이 채워지니까 성령께서 알려주신 것입니다. 기도분량이 채워졌다는 것은 성령님이 역사하실 수 있는 영적인 상태가 되었다는 것입니다. 절대로 성령은 육의 상태에서 응답을 주시지 못합니다.

반드시 성령으로 충만한 영의 상태가 되어야 레마를 들려주십니다. 그러므로 영의 상태가 되도록 성령으로 깊은 영의기도를 해야 합니다. 영의 상태에서 하나하나 감동이나 음성으로 알려주시는 것입니다. 기도의 성공요소는 영의 상태에 들어가는 것입니다. 영의상태에서 성령님과 교통할 수가 있기 때문입니다.

기도를 성령으로 깊게 하시고 싶은 분은 "깊은 영의기도 숙달하는 비결"과 "기도 쉽게 바르게 하는 방법" 그리고 "방언기도에 숨은 비밀"책을 활용하시기를 바랍니다. 이 책을 읽으면 기도의 영이 임하여 기도가 쉬워지고 깊은 영의 기도로 기도할 때 심령이 치유되고, 방언 통역을 하게 되고, 성령의 능력을 받게 될 것입니다.

9장 성령 은사를 치유에 활용하는 법

(고전12:7)"각 사람에게 성령의 나타남을 주심은 유익하게
하려 하심이라."

하나님의 역사는 신령한 역사요, 신령한 역사는 여러 가지 신
령한 영적 현상을 통하여 나타나는 축복입니다. 이 성령의 사역
의 결과를 통하여 눈에 보이는 현실적인 축복으로 나타납니다.
지혜가 부족한 자에게는 지혜를, 믿음이 없는 자는 믿음을, 깨닫
지 못하는 자에게는 지식을, 병든 자에게는 치유를, 가난한 자에
게는 믿음을 통한 부요한 축복을, 답답한 자에게는 예언을 통한
권면과 안위를 주시는 등의 축복으로 역사를 하십니다.

이와 같이 하나님의 축복은 눈에 보이지 않는 영적 축복을 받
으므로 말미암아 영혼이 잘되어집니다. 또한 이 세상의 눈에 보
이는 물질적인 축복이나 육신적인 축복을 받을 수 있도록 성령의
나타나는 현상을 통하여 역사합니다. 그래서 여러 가지 신령상
유익함을 줄 뿐만 아니라, 눈에 나타나는 여러 가지 현실적인 문
제를 해결하거나, 영과 혼과 육신에 유익함을 줍니다.

그러므로 은사는 신령한 영적생활에 덕을 세우고 교회에 유익
이 되게 할 뿐만 아니라, 현실적인 신앙생활 속에서 유익하게 하
는 여러 가지 축복의 실제적인 방편으로 주어지는 것입니다.

(엡 1:3)"찬송하리로다 하나님 곧 우리 주 예수 그리스도의 아버지께서 그리스도 안에서 하늘에 속한 모든 신령한 복으로 우리에게 복 주시되." (요삼 1:2)"사랑하는 자여 네 영혼이 잘 됨같이 네가 범사에 잘 되고 강건하기를 내가 간구하노라."

1. 집회에서의 성령 은사의 활용과 유익.

성령의 은사가 나타나게 하려면 상대방의 심령에 성령의 역사가 강하게 작용되어질 필요가 있습니다. 상대방에게 강하게 작용되어질 요소는 신령한 요소로 말미암아 하나님의 능력 앞에 굴복되어지게 됩니다. 상대방에게 성령의 역사가 강하게 작용되어질 요소는 여러 가지가 있습니다. 가장 강하게 작용되는 것은 지식의 말씀이나 통변이나 예언의 은사를 통하여 역사할 때에 상대방이 신령함을 인정하게 됩니다.

1) 예배나 부흥집회나 치유사역에서 기적과 신유의 역사를 일으킨다. 병원에서 고치지 못하는 여러 가지 질병을 성령의 나타남으로 고침 받는 유익함이 있습니다. 예수님 당시나 오늘날이나 기적은 많은 부분이 이러한 질병의 고침으로 예수님의 신성이 증명되는 것이며, 복음이 능력 있게 전파되며 성도들의 믿음이 사람의 지혜에 있지 않게 되고, 성령의 능력 있는 믿음을 가질 수 있도록 합니다.

(행14:3)"두 사도가 오래 있어 주를 힘입어 담대히 말하니 주께서 저희 손으로 표적과 기사를 행하게 하여 주사 자기 은혜의 말씀을 증거 하시니" (고전2:4-5) "내 말과 내 전도함이 지혜의 권하는 말로 하지 아니하고 다만 성령의 나타남과 능력으로 하여 너희 믿음이 사람의 지혜에 있지 아니하고 다만 하나님의 능력에 있게 하려 하였노라"

집회를 인도하는 사역자는 성령이 강하게 역사할 수 있도록 자기만의 은사를 가지고 있어야 합니다. 자기만이 터득한 은사를 가지고 성령이 청중을 사로잡아야 기적의 역사를 체험합니다. 내가 성령집회를 인도하다 보니 강단에서 말씀을 전하고 집회를 인도하는 사역자의 은사와 영성에 따라 집회의 성패가 갈리게 됩니다. 그러므로 집회 인도자는 성령이 강하게 역사하게 하는 자기만의 은사가 있어야 합니다.

2) 은사집회나 기도모임에서 은사의 역사를 일으킨다. 아무리 유명한 박사가 인도할지라도 능력이나 은사를 부인하고 지적으로만 가르치는 조용한 사경회는 졸음만 오게 됩니다. 말씀에 조리가 없고 설교가 체계가 없어도 성령 충만한 집회는 각종 역사가 일어나서 성령이 역사하고 각종 은혜와 은사가 나타나게 됩니다.

(행19:2)"가로되 너희가 믿을 때에 성령을 받았느냐 가로되 아니라 우리는 성령이 있음도 듣지 못하였노라" (행19:6)"바울

이 그들에게 안수하매 성령이 그들에게 임하시므로 방언도 하

고 예언도 하니"

그러므로 집회를 인도하는 자는 무엇보다도 성령으로 세례 받고 성령 충만한 상태에서 집회를 인도해야 합니다. 집회의 성령의 역사 정도는 강단에서 인도하는 사역자의 성령 충만의 정도를 넘어가지 못합니다. 그러므로 집회를 인도하기 전에 깊은 영의 기도를 하여 성령으로 충만한 상태에서 집회를 인도하는 습관을 들여야 합니다.

3) 축복집회나 은혜집회에서 은혜와 회개의 역사를 일으킨다.

회개하고 싶어도 회개가 안 되고 믿어 보려고 해도 믿어지지 않는 것이 문제입니다. 그러나 성령이 말하게 하심을 따라 전하는 말씀은 심령 골수를 쪼개고 영과 혼을 가르며, 성령의 충만함으로 뜨거운 기도의 부르짖음이나 찬송의 열기는 회개의 역사를 일으키게 됩니다. 성령이 말하게 하심을 따라 전하는 말씀은 격정적인 외침도 아니요, 웅변조의 큰소리도 아니요, 인위적인 스피치 훈련으로 되는 것도 아닙니다.

원고를 보더라도 순간 내부에서 솟아나오는 말씀과 영감과 성령의 나타남으로 주어지는 말씀의 선포는 영과 생명의 흐름이 있습니다. 이 영과 생명의 흐름에 접촉한 청중의 영은 감동을 받으며 자아를 깨트리고, 회개의 역사를 일으키는 내적인 성령의 기름부음으로 연결하게 됩니다.

(요 6:63)"살리는 것은 영이니 육은 무익하니라 내가 너희에게 이른 말이 영이요 생명이라" (행2:37)"저희가 이 말을 듣고 마음에 찔려 베드로와 다른 사도들에게 물어 가로되 형제들아 우리가 어찌할꼬 하거늘"

말씀을 전하는 목회자는 충분한 기도로 성령으로 충만한 가운데 말씀을 전해야 합니다. 말씀을 전하기 전에 청중들이 마음을 열도록 적절한 영적조치가 필요합니다. 찬양이나 기도를 통하여 마음의 문을 열게 해야 성령의 역사가 일어납니다. 말씀을 전할 때도 적절한 실증을 통하여 믿음을 유발하게 하면 마음이 열려서 심령에서 기름부음이 올라오게 됩니다. 기름부음이 심령에서 품어져 나오므로 성령의 감동을 받게 됩니다. 성령의 감동을 받으니 전인격이 성령으로 장악을 당하게 됩니다.

4) 능력사역의 집회에서 축귀의 역사가 일어난다. 질병의 원인이 사단과 악한 영들의 강한 세력에 사로잡힌 상태에서 일어난 질병이라면 성령님의 능력으로 이러한 속박에서 벗어나게 할 필요가 있습니다. 악령의 축귀에는 영분별의 은사와 능력의 은사가 나타남이 있어야 합니다. 귀신은 성령의 권능에 의하여 자신의 정체를 폭로합니다. 말씀 속에서 역사하는 성령의 권능으로 귀신이 정체를 드러내게 됩니다.

(막 1:27)"다 놀라 서로 물어 가로되 이는 어찜이뇨 권세 있

는 새 교훈이로다 더러운 귀신들을 명한즉 순종하는도다 하더
라" (행19:12)"심지어 사람들이 바울의 몸에서 손수건이나 앞
치마를 가져다가 병든 사람에게 얹으면 그 병이 떠나고 악귀도
나가더라"

귀신이 정체를 드러내는 것은 떠나가려는 것입니다. 말씀 속
에서 역사하는 성령으로 말미암아 귀신이 제압당한 상태이므로
축귀가 쉽게 이루어집니다. 절대로 축귀는 사람의 힘으로 되지
않습니다. 성령의 역사가 일어나는 말씀을 전하여 귀신이 정체
를 폭로하게 하고 축귀하는 것입니다. 그러므로 말씀을 전하는
목회자는 성령으로 세례를 받는 것은 필수입니다. 그리고 성령
의 임재가운데 영으로 말씀을 전해야 합니다.

5) 전도 집회나 치유사역에서 전도와 부흥의 역사를 일으킨
다. 은사를 부인하거나 외면하는 말씀위주의 부흥사경회가 실패
하는 원인은 성령의 기름부음이 나타남이 없이 지식적으로만 가
르치는 까닭입니다. 예배가 김빠진 콜라처럼 싱겁고 맥이 없고
졸리는 이유는 성령의 나타남이나 은사가 없이 지식적인 말씀이
나 형식적인 예배와 종교행위로 끝나기 때문입니다. 부흥집회
와 치유집회에서 하나님의 능력이나 신령한 역사 앞에서는 하나
님에 대한 경외함이 생기게 됩니다. 복음에 대한 거부감이 제거
되며 신앙생활에서는 믿음의 성장을 가져오게 됩니다. 치유 사
역에서는 믿음의 확신을 주게 되고 영적인 놀라운 힘을 발휘하게

되어 이것은 곧 전도에 연결이 됩니다.

능력전도에서 존 윔버 목사는 이러한 영적 은사를 통하여 복음의 내용이 확증됨으로써 사람들이 복음에 대하여 느끼는 거부감이 제거되고 예수 그리스도의 복음에 귀를 기울이게 되었습니다. 이러한 맥락에서 볼 때 '예수님의 전도가 그토록 효과적 이였던 이유를 이해 할 수 있다' 라고 말하면서 효과적인 전도활동의 요체는 복음의 선포와 영적인 능력의 역사를 결합하는 것이라 했습니다[능력전도 p21].

(고전2:4)"내 말과 내 전도함이 지혜의 권하는 말로 하지 아니하고 다만 성령의 나타남과 능력으로 하여"

2. 치유사역에서의 성령 은사의 활용과 유익

치유사역에서 사역자에게 나타나는 병을 고치는 은사만으로도 많은 사람들에게 복음에 대한 거부감을 제거하거나, 믿음의 성장을 가져오거나, 치유가 일어납니다. 보다 더 강력한 역사를 일으키는 데는 다른 성령의 은사의 도움 없이는 결코 많은 성과를 거둘 수가 없습니다. 환자가 병을 고치는 능력을 자신이 체험하기까지는 소극적 자세나 부정적인 자세를 가질 수도 있습니다. 일방적이 될 때는 사역자의 병 고치는 능력을 반감시킬 수도 있습니다. 강력한 믿음의 유발 요인이 되지 않을 수도 있기 때문입니다.

치유에 성과가 있기 위해서는 장애 요인과 질병의 원인을 파악하여, 그 원인의 제거도 필요하기 때문에 영분별의 은사나 지식의 말씀의 은사를 통한 활용이 있어야만 합니다. 마음의 깊은 상처나 용서하지 못한 죄들은 본인들이 모를 때도 있고, 일부러 감추려 하기도 하기 때문에 이러한 사실들을 털어놓지 아니하거나 파악하지 못하면 치유가 되지 않습니다.

치유사역에서 은사의 활용은 치유를 일으키는 결정적인 요인들을 제공하게 되기 때문에 은사에 대한 확인과 은사(성령의 나타남)에 대한 민감한 반응은 중대한 의미를 갖고 있습니다. 귀신들림이 외부로 드러나는 경우에는 누구나 알 수 있지만 귀신에 눌려 있는 잠복된 상태를 분별하지 못하는 경우가 대부분이기 때문에 이때에는 영분별의 은사가 활용되어야 하는 것입니다.

귀신이 붙어 있는 부위를 달리하여 숨을 때가 있는데 이때 숨어 있는 곳을 파악하거나 안수할 필요가 있을 때에는 영을 볼 수 있거나 느끼는 감각이 필요합니다. 귀신들이 공격을 할 때 이를 지각 할 수 있는 지각이 있어야 방어 할 수 있으며, 만약 공격을 받았으면 재빨리 추방을 하고 고통을 면할 수 있습니다.

이것은 처음으로 성령체험을 하는 성도들에게 일어나는 현상입니다. 성령체험을 계속하다가 보면 성령의 깊은 임재로 악한 영들이 정체가 폭로되어 소리 없이 떠나는 것이 보통입니다. 그러므로 사역자는 무엇보다 성령의 깊은 임재와 역사가 일어나게 집회를 인도해야합니다. 성령의 깊은 임재와 역사가 일어나게 하는 사역자만의 노하우를 가지고 활용해야 합니다. 무엇보다도 성령의 임재가 중요하기 때문입니다. 모든 것은 성령께서 하시기 때문에 사역자는 항상 성령의 역사가 앞서게 해야 합니다. 이를 위하여 평소에 성령의 충만함을 받고 성령의 역사를 감지할 수 있는 지식의 말씀의 은사가 있어야 합니다. 많이 체험하여 보는 것이 좋습니다. 그래야 그때그때 성령의 임하심을 보고 성령의 역사를 불러일으킬 수 있기 때문입니다.

3. 상담에서 계시의 은사로 활용

상담에서 사용되는 은사는 지식의 말씀의 은사, 지혜의 말씀의 은사, 영분별 은사, 예언의 은사 등이 활용되어 집니다. 상담에서 성령의 감동을 받고 문제를 해결하는 역사를 일으킵니다.

(고전14:24-25) "그러나 다 예언을 하면 믿지 아니하는 자들이나 무식한 자들이 들어와서 모든 사람에게 책망을 들으며 모든 사람에게 판단을 받고 (25) 그 마음의 숨은 일이 드러나게 되므로 엎드리어 하나님께 경배하며 하나님이 참으로 너희 가운데 계시다 전파하리라"

일반적인 교회에서 상담을 성경의 말씀을 지식적으로 깨우쳐

주는 것으로 생각하거나 심리적인 것으로 생각하는 경우가 많습니다. 이러한 심리적 혹은 학문적인 상담만으로는 해결이 안 되는 영적 갈급함이 있게 됩니다. 많은 신자들이 기도원을 찾게 되는 이유가 여기 있습니다. 이 상담학을 연구하지만 학문적으로만 연구하고, 신령한 은사가 나타나지 않으면 심령의 잠재의식이나 심령에 감추어진 깊은 영적인 문제점을 해결하지 못하게 되기 때문에 심리적인 상담만으로는 근본적인 해결은 어렵습니다. 영적이지 못한 상담은 어디까지나 무익한 것으로 끝나게 마련입니다. 그러므로 상담을 할 때는 성령님이 상담을 이끌고 가도록 하는 은사가 있어야 합니다. 그래서 심령 깊은 곳에 숨어있는 문제를 지식의 말씀으로 분별하여 해결함으로 성공적인 상담을 할 수가 있습니다.

(요 6:63)"살리는 것은 영이니 육은 무익하니라 내가 너희에게 이른 말이 영이요 생명이라"

우리는 말씀을 읽거나 들으면서도 표면적인 의식수준에서만 듣기 때문에 수박 겉핥기가 되기 쉽습니다. 성경 말씀은 심령으로 읽어야하고 심령으로 들어야하며 성령으로 깨달아야 합니다. 이성적인 지식으로만 하나님을 알려고 연구하기 때문에 심령이 깊이 임재하시는 성령과의 교류가 이루어지지 않으며, 신적인 요소가 전혀 없는 이러한 지식은 바로 의문에 속한 것이요, 이러한 신앙인이 바로 쭉정이 신자인 것입니다. 하나님이 지혜 있는 자를 부끄럽게 하시고 무식한 자를 들어서 사용하시는 이유를 알아야 할 것입니다.

(고전1:25-27)"하나님의 미련한 것이 사람보다 지혜 있고 하나님의 약한 것이 사람보다 강하니라. 형제들아 너희를 부르심을 보라 육체를 따라 지혜 있는 자가 많지 아니하며 능한 자가 많지 아니하며 문벌 좋은 자가 많지 아니하도다. 그러나 하나님께서 세상의 미련한 것들을 택하사 지혜 있는 자들을 부끄럽게 하려 하시고 세상의 약한 것들을 택하사 강한 것들을 부끄럽게 하려 하시며"

상담자의 신령한 면이 나타나면 인간적인 생각들이 하나님께 대한 경외하는 마음으로 바뀌게 됩니다. 여러 가지 개인적인 상담과 목회 사역에서 신령상 유익하게 되려면 계시의 은사가 활용되어야 합니다. 지식적인 상담은 내담자에게 감동을 전혀 주지 못하지만, 이러한 은사의 활용은 신적인 권위가 주어짐으로 그 사람에게 감동을 주고 변화를 주고 놀라운 성과를 나타냅니다.

4. 믿음 생활에서 성령 은사의 활용과 유익

믿음 생활에서는 축복과 기적을 일으킵니다. 지혜를 통하여 진리를 분별하며 어려운 난관을 해결하고, 지식의 말씀을 통하여 기적의 축복을 받으며, 예언의 말씀을 받음으로 감격과 회개가 일어나고 통변으로 교회에 덕을 세우며 믿음으로 기적이 나타나며 능력으로 승리하는 삶을 살수가 있습니다.

기적과 표적은 다 이러한 신령한 능력과 역사가 나타난 결과로 되어진 것임으로 하나님으로부터 축복과 은혜를 받기를 원하는 사람은 기를 쓰고 은사가 나타나는 영의 사람이 되어야 합니다. 그러므로 은사는 특별한 사람들에게만 나타나는 것이 절대 아닙니다. 하늘의 축복은 신령한 축복이기에 신령한 요소가 나에게서 나타나지 않고 은사가 활용되어 지지 않으면 신앙의 유익함은 나타날 수가 없는 것입니다.

성령의 내적 사역을 통하여 기름 부어진 결과 외적으로 성령이 나타나면 회개의 역사가 일어나고, 믿음의 확신을 통하여 담대하게 환경을 극복하며, 지혜가 부족하면 지혜의 은사를 통하여 문제를 해결하며, 병을 고치려하면 신유의 은사로 병을 고치게 되고, 여러 가지 유익한 성과를 거두게 됩니다.

5. 전도 사역에서 성령 은사의 활용과 유익

전도할 때 활용되는 은사는 지식의 말씀의 은사, 지혜의 말씀의 은사, 영분별 은사, 예언의 은사, 믿음의 은사, 기적을 행하는 은사가 유용하게 활용되어 집니다. 전도는 생명을 살리는 성업입니다. 하나님의 생명이 접붙임 받는 것은 하나님 말씀 선포로만 되는 것이 아닙니다. 안수로도 되며 찬송으로도 가능하며 능력의 사역이나 환경을 통한 하나님의 사역으로도 가능한 것입니다. 특별히 사람들은 하나님의 신령한 능력 앞에 신에 대한 두려움과 경외감을 느끼게 됩니다. 예를들면 질병이 고침을 받을 때, 자기들의 심령을 꿰뚫어 보는 능력 앞에서, 혹은 방언을 하는 신비한 모습등 자신이 방언을 하게 되면 확신을 하게 되고, 귀신이 발작하거나 떠나가는 하나님의 능력 앞에 굴복하게 됩니다.

이러한 치유사역을 통한 전도가 능력전도의 기회가 되며 여러 가지 신령한 사역을 통한 전도의 기회가 되는 것이 은사집회가 됩니다. 전도하는 사역자는 이 은사의 활용을 통하여 성령과 더불어 동역 하는 경험을 하게 되며, 이러한 은사를 통하여 나타나는 전도의 지혜와 지식의 은사는 필요 적절한 전도의 방법에 대한 인도하심이나 가르침이 있게 되며, 또 난처한 입장이나 위기의 상황에서 지혜롭게 대처할 수 있도록 하시는 성령님의 도우심이 나타나게 됩니다.

(막 13:11)"사람들이 너희를 끌어다가 넘겨 줄 때에 무슨 말을 할까 미리 염려치 말고 무엇이든지 그 시에 너희에게 주시는 그 말을 하라 말하는 이는 너희가 아니요 성령이시니라" (요일 2:27)"너희는 주께 받은바 기름 부음이 너희 안에 거하나니 아무도 너희를 가르칠 필요가 없고 오직 그의 기름 부음이 모

든 것을 너희에게 가르치며 또 참되고 거짓이 없으니 너희를

가르치신 그대로 주 안에 거하라"

우리는 전도할 때 내 힘과 지혜로 하려고 하지 말아야 합니다. 성령의 인도와 성령의 나타남으로 전도를 해야 하는 것입니다. 전도는 영적인 전쟁이므로 성령의 권능이 없이는 전도가 불가능 합니다. 그래서 예수님은 12제자와 70인을 전도하러 보낼 때 성 령의 권능을 주어서 전도하러 보낸 것입니다. 전도를 할 때는 성 령으로 충만하여 전신갑주로 무장을 하고 현장에 나가야 합니다.

6. 봉사 사역에서 은사의 활용과 유익

봉사나 헌금을 인간적인 생각이나 육신의 생각으로 하게 되면 교만하게 되고 억지로 하게 되면 시험이 들게 됩니다. 그러나 성 령의 기름부음을 통한 자원하는 마음이 생기거나 지식의 말씀 은 사를 통하여 나타나는 말씀을 듣거나 성령의 감동이나 열정이 일 어날 때는 기쁨으로 봉사하게 되고 또한 감사함으로 드리게 됩니 다. 그러므로 성령의 기름부음이 일어나는 은사집회나 여러 가 지 은사 사역을 통하여 하나님께 대한 경험과 감격을 맛보도록 해야 하는 것입니다.

(벧전 4:11)"만일 누가 말하려면 하나님의 말씀을 하는 것같

이 하고 누가 봉사하려면 하나님의 공급하시는 힘으로 하는 것
같이 하라 이는 범사에 예수 그리스도로 말미암아 하나님이 영
광을 받으시게 하려 함이니 그에게 영광과 권능이 세세에 무궁
토록 있느니라 아멘"

일부 성도들이나 목회자들이 조건이 달린 봉사를 하고 헌금을
드립니다. 내가 이렇게 하면 나의 문제를 해결하여 주시겠지 하
는 막연한 기대감으로 봉사나 헌금을 합니다. 이러다가 그 문제
가 해결되지 않으면 실망을 하거나 실족을 하게 됩니다. 그래서
우리는 바르게 알고 행해야 합니다. 봉사나 헌금은 성령의 감동
하에 성령의 이끌림을 받아서 해야 하는 것입니다.

7. 설교 사역에서 성령의 은사의 활용과 유익

성령의 기름부음이 없는 설교는 생명을 전달하지 못하고 단지
성경에 관한 지식의 전달로 끝나게 됩니다. 이런 말씀은 들은 자
는 이성적인 신앙의 소유자가 되고, 심령은 냉랭한 자가 됩니다.
오히려 성령에 순종하는 자가 되지 못하여 하나님께 열심은 있지
만, 자기의 의를 힘써 드러내려는 유대인들과 같이 예수를 대적
하는 현대판 바리새인을 만들게 됩니다.

그러나 성령의 나타남을 활용하는 설교는 원고를 가지고 있지
만, 원고에 메이지 않고 설교가 자연스럽게 흘러나오면서 영감

의 설교를 하게 되며, 설교하면서 자신이 깨닫고 은혜를 받는 축복을 누리게 됩니다. 뿐만 아니라 설교 준비가 쉬워집니다. 나아가서 설교가 열정적인 모습을 보여 주게 되고 생명과 능력이 흘러넘치는 설교가 됩니다. 성령역사를 동반하지 아니한 설교는 육신적인 사람들에게는 인기가 있지만, 이러한 설교는 어디까지나 인위적이 되어 영적으로 민감한 사람들에게는 오히려 싱거움을 느끼게 됩니다.

우리 교회성도들이 다른 교회에 가서 말씀을 들으면 싱거워서 듣지 못하겠다고 합니다. 이는 전하는 말씀에 기름부음이 없어 생명이 되지 못하기 때문입니다. 강단에서 말씀을 전하는 목회자는 반드시 성령을 체험하고 성령의 임재 하에 말씀을 전해야 합니다. 그래야 전하는 자나 듣는 자가 모두 성령의 충만함으로 은혜를 받게 되고 영은 깨어나게 됩니다.

(롬10:2-3)"내가 증거하노니 저희가 하나님께 열심이 있으나 지식을 좇은 것이 아니라. 하나님의 의를 모르고 자기 의를 세우려고 힘써 하나님의 의를 복종치 아니하였느니라"

여기에서의 '지식'이란 내적으로 임재하시는 성령의 기름부음을 통하여 나타나는 현상중의 하나로서 성령의 가르침(깨달음)과 인도함을 의미합니다.

8. 심방 사역에서 성령 은사의 활용과 유익

그 가정이나 심방을 받는 자에게 심방할 때에 문제점들이나 그 문제점들에 얽힌 상황을 알거나 심령의 고민들을 꿰뚫어 보고 필요한 영적 위로의 말씀이나 권면을 할 수 있게 됩니다. 이러한 은사의 활용이 없는 목회는 어디까지나 영적 사역이 되지 못하고 인간적이 되거나 종교적인 행위가 되고 맙니다. 특히 심방을 할 때에는 계시의 은사를 적절하게 활용해야 은혜롭고 문제가 해결되는 심방이 됩니다. 우리는 심방을 정기적으로 성도들을 찾아보는 것으로 그치게 해서는 안 됩니다. 가정의 영적인 상태를 파악하고 파악된 영적인 상태에 따라 성령의 역사를 일으켜서 성령이 장악하도록 해야 합니다. 그렇기 때문에 심방은 성령의 은사를 가지고 심방을 해야 합니다(고전 14:3).

9. 기도 생활에서 성령 은사의 활용과 유익.

기도가 힘든 것은 성령의 기름부음이 없고 성령 안에서 기도하지 않기 때문에 힘든 것입니다. 성령 안에서 기도하면 성령의 기름부음이 심령에 부어지면서 각종 여러 가지 은혜와 은사를 맛보게 됩니다. 응답을 받는 기쁨과 죄에 대하여 의에 대하여 심판에 대하여 깨우쳐주는 지식이 주어짐으로 무미건조하고 힘겹기만 한 기도가 감사와 기쁨과 감격으로 바뀌게 됩니다.

메마른 육신의 심령과 마음에서 하는 기도는 신령한 현상이나 기쁨을 맛보지 못하는 것입니다. 그렇기 때문에 이런 기도를 많이 해도 마음의 기쁨을 경험하지 못합니다. 신령한 기도의 기쁨을 경험하지 못하므로 성령사역을 이해하지 못하여 기도의 신비나 성령의 교제를 통하여 나타나는 여러 가지 현상을 거부합니다. 더 나아가 성령 사역을 두려워하거나 거부하거나 훼방하는 자가 되거나 성령 사역자를 무조건 신비주의자로 매도하기 쉬운 것입니다.

이러한 기도의 신비를 체험하지 못하고서는 말씀의 진정한 맛과 의미를 헤아릴 수가 없는 것입니다. 그러나 신비주의는 하나님의 말씀을 외면하거나 무시하고 신비한 현상이나 감격만을 추구하는 사람을 말하는데 이러한 상황과는 구별되어 분별할 수 있어야 할 것입니다. 그러나 말씀의 능력을 이해하지 못하거나 말씀 없이 기도만 하는 사람들의 병폐는 신비주의로 전락하게 됩니다. 말씀과 신비(성령 사역)는 항상 조화를 이루어야 하고'말씀"말씀'오로지 '말씀'하고 주장하고 은사를 배척하는 사람은 이러한 성령의 사역을 통하여 나타나는 신비를 경험하여 보아야 참다운 '말씀의 진수' 를 알 수 있게 되는 것입니다(고전 2:4).

성전 뜰에서 하는 이성적이거나 육신적인 기도나 단순한 마음의 기도만을 할 것이 아니라, 지성소 즉 성령에 깊이 몰입하여 기도하는 경험을 통하여 성령이 나타나는 여러 가지 기도의 신비를 맛보아 알아야 하는 것입니다. 반대로 기도나 은사를 통하여 나타나는 은사와 신비만을 추구하는 사람은 진리의 말씀을 바로 이해하여 말씀이 주는 감격과 기쁨을 맛보아야 할 것입니다.

성전 뜰만 밟고 다니는 기도의 수준이나 혹은 지성소 안에서 성령에 완전히 사로 잡혀 하나님을 만나는 기도를 해보지 못한 사람은 여러 가지 성령의 나타나는 영적 신비나 은사를 이해 할 수가 없는 것입니다. 모든 것은 성령으로 알 수가 있기 때문입니다.

그러나 이러한 은사는 각각 따로 개별적으로 분류하기 좋고, 적용하기 좋도록 나타나거나 사용되어지는 것이 아닙니다. 모든 분야에서 여러 가지 은사가 한꺼번에 복합적으로 활용되어 지는 경우가 많기 때문에 은사에 대한 활용과 적용에 이해가 부족하고 혼란이 있게 됩니다. 그래서 우리는 은사에 대해 여러 가지 임상을 가지고 연구하며, 영적인 원리들을 이해하고, 항상 의구심을 갖는 분들에게 답변을 할 수 있게 전문성이 있어야 합니다.

한마디로 아는 것과 체험이 같이 가야 한다는 것입니다. 반드시 은사 사역은 말씀을 아는 것과 실제역사 체험을 하여 확실한 개념을 정립해야 마귀에게 속지 않고 막연하게 아는 성도가 되지 아니 합니다. 성령의 은사에 대하여 깊게 알고 싶으신 분은"성령의 은사와 사명 감당"책을 활용하시기를 바랍니다. 이 책에는 성령의 은사를 어떻게 받고 사용하는가에 대한 바른 안내가 수록되어 있습니다.

10장 치유 되지 않는 원인을 알라

(요5:14)"그 후에 예수께서 성전에서 그 사람을 만나 이르시되 보라 네가 나았으니 더 심한 것이 생기지 않게 다시는 죄를 범하지 말라 하시니"

우리를 창조하신 하나님은 우리를 책임져 주십니다. 병든 우리를 그대로 두시는 것이 아니라 건강하게 하십니다. 다만 하나님의 약속을 믿고, 그 약속의 신실성에 의지하여 믿음으로 나오는 사람은 누구나 하나님은 치유하여 주십니다. 실로 하나님을 치료자로 알고 체험할 때 우리는 하나님을 전적으로 아는 것입니다. 치료하시는 하나님을 만나 건강하게 살 때 하나님은 영광을 받으시는 것입니다. 하나님의 치유를 우리와 우리 가족, 그리고 이웃들이 누리도록 하는 것은 바로 생명을 위하여 대단히 중요한 일이 아닐 수 없습니다. 하나님의 신실한 약속은 오늘날도 여전합니다. 믿음으로 나오신 당신의 생애가 하나님의 약속을 따라 강건하여지기를 바랍니다.

그러나 모두가 치유되는 것은 아닙니다. 질병의 원인이 되는 영적, 혼적, 육적인 문제가 처리되지 않는 상태로는 질병이 치유되지 않습니다. 참 생명을 얻으려면 물과 성령으로 거듭나야 합니다. 필자가 지금까지 성령치유 사역을 하면서 체험한 바로는 치유가 잘되지 않는 원인은 이렇습니다.

1.치유가 될 수 있는 상태가 되지 않아서.

1)영적인 상황: 말씀을 전하는 자나 듣는 자나 다 같이 심령이 가난한 심령이어야 하며, 심령에 억눌림이 없이 자유스러워야 영적 흐름이 자유스러우며, 성령의 감동을 받을 수 있는 온유하고 부드러운 심령이라야 성령의 역사가 있게 되고 내면의 상처가 치유되는 체험을 하게 됩니다. 내면의 상처가 치유되면서 병이 고쳐지는 것입니다. 자아나 선입관이 있거나 교만하거나 인색하거나, 비판하고 판단하는 마음이나, 세상의 여러 가지 염려로 마음이 평안치 못한 심령에는 성령의 역사가 일어나지 않습니다.

왜냐하면 하나님의 치유를 성령으로 장악된 영적인 상태에서만 일어나기 때문입니다. 고로 성령의 역사에 의한 치유의 체험을 할 수가 없는 것입니다. 영에는 항상 자유 함이 있어야 합니다. 환경이나 분위기에 눌리거나 억압당하면 성령의 역사에 의한 치유의 역사가 일어나지 않습니다.

육체가 되기 때문에 영이신 성령께서 역사 하실 수가 없는 것입니다. 질병을 치유 받으려면 말씀과 성령의 역사로 완전하게 전인격이 장악된 심령이라야 치유를 받을 수가 있습니다.

2)혼(마음)적인 상황: 마음이 산란하여 하나님에게 집중하지

못하고, 예배나 기도 시에 잡념에 잘 빠져서 다른 생각을 하고 있으니 성령의 깊은 임재를 체험하지 못하고, 성령에 장악 당하지 못하니 치유가 안 됩니다. 성도가 하나님의 뜻대로 살기로 결심하고 예수를 영접하고 살지만, 실제적인 생활 속에서 하나님의 뜻을 따르기보다는 내 뜻대로 하나님이 해주기를 바라는 믿음으로 살아가는 경우가 대부분입니다.

그리고 또 성령을 좇아 사는 법을 모르기 때문에 영적 지각이 둔해지고, 실제적으로는 하나님께 순종하지 않고 자기 뜻대로 자기감정대로 자기 생각대로 살거나 육신적으로 살아가게 되어 성령의 역사에 의한 내적치유가 되지 않게 됩니다. 성령에 의한 내적치유의 역사는 성령의 역사에 순종하고 자신의 뜻과 계획과 생각을 포기하는 자에게 나타나고, 성령의 기름이 부어지고 임하게 되므로 성령의 역사로 내적치유를 체험하게 됩니다. 그러므로 치유를 할 때는 치유에 집중하는 마음의 자세가 중요합니다. 오로지 하나님만 바라보는 것입니다.

3)육적인 상황: 육신이 허약하고, 악한 영에 집혀서 힘을 쓰지를 못하고 오래 기도를 하지 못하고 예배나 집회에 참석하더라도 육신이 약하여 오래있지를 못하니 치유가 안 됩니다. 세상을 사랑하거나 육체의 일을 끊어내지 못하면 치유가 되지 못합니다. 믿는 자란 마음이 하나님에게 열려있는 자를 말합니다. 성

령치유나 성령의 역사나 하나님의 능력에 대하여 무지하거나 마음이 닫혀 있는 고집이 있는 자나 선입관이나 편견이 있는 자에게는 성령이 역사하지 않습니다. 그래서 치유가 되지 않는 것입니다. 성령에 대한 무관심과 성령 사역에 대한 영적인 무지와 인간의 굳은 마음은 하나님의 생명이 활동하지 아니하는 결과입니다. 그러므로 사역자가 아무리 열심히 기도를 해도 치유가 되지 않는 것입니다. 겸손하게 어린 아이 같은 심정으로 성령의 역사를 받아들이는 자에게 성령은 역사하여 치유가 되는 것입니다. 겸손한 자는 온유한 마음과 부드러운 마음의 소유자입니다. 육신이 완전하게 성령에게 장악당한 상태에서 질병의 치유가 일어나는 것이기 때문에 자신의 육성을 죽이고 성령의 역사에 순복하는 자세가 중요합니다.

2.본인의 영적인 문제에 장애가 있을 때.

1) 불의: 하나님의 뜻을 벗어남, 자신의 생각에 따라 하나님을 믿으며, 믿음의 신앙의 고백이 없는 자를 말합니다. 안과 밖으로 나타나는 믿음의 행동이 없어 강퍅한 자와 똑 같습니다. 불의를 인정하고 회개하고 나와야 치유가 되는 것입니다. 하나님의 은혜는 믿는 사람에게만 해당이 됩니다.

(롬1:18)"하나님의 진노가 불의로 진리를 막는 사람들의 모든 경건하지 않음과 불의에 대하여 하늘로부터 나타나나니"

2)**불법**: 하나님의 말씀을 어김, 양심에 화인을 맞아, 죄의 고백이 없는 자를 말합니다. 이는 육체가 된 상태이기 때문에 영이신 성령이 역사하지 못하는 것입니다. 자신이 불법을 저지른 것을 인정하고 회개해야 비로소 성령이 역사하기 시작하는 것입니다.

(사59:1-3)"여호와의 손이 짧아 구원하지 못하심도 아니요 귀가 둔하여 듣지 못하심도 아니라, 오직 너희 죄악이 너희와 너희 하나님 사이를 갈라놓았고 너희 죄가 그의 얼굴을 가리어서 너희에게서 듣지 않으시게 함이니라. 이는 너희 손이 피에, 너희 손가락이 죄악에 더러워졌으며 너희 입술은 거짓을 말하며 너희 혀는 악독을 냄이라."

3)**불신**: 하나님의 능력을 믿지 않습니다. 이는 하나님을 사랑하지 않는 것입니다. 하나님을 사랑하지 않는 사람이 하나님으로부터 은혜를 받을 수 없는 것은 당연한 것입니다. 하나님은 나를 사랑하는 자는 내 계명을 지키는 자라고 하셨습니다. 불신은 하나님의 말씀을 믿지 않는다는 것입니다. 당연히 하나님에게

은혜를 받지 못하는 것입니다. 하나님은 전지전능하시어 무엇이든지 마음만 먹으면 하신다는 믿음이 부족할 때 치유가 되지 않습니다.

(마8:13)"예수께서 백부장에게 이르시되 가라 네 믿은 대로 될지어다 하시니 그 즉시 하인이 나으니라."

3. 본인의 마음의 문제에 장애가 있을 때.

1)본인의 지적인 문제에 장애가 있을 때 치유가 되지 않습니다. 본인의 선입관에 의하여 질병의 치료는 병원에서만 가능하다는 생각이나, 하나님의 치유나, 치유 사역자에 대한 불신을 할 때 치유가 되지 않습니다. 이는 성령으로 거듭난 영의 사람이 아니기 때문입니다. 성령의 사람은 하나님은 무소 부재하시어 하시지 못하는 것이 없다는 것을 믿는 것입니다.

바르게 알아야 할 것은 병원에서 고치지 못하는 병을 기도로 고치는 사례는 얼마든지 있습니다. 병원에서 현대의학으로 못 고친다는 당뇨병과 암과 백혈병 등등. 수다한 병들이 고쳐지고 있는 사실은 병은 약이나 병원에서 고친다는 사고방식에서 벗어나야 합니다. 아사 왕의 경우를 보면 알 수가 있습니다.

(대하16:12-14)"아사가 왕이 된 지 삼십구 년에 그의 발이 병들어 매우 위독했으나 병이 있을 때에 그가 여호와께 구하지 아니하고 의원들에게 구하였더라. 아사가 왕위에 있은 지 사십 일 년 후에 죽어 그의 조상들과 함께 누우매 다윗 성에 자기를 위하여 파 두었던 묘실에 무리가 장사하되 그의 시체를 법대로 만든 각양 향 재료를 가득히 채운 상에 두고 또 그것을 위하여 많이 분향하였더라."

2)본인의 감정적 문제에 장애가 있을 때 치유가 되지 않습니다. 남을 용서하여 주지 못하고, 마음에 한을 품고 있을 때에도 치유가 되지 않습니다. 환자에게 이 사실을 영분별을 통하여 분별하고 자신이 제거하도록 조언하여 주어야 합니다. 예를 든다면 과거에 받은 상처들로서 부모나 배우자 또는 기타를 용서하고 회개하여 제거해야 합니다.

(마6:15)"너희가 사람의 잘못을 용서하지 아니하면 너희 아버지께서도 너희 잘못을 용서하지 아니하시리라."

조급한 마음과 치유사역에 대한 무지로 치유가 되지 않습니다. 환자가 기도를 받아 단번에 치유되지 않거나, 혹은 기도하는 방법에 거부감을 갖게 되거나, 또는 치유 시에 일어나는 여러 성령의 역사의 현상 때문에 기도 받기를 중단하므로 치유가 되지 않습니다. 단번에 치유될 병과 시간이 걸리는 병의 치유가 있습니다. 자신을 성령이 장악하는 시간이 필요합니다. 자신이 하나님이 원하는 심령상태로 변화하는데 시간이 걸리는 것입니다. 치유를 받으려면 자신이 하나님이 원하는 수준으로 변하려고 해야 합니다.

우리가 알아야 할 것은 병의 원인과 상태만 정확히 진단할 수만 있고, 시기를 놓치지 않으면 무슨 병이라도 치유가 되는 것입니다. 끝까지 고칠 수 있다는 믿음과 확신은 질병을 치유하는 기적의 원동력이 됩니다. 저는 4년간 앉은뱅이로 있던 중풍이 걸린 할아버지를 치유하여 걸어서 교회에 다니도록 한 경험이 있습니다.

3)본인의 의지적인 문제에 장애가 있을 때 치유가 되지 않습니다. 본인이 낫고자 하는 의지가 없고 오히려 낫지 않기를 원하는 사람이 있습니다. 예를 들어 산업재해 병으로 어느 정도 완쾌한 환자는 일하는 것 보다 일하지 않고 보상을 받고 있는 편이 더 좋을 때가 있습니다. 본인의 낫고자 하는 보다 적극적인 마음의 자세가 없을 때 치유되지 않습니다. 예를 들어 말하면 요5장 2절의 베데스다 연못가의 38년 된 병자를 들 수가 있습니다.

예수님께서 '네가 낫고자 하느냐?' 물으신 이유는 38년간이

나 치유되지 않은 채로 있었기 때문에 이 환자는 병이 꼭 치유되기를 바라는 의욕이 있어 이곳에 있는 마음보다는 이제는 타성에 젖어있는 사람이 되었습니다. 이러한 사람에게 보다 더 적극적인 믿음의 자세를 요구하는 말씀입니다. 예수님의 능력으로 병을 고칠 수 있다고 믿느냐? 사역자를 순종하고 따라 오겠느냐? 무엇보다도 본인이 낫고자 하는 의지력이 치유에서는 가장 중요한 요소입니다. 히스기야는 죽을병에 걸렸어도 하나님에게 기도하여 15년 간 생명을 연장 받았습니다(사38:1-9).

4.본인의 영적인 문제에 장애가 있을 때.

의사의 무의식적인 암시에 걸려 있는 병을 예를 들 수가 있습니다. 영적인 세계에 대하여 안목이 열려 있지 않은 세상 의사가 자신의 의학적인 상식에서나 의료 수준에서 고칠 수 없다는 생각에서 환자에게 무심코 하는 말로서 "이 병은 현대의학으로는 절대로 고칠 수 없다"는 한마디가 환자에게 깊은 암시가 되어 환자 자신은 어떠한 방법으로도 고칠 수 없다는 암시가 걸려 있는 경우가 있습니다. 이런 환자들이 생각보다 종종 많으며, 우리는 대부분의 환자들이 이런 불신의 환자인지도 모릅니다. 이런 환자에게는 이 암시를 풀어주어야 합니다. 의사나 약물이 병을 고치는 것이라는 상식에서 벗어나지 못하는 사람은 이 암시에 걸려있는 환자로서 잘 치유가 되지 않습니다.

저는 의사가 불치의 병이라고 못 고친다고 하는 질병도 치유한 경험이 있습니다. 환자가 간증한 이야기를 들어보세요. "저는 5년 전부터 팔이 아프기 시작해서 귀 위까지는 올리지 못하다가 치료를 받았으나 팔꿈치 안쪽이 아프고 때로는 손에 힘이 빠져서 약간 떨림으로 커피를 타려면 손이 흔들리게 됩니다. 세수할 때면 세면대에 팔을 받치고 얼굴을 갖다 대며 씻어요. 뒷목 부분은 한쪽으로 팔꿈치를 받쳐 들고 목을 씻었어요. 성경가방(무거운 물건)을 들고 한참 걷다가 손을 들려면 팔꿈치를 받쳐 들어야하고 설거지를 좀 많이 하고 나면 한참씩 팔꿈치 안쪽이 아팠어요. 병원진단 병명으로는 테니스 엘보로서 못 고친다고 합니다. 그래서 포기하고 지내다가 충만한 교회에 와서 내적치유를 통해 은혜 받고 안수 받은 다음부터 팔이 올라가고 팔에 힘이 생겼어요. 이제 머리도 마음대로 손질하고, 세면도 하고 무거운 물건도 들수 있도록 팔에 힘이 생겼어요. 주님을 찬양합니다. 사랑합니다. 고통당하는 분들도 오셔서 은혜를 몸으로 체험하시기를 바랍니다."

인색하거나 교만하거나 완악한 영, 이기적이고 타산적인 영은 잘 치유가 되지 않습니다. 계산속으로 치유에 동참하거나 믿음생활을 하는 성도는 잘 치유되지 않습니다. 이는 아직 육신에 속해 있기 때문에 영이신 하나님의 은혜를 받지 못하는 것입니다.

하나님은 죄가 사해진 영의 사람에게 은혜를 베푸십니다. 무엇보다 마음을 정하여 사역자를 신뢰하고 맡기는 자세가 중요합니다. 마음이 굳어지면 영이 굳어지고 육신이 굳어지면 체액과 호르몬과 피의 흐름이 원활하지 못하고 굳어지게 됩니다. 사망은 굳어지는 것입니다(겔36:26). 굳은 것은 자신이 마음을 열고 회개하여 성령이 역사할 때 풀리게 됩니다. 회개하고 마음을 열고 성령의 역사를 받아들여야 합니다. 하나님의 나라를 유업으로 받지 못할 육체의 일들에 젖은 사람은 잘 치유가 되지 않습니다.

(고전6:9-10)"불의한 자가 하나님의 나라를 유업으로 받지 못할 줄을 알지 못하느냐 미혹을 받지 말라 음행하는 자나 우상 숭배하는 자나 간음하는 자나 탐색하는 자나 남색하는 자나 도적이나 탐욕을 부리는 자나 술 취하는 자나 모욕하는 자나 속여 빼앗는 자들은 하나님의 나라를 유업으로 받지 못하리라."

사단에게 완전히 매인 상태에서 전혀 자기 의지를 행사하지 못하는 영은 잘 치유가 되지 않습니다. 그러므로 이 단계에 이르기 전에 치유를 받아야 합니다. 평소에 예방신앙이 중요한 것입니다. 사단에게 완전하게 메이기 전에 치유를 받아야 한다는 것입니다. 저는 여러 곳을 방황하다가 치유의 시기를 놓쳐서 생명을 잃은 경우도 보았습니다. 질병의 치유는 시기도 중요합니다.

5.본인의 육신적인 문제가 있을 때.

질병이 기관이나 질병의 부위가 육신의 생명 기능이 완전히 마비된 상태로는 치유가 어렵습니다. 치유가 되지 않는 여러 가지 문제가 있지만 앞에서 말한 것같이 치유를 거부하는 여러 가지 암시나 부정적인 마음이 잠재의식에 깔려 있다면 안수하고, 기도한다고 치유되지 않습니다. 이러한 부정적인 잠재의식을 제거하고, 긍정적인 의식 전환이 필요합니다. 바로 이러한 문제를 해결하도록 치유 사역자를 통한 말씀으로 부정적인 의식이나 더러워진 마음을 씻어버리고, 생명의 성령의 법이 적용되어 육체의 생명 인자가 살아나도록 성령이 역사할 수 있는 상태와 조건을 만들어 주어야 합니다.

6.환경상의 문제가 있을 때

1) 질병의 원인이 되는 환경이 바뀌지 않을 때

시어머니와 고부간의 갈등의 환경이 바뀌지 않을 때 치유가 되지 않습니다. 사모가 되기 싫지만 남편이 목사라서 억지로 사모가 된 경우에도 치유가 되지 않습니다. 마음을 정리하고 회개하여 사명을 감당하겠다는 생각으로 비뀌어야 치유가 됩니다. 우상이나 귀신을 섬기는 가정환경이 바뀌지 않을 때 치유가 되지 않습니다. 부부간의 갈등의 골이 너무 깊은 경우에도 치유가 되지 않습니다. 이 모든 요소들은 육체의 활동입니다. 하나님은 육체하고는 관계를 하지 않기 때문에 치유를 받을 수가 없는 것입니다. 그러므로 치유가 되지 않는 요소를 찾아서 해결하게 해야 합니다. 육체의 일을 회개하지 않는 한 치유는 일어나지 않습니다. 마음을 열고 성령으로 기도하여 죄를 회개해야 합니다.

기도로 고쳐져도 인간의 환경에 아주 민감한 반응을 일으키는 동물이지만 마음을 가진 존재이기 때문에 그 마음이 영향을 받지 않아야 하는 것입니다. 뿐만 아니라, 사람은 영적 존재이기 때문에 이 영적 세계의 보이지 않는 영향은 엄청납니다. 이러한 영적 영향이 가족으로부터 계속 되는 경우는 질병은 고쳐지지 않는 경우를 보게 됩니다.특별히 믿음이 약한 사람이나 우상의 세력이 강한 가정에는 이러한 질병을 고치려는 환경을 바꾸어 주어야합니다. 병을 고친 후 이러한 환경에 다시 돌아가면 재발하게 됩니다. 치유 받던 성령의 역사를 주마다 체험해야 한다는 것입니다.

2)질병의 원인이 되는 조건이 바뀌지 않을 때.

한마디로 옛사람이 그대로 살아있는 사람에게는 치유가 되지 않습니다. 영의 사람으로 변해야 합니다. 하나님의 치유를 받으려면 술, 담배, 약물 등은 끊어야 하며, 특별히 신경 안정제가 섞여있는 약물 복용은 약물효력이 사라지는 약15~30일 정도의 기간이 지난 후에 기도해야 합니다. 기도한 후 계속 복용하면 효력이 없습니다. 약물이 치유를 일으키는 경우가 있지만 약물이나 수술에 의한 치유는 하나님의 치유 방법의 근원적인 치유를 역행하는 방법이기 때문에 근본적인 치유가 아니라, 대개는 문제를 임시 처방하는 것에 불과 합니다. 만성병이 거의가 약으로 치유할 수 없는 이유는 바로 여기에 있고, 수술 후에 다시 재발하거나 더욱 악화되는 현상은 이러한 인간의 생명 법칙에 순응하는 치유 방법이 아니라 질병에 대한 대응 치료법이기 때문입니다.

거의 대부분의 모든 약물 복용은 치유 기도의 성과를 방해합니다. 약물을 의지하기보다 하나님을 의지하는 믿음이 필요합니다. 그러나 어떤 환자는 약물을 복용하거나 투여하면서 하나님의 치유를 적용해야 할 경우도 있습니다. 환경이나 조건이 바뀌든지 환경이나 조건을 극복할 수 있는 믿음과 영적인 능력이 필요합니다. 영적자립하는 신앙이 필요하다는 말입니다.

특별히 중한 환자는 보호자의 특별한 관심이 필요합니다. 내가 지금까지 환자를 치유하며 임상적으로 체험한 바로는 보호자가 관심을 가지고 함께 데리고 다니면서 치유를 받는 사람은 다른 사람에 비하여 치유가 빨리 되었습니다.

그러나 중한 환자인데 보호자가 관심을 두지 아니하니 치유가 잘 되지를 않았습니다. 이것은 영적인 논리로 보면 맞아떨어지게 됩니다. 마음이 하나 되지 못한 것입니다. 한 가정에 두 가지 영이 흐른다고 보아도 맞습니다. 영적인 것, 악한 영의 역사를 인정하는 것도 대단히 중요합니다. 귀신역사를 인정하지 않으면 연단의 기간이 길어지거나 치유의 은혜를 받지 못합니다.

7.사역상의 문제가 있을 때.

1)사역자의 진단착오로 기도의 사역방법이 잘못됨으로 치유가 안 됩니다. 정신질환과 귀신들림을 구별하지 못함으로 사역방법이 잘못 됨으로 고쳐지지 않을 때가 있습니다. 의사는 귀신들린 영적인 병을 정신병으로 다스리고 목사는 정신병을 귀신들린 병으로 진단에 대한 착오를 합니다.

2)사역자의 사랑, 능력, 은사 등의 부족함에도 원인이 있을 수 있습니다. 사랑을 주는 동물, 식물, 화초는 잘 자라지만 소홀하면 죽게 된다는 것을 알아야 합니다. 능력이나 은사의 부족으로 영적인 병을 예수 믿는 사람에게 무슨 귀신이 있느냐는 식의 영적 무지는 질병을 방치하기도 하고, 혼의 질병의 원인을 파악하지 못하고 방치하여 악화시키거나 치유가 일어나지 않기도 합니다. 치유 사역자는 부단하게 영성을 깊게 하는 노력을 해야 합니다.

성령치유 사역자는 부단하게 치유에 대하여 이론을 연구하고 노력해야합니다. 세상의 의사가 취급하지 않는 귀중한 영혼을 담당하기 때문에 세상 의사보다 더 전문성이 있어야 합니다.

3) 사후 조치를 잘못한 경우에 재발되어 치유를 부인하는 경우도 있다(마12:45 일곱 귀신). 다시 죄를 범하든지, 혹은 감사하지 않는 인색한 마음이라든지, 귀신의 영향 하에 있는 분위기로 다시 방치하든지 하면 재발하게 됩니다. 치유당시와 같은 성령의 역사가 일어 날 수 있는 심령의 상태를 유지하도록 해야 합니다. 자신이 영적 자립을 하여 영적투쟁을 할 수 있는 단계까지 능력 있는 사역자의 지도를 받아야합니다.

8. 인간이 헤아릴 수 없는 하나님의 섭리가 있을 때

하나님의 승인에 의한 마귀의 저주가 풀리지 않아서 우상 숭배의 죄는 삼사 대까지 마귀의 저주가 임한다(출20:5)고 했습니다. 많은 분들이 하나님의 저주는 무엇이고, 마귀의 저주는 무엇인가 질문을 합니다. 하나님은 저주하지 않습니다. 단지 사람이 육체가 되어 영이신 하나님의 말씀을 듣지 못하니 상관하지 않는 것입니다. 하나님은 영이십니다. 영이신 하나님과 통하려면 성령으로 거듭나 영적인 상태가 되어야 가능한 것입니다. 인간의 죄 문제가 해결이 되지 않으면 절대로 하나님과 통할 수가 없습니다. 사람이 육체가 되어 하나님과 교통하지 못하니 하나님이 상관하지 않는 것입니다.

하나님이 버리니 옛 사람의 주인인 마귀가 와서 저주하는 것입니다. 왜 마귀가 저주할까? 하나님처럼 사람에게 경배를 받으려고 저주하는 것입니다. 사단은 하나님처럼 사람에게 경배를 받는 것을 아주 좋아합니다. 그래서 하나님을 반역한 것이 사단입니다. 하나님의 자리가 너무나 좋으니 하나님과 같이 되려고 반란을 일으킨 것입니다. 그래서 하나님에게 쫓겨나 사단이 된 것입니다.

우리는 절대로 하나님의 자리를 넘보지 말아야 합니다. 질병을 치유 받으려면 하나님에게 불순종 하므로 발생한 귀신의 저주를 풀기 위해서는 번제가 드려져야 하나, 심령을 찢는 회개가 없고, 마음과 정성이 드러나지 않으니까 마귀의 저주가 풀리지 않기 때문에 치유가 않습니다. 그래서 환자는 "하나님 어찌하여 이러한 질병이 나에게 왔으며 어찌하여 치유되지 않습니까?"라는 화살 같은 기도를 성령 안에서 하는 훈련이 필요합니다.

하나님께서 치유하지 못하는 질병은 없습니다. 환자는 하나님께 나와서 메달리며 기도해야 합니다. 하나님께 집중하며 기도하면 아무리 불치의 질병이라도 치유하여 주십니다. 하나님은 만병의 의사이십니다.

11장 안수 사역을 숙달하는 비결

(행19:6-7)"바울이 그들에게 안수하매 성령이 그들에게 임하시므로 방언도 하고 예언도 하니 모두 열두 사람쯤 되니라"

하나님은 목회자의 권위를 나타내기 위하여 안수 사역을 하기를 원하십니다. 모두 안수 사역으로 성도들의 믿음을 활성화하는 사역자들이 다 되기를 바랍니다. 안수 사역은 영적인 사역 중에서 대단히 중요한 사역입니다. 그런데 일부 목회자는 안수사역을 하지 않는 분들도 있습니다. 그러나 성경을 보면 예수님도 병자들을 안수하여 치유한 사례가 많이 있습니다.

"열 여덟 해 동안이나 귀신 들려 앓으며 꼬부라져 조금도 펴지 못하는 한 여자가 있더라. 예수께서 보시고 불러 이르시되 여자여 네가 네 병에서 놓였다 하시고 안수하시니 여자가 곧 펴고 하나님께 영광을 돌리는지라."(눅13:11-13)

우리는 예수님의 치유사역의 본을 따라야 합니다. 저는 지금까지 십년을 넘게 성령치유 사역과 성령의 세례를 베푸는 사역을 했습니다. 그런데 안수를 하지 않을 때보다 안수를 할 때 더 강력한 치유의 역사가 일어났습니다. 그러므로 성령사역을 하는 사역자는 안수 사역를 하는 것이 좋습니다.

안수 사역시 영적 기름부음에 대한 집중을 해야 합니다. 즉, 안수 사역시 성령의 불이 들어가는가, 안 들어가는가? 어떤 느낌이 감지되는가? 어떤 기름부음이 오는가? 어떤 사람이 넘어지고 안 넘어지는가? 어떤 안수 방법을 사용할 것인가? 등등을 성령의 초 자연적인 계시로 알아서 사역을 해야 합니다. 예를 든다면 불안수를 할 것인가? 손안수를 할 것인가? 눈안수를 할 것인가? 질병이나 통증이 일어나는 특정 부위에 안수할 것인가는 성령의 감동에 따라 행해야 합니다.

1. 안수 사역의 기능

안수를 어떤 부위에 할 것인가? 질문하는 분들도 있을 것입니다. 사람에게는 각각 부위별로 혈이 있습니다. 혈이 많은 부위에 손을 얹고 안수를 하면 됩니다. 예를 든다면 머리에는 백회라는 혈이 있습니다. 백회의 혈 부위에 손을 얹고 안수 사역을 하면 되는 것입니다. 발바닥의 경우는 용천혈이 있습니다. 이 부분에 손을 얹고 안수하면 혈을 통해서 성령의 불이 들어가 성령의 역사가 잘 일어나는 것입니다. 안수 사역을 하는 방법은 다음과 같습니다.

① 축복 기도는 말 그대로 축복하면서 기도하는 것입니다(창 48:9-14).

② 눈에 대한 안수 사역은 이렇게 합니다. 눈에는 혈이 많이 있습니다. 그러므로 양손가락을 눈과 눈 위의 뼈 부분을 겹치게 대고 성령의 불을 집어넣는 것입니다. 주의해야 할 것은 눈을 압박

하면 눈이 터질 수도 있으니 가만히 눈 위에 손가락을 올리고 안수하면 될 것입니다.

③ 손에 대한 안수는 손바닥에 혈이 많이 있습니다. 살며시 손바닥을 마주치면서 안수하면 됩니다. 특별히 이성간에는 주의가 요구됩니다.

④ 머리의 불안수는 피 사역자를 바르게 눕게 하고 머리에 오른손을 얹고 안수하면 되는 것입니다. 이 때 피 사역자에게 호흡을 들이쉬고 내쉬면서 안수를 받으라고 해야 합니다. 호흡은 성령의 역사를 돕는 활동인 것입니다.

⑤ 발에 대한 안수사역은 발바닥의 용천부위에 손을 얹고 안수하는 것입니다. 저는 특별한 사람에게만 합니다. 저는 저의 사모 외에 다른 사람에게 한 번도 발안수를 하지 않았습니다. 저의 사모는 저에게 발 안수를 많이 받았습니다. 지금 성령의 역사가 강하게 나타나고 있습니다. 어떤 날은 저에게 발 안수를 받고 몸이 뜨거워서 잠을 제대로 자지 못한 날도 있었다고 했습니다. 성령의 강력한 불이 들어가 머리끝까지 올라갑니다.

우리가 영적인 사역자, 성도가 되려면 안수하는 것을 두려워하지 말아야 합니다. 또한 안수 받는 것도 두려워 말아야 합니다. 그리고 실패를 두려워하지 말아야 합니다. 내가 한다고 생각을 하지 말고 전적으로 성령께서 하신다고 생각하고 편안하고 자연스럽게 손을 얹고 안수하면 됩니다. 많은 목회자가 안수 사역을 꺼리는 이유는 자신이 안수한 후에 질병이나 문제가 해결되지 않으면 망신을 당할 위험성이 있으니 안하는 것입니다. 그러나 성령의 역사는 전적으로 하나님의 뜻입니다. 치유가 되어도 하나님이 치유하신 것입니다. 치유가 되지 않아도 하나님이 하지 않은 것입니다. 그러므로 성령치유 사역자는 실습 대상을 많이 만들어서 안수사역을 많이 해보아야 합니다. 그래야 담대함이 생깁니다. 안수 역시 안수 사역자는 권능이 있어야 하고, 안수를 받는 사람은 믿음이 있어야 합니다. 그리고 하나님의 역사가 함께해야 치유나 문제의 해결의 역사가 일어나는 것입니다.

안수 사역은 눈으로 보는 것이 아니라 성령의 임재로 느끼는 감동으로 보는 것입니다. 그러므로 안수를 많이 해보아야 합니다. 그러면 자연스럽게 느끼고 알 수가 있습니다.

2. 안수에 대한 견해들

① 케네스 해긴 목사 "나는 기적을 믿는다."의 저자의 경우는 안수는 교회사역에 있어서 행하는 사역자와 행하지 않는 사역자와는 근본적으로 틀립니다. 그 이유는 안수를 행하는 사역자에게는 성령께서 피사역자가 권위를 느끼게 만들어줍니다.

예를 든다면 어떤 교회는 목회자가 설교와 다른 것들은 별 볼일 없는데도 그 교회가 충만한 이유는 그 목회자가 예배 후에 30분 이상 통성 기도를 하게 한 후에 안수사역을 하기 때문입니다. 그런데 안수를 안 하면 교회에 문제가 생긴다고 합니다. 저에게는 많은 목회자가 찾아오셔서 상담을 합니다. 와서 이구동성으로 하는 말이 안수를 하지 않았더니 교회에 문제가 생겼다고 합니다.

안수를 하세요. 안수를 자주 받으세요.

② 오랄로버츠 목사의 경우는 오른 손의 민감성을 이용합니다. 즉 그는 안수를 하면서 그 사람에 대한 영적 상태를 알아낸다고 합니다.

③ 저의 경우도 오른 손의 민감성을 이용하여 사역을 합니다. 손을 얹으면 상대의 심령의 상태나 영의 막힘 등의 문제가 저의 손을 통하여 영으로 전이 되어 알게 됩니다. 이는 무어라고 글로 표현하기가 좀 난해합니다. 제가 조언하여 준다면 안수를 많이 해보라는 것입니다. 그러면 자연적으로 습득하게 될 것입니다.

3. 안수사역자가 알아야 할 사항

안수 받을 때 불세례를 체험합니다. 성령은 뜨겁게 기도하며 사모하는 자에게 역사하시어 체험하게 하십니다. 성령으로 뜨겁게 기도하는 자에게 안수 할 때 성령의 불세례가 임합니다.

"이에 두 사도가 저희에게 안수하매 성령을 받는지라"(행 8:17)"바울이 그들에게 안수하매 성령이 그들에게 임하시므로 방언도 하고 예언도 하니"(행19:6)

이 말씀은 안수 자로부터 성령의 능력의 전이현상이 일어남을 의미합니다. 그러나 성령의 능력이 전이가 일어나는 사람이 있고 전이되지 않는 사람이 있습니다. 능력의 전이가 일어나는 사람은 마음이 열려 성령이 역사할 수 있는 심령이 준비된 영적인 사람입니다. 성령의 능력의 전이가 이루어지는 사람은 영적 교류가 이루어지고 있는 성령의 역사에 장악당한 사람입니다. 안수하는 사역자와 영적 교류가 이루어 질 수 있는 사람은 이는 믿음으로 받아드리는 사람이며 마음이 열려 있는 사람입니다. 강하게 성령의 능력전이가 이루어지면 안수 할 때 회개가 터지기도 하고, 방언이나 예언이 터지기도 하며, 질병이 치유되기도 하며, 잠복된 귀신이 발작하기도 하며 때로는 넘어지기도 하며, 혼수상태에 빠질 수도 있으며 심하면 입신의 경지에 이르게도 됩니다.

저는 보통 성령 집회 할 때에 안수를 많이 하는 편입니다. 그래서 안수 사역에 대하여 체험을 많이 했습니다. 그러나 아무렇게나 안수를 한다고 성령의 불세례를 받는 것이 아닙니다.

안수사역을 하는 영적인 방법이 있습니다. 우선 상대방이 안수를 받으려고 마음의 문을 열어야 합니다. 마음의 문이 열려서 안수를 받아야 성령의 역사가 일어나는 것입니다. 저는 상대방이 마음의 문이 열렸는지, 안 열렸는지 신체 일부에 손을 얹어보면 당장 압니다. 하도 안수를 많이 해왔기 때문입니다. 그러면 마음이 열린 사람에게 먼저 안수를 합니다. 마음이 열리지 않은 사람은 기다리는 것입니다. 보통 다른 사람이 안수 받고 성령으로 충만해지면 마음을 열게 됩니다. 그러면 손을 얹고 안수를 합니다.

한 손은 머리에 얹고, 한손은 등 뒤에 얹고 안수를 합니다. 그러면서 안수를 받는 사람에게 호흡을 하게 합니다. 호흡을 들이쉬고 내쉬라고 합니다. 이는 성령이 역사할 수 있도록 통로를 열어드리기 위하여 하는 영의 활동입니다. 그러면서 가만히 손을 얹고 안수를 합니다.

사역자는 이러한 사람들에게 안수 할 때는 성령의 능력이 빨려 들어가는 듯한 느낌을 느끼거나 안수 받는 자는 뜨거운 기운이 자신에게 들어오는 것을 지각하게 됩니다. 성령이 더욱 강하게 역사하는 상태와 조건을 이해하는 것이 능력이며, 말씀과 진리를 똑바로 알고 영적인 맥을 뚫어 평소에 영분별이 있는 영성훈련과 기도훈련으로 더 큰 능력이 전이 될 수가 있습니다. 능력의 전이가 일어나지 않는 사람은 그리스도인이라 할지라도 말씀으로 영이 깨어나지 않는 영적인 어린아이 즉 육신적인 사람입니다. 여러 가지 장애 요인을 가지고 있는 사람으로서 ①영적 장애 또는, ②혼적 장애 혹은 ③육체적 장애를 지니고 있는 사람입니다.

안수할 때 이러한 것을 말해 속칭"기도가 쑥쑥 잘 들어간다."라고 말하기도 하며 생퉁이라서 "전혀 돌덩이 같다"라고 하기도 합니다. 사역자는 이러한 능력의 전이 현상이 잘 이루어지지 않는 장애요인을 잘 알고, 사역자는 영적인 장애를 제거하는 자신 만의 방법을 가지고 있어야 효과적인 성령사역을 할 수가 있습니다.

이런 장애가 있는 사람은 말씀과 영의기도 찬양을 통하여 장애요인을 제거해야 합니다. 그러므로 사역자나 피 사역자 공히 성령충만을 받는 자기 방법을 개발하여 자기 자신을 훈련시키며, 심령이 어린아이의 심령이 되는 영성훈련을 통하여 예수의 생명과 능력이 나타날 수가 있는 것입니다. 성도들에게 나타나는 이 장애요인을 처리 할 수 있도록 할 수 있는 자가 성령치유 사역자요, 영성

훈련을 인도하는 인도자가 될 수 있습니다. 이러한 영적 혼적 육신적인 장애요인을 잘 이해하고 분별하는 것이, 육신의 질병의 원인이나, 영과 혼 즉 심령의 문제를 진단하는 영안이 열리는 요인 중에 하나요, 하나님의 나라를 이해하고, 진리를 헤아리게 되는 열쇠라 할 수 있습니다. 구체적이고 세밀한 것은 각 장마다 설명되어지는 부분을 서로 연결하여 이해하게 되면 성령의 불세례를 베풀고 받는 영적인 원리의 맥을 뚫게 됩니다.

> "내 말과 내 전도함이 지혜의 권하는 말로 하지 아니하고 다만 성령의 나타남과 능력으로 하여 너희 믿음이 사람의 지혜에 있지 아니하고 다만 하나님의 능력에 있게 하려 하였노라"(고전 2:4-5) "우리 산 자가 항상 예수를 위하여 죽음에 넘기움은 예수의 생명이 또한 우리 죽을 육체에 나타나게 하려 함이니라" (고후4:11)

제가 성령치유 사역을 하며 안수 할 때 많은 분들이 성령의 불세례를 체험합니다. 십년 이상을 성령체험하려고 이곳저곳을 헤매고 다녀도 성령을 체험하지 못한 분들도 몇 번만 안수 받으면 성령의 불세례를 체험합니다. 성령은 말이 아니고 실제라는 것을 체험합니다. 그리하여 많은 분들이 마음의 상처가 치유되고 구습이 치유되어 영적으로 변하니 한번 오시면 계속해서 오시면서 성령의 은혜를 체험합니다. 그리하여 목회자는 영계와 영안이 열려 목회의 길이 열려 목회를 잘하고 있습니다. 성도들은 불치의 질병이 치유되고 부부관계가 회복되고 재정의 문제가 풀리니 모두들 기뻐하고 있습니다.

1) 안수 능력을 강화시키는 원리와 착안사항. 몇 사람을 놓고 각각에 대하여 안수를 시험해 보라는 것입니다. 그러면 각 사람에 대한 서로 다른 느낌이 있음을 알게 됩니다. 그것이 안수사역의 유익한 점입니다. 같은 사람에게 그냥 얼굴만 보고 감동을 대언을 해보고, 다시 안수하면서 감동을 대언 해보세요. 손을 얹고 감동을 대언하는 경우 더 명확한 감동의 대언을 할 수 있음을 알게 될 것입니다. 이것이 안수의 놀라운 능력입니다. 좌우지간 두려움을 버리고 많이 해보아야 합니다.

2) 안수시 생각할 점. 안수할 때 능력이 흘러들어가는가, 들어가지 않는가? 영적 사역자는 이 부분에서 민감해야 합니다. 일단 안수가 들어간다면 거기에는 어떤 희망이 있기 때문입니다. 만약 안 들어간다면 방해하는 세력을 분별하면서 제거하라. 영적인 눌림이 있다는 것입니다. 눌림을 제거해야 안수가 들어갑니다. 분별하고 명령하여 눌림을 제거하세요. 그래도 안 되는 경우 금식을 하게 하세요. 안수 사역시 자신이 지금 자신의 영이 어떠한 상태인가 자각할 줄 알아야 합니다. 자신의 영적인 상태를 아는가? 내 영의 감각으로 사역을 하는 지. 즉, 성령의 깊은 임재 하에 있는지. 성령이 충만한 상태인지. 아니면 내 혼의 감각(머리=지식)으로 사역을 하는지를 알아야 합니다. 분별하여 만약에 혼의 감각으로 사역을 한다면 고치고 발전시켜야합니다.

예를 든다면 내 영이 어디에 있는가? 내 영이 아래로 내려앉은 경우는 이렇습니다. 성령으로 충만하지 못하여 영이 침체 시에는 졸리기도 하고, 기도가 안 되고, 짜증이 잘 나고, 마음이 우울하고, 가슴이 답답하기도 합니다. 실제로 악령이 역사하면 영을 아래로 누르고 밀어 내립니다. 악령은 우리의 마음 안에 있는 영을 압박하여 충만하지 못하게 영을 누릅니다. 사역자는 자신의 영을 분별할 줄 알아야 합니다.

많은 사람들을 대상으로 성령집회를 인도할 때 자신의 영이나 피 사역자의 영이 눌려 있다면 영을 깨워야 합니다. 시간이 있고 장소가 허락되면 일으켜 세워서 영적인 찬양을 두곡정도 부르고, 피 사역자들에게 호흡을 들이쉬고 내쉬라고 하면서 성령의 불! 성령의 불하면서 불을 던지세요. 영이 눌려있으면 그 사람의 영적인 상태가 가리 워서 보이지 않으니 영을 깨워서 영이 눌림에서 뜨게 해야 합니다. 만약에 자신의 영이 눌려있다면, 호흡을 깊게 하면서 배에서 나오는 발성기도나 방언기도를 충분히 하여 자신의 영의 상태가 충만하게 된 다음에 사역에 임하는 습관을 들여야 합니다. 절대로 혼적인 사역이 되지 않도록 해야 합니다. 혼적인 사역이 길어지면 자신에게 육적인 문제가 나타나기도 합니다.

3) 안수 받는 사람이 알아야 할 사항

안수 받을 성도는 안수사역을 하는 사역자의 신앙상태를 알아야 합니다. 보이는 면만 보지 말고 열매를 보아야 합니다. 제가 지금까지 체험한 바로는 5년 이상 성령사역을 했는데 시시비비가 없었다면 문제가 없는 사역자입니다. 사역자가 믿을만 하다면 안수를 받는 것입니다. 사역자가 머리든지 어느 특정부위든지 손을 얹고 안수할 때 안수를 받는 성도는 다른 말이나 행동을 하지 말아야 합니다. 그냥 호흡을 들이쉬고 내쉬면서 사역자에게서 역사하는 성령의 기름부음을 끌어들이는 것입니다. 이때 호흡은 최대한 크게 해야 합니다. 호흡을 하는데 호흡이 배꼽아래까지 들어오도록 최대한 크게 호흡을 해야 사역자에게 역사하는 성령의 기름부음을 끌어들일 수가 있습니다. 숨을 깊이 들이쉬면서 사역자에게서 역사하는 성령의 불을 끌어들이는 것입니다. 깊은 호흡을 하면서 성령의 불을 끌어들이시기 바랍니다. 어느 정도 시간이 지나면 자신에게서 성령의 역사가 나타납니다. 이때에는 성령께서 하시는 일에 크게 반응해야 합니다. 이때 말과 행동에 있어서 크게 반응하기 바랍니다. 성령께서 하라는 대로 순종하는 것이 좋습니다. 될 수 있으면 크게 반응을 하는 것이 좋습니다. 더 강하게, 으으으아 뜨거워하면서 성령의 역사하심을 환영하고 받아들여야 합니다. 떨리면 떨어야 합니다. 울음이 나오면 울어야 합니다. 성령은 인격이기 때문에 자신이 받아들이는 만큼 역사하는 것입니다. 그러므로 성령께서 역사하는 대로 따라가는 것이 좋습니다. 이렇게 성령의 불을 끌어들이면 성령의 불세례가 임합니다. 말로 표현 할 수 없는 뜨거운 성령의 불을 체험하게 됩니다.

4) 영이 눌려있거나 자고 있을 때 해결하는 방법

① 영을 깨우라 입니다. 안수하며 피 사역자에게 호흡을 깊게 들이쉬고 내쉬라고 하고 명령하세요. 묶임은 풀릴지어다. 막힌 영은 뚫어질지어다. 자는 영은 깨어날지어다. 영의 통로는 열릴지어다. 하면서 영에게 명령하세요, 이때 본인이 아멘!, 아멘! 하고,

배에서 나오는 소리로 주여! 하고 부르짖게 하세요. 다른 방법 호흡을 최대한 깊게 들이쉬고 내쉬게 하세요.

② 영을 뜨게(올라오게)하라 입니다. 안수하면서 그 영혼에게 "영은 깨어날지어다." "영은 깨어날지어다." "막힌 영은 뚫어질지어다." "영의 기도가 터질지어다." "눌린 영은 올라올지어다." "영은 깰지어다." "영은 깨어날지어다." "깊은 곳에서 성령의 능력이 올라올지어다." "영의 기도가 터질지어다." "영을 막고 있는 악한 영은 떠나갈지어다." 하며 영에게 명령하세요. 그 이유는 귀신이 그 사람의 상처를 이용하여 영을 압박하고 누르기 때문입니다.

악한 영에게 강하게 눌린 사람의 경우에는 풀어, 풀어, 하면서 "영을 압박하는 귀신은 떠날지어다." "기침으로 올라올지어다." 본인에게는 깊게 호흡을 하면서 주여! 주여! 기도하라고 하여 막힌 영의 통로를 뚫어야 합니다.

③ 그저 성령을 흘려보내는 것입니다. "성령님 임하소서, 평안하게 하소서." 그러면서 본인에게는 호흡을 들이 쉬고 내쉬고 하라고 하면서 안수하세요. 그리고 명령하세요. "성령으로 장악이 될지어다." "평안이 임할 지어다." "막힌 영의 통로는 열릴 지어다."하고 낮은 소리로 명령하면서 1-2분간만 안수하세요. 너무 길게 하면 성령의 역사가 밖으로 나타나 성도가 두려워할 수도 있습니다.

세 가지 방법 중에 첫째 방법과 두 번째 방법은 성령의 체험을 한 성도에게 하는 것입니다. 강력한 성령의 역사가 나타나는 방법입니다. 그러므로 초신자들에게는 하지 않는 편이 좋습니다. 성령의 역사를 이해하지 못하여 두려워할 수가 있습니다. 아직 성령 체험을 하지 않은 초신자들에게 세 번째 방법이 가장 좋은 방법입니다. 좌우지간 안수를 많이 해서 시행착오를 겪어야 이를 이해할 수가 있습니다.

4. 안수를 받고 불세례를 받은 사례.

할렐루야! 먼저 나의 영육의 병을 치료하여 주신 하나님께 감사와 영광을 돌립니다. 그리고 매 시간마다 안수와 기도를 해주신 목사님과 사모님께 감사를 드립니다. 저는 서울 신사동에서 목회를 준비하고 있는 최○○ 목사입니다. 4년 전에 하나님의 은혜로 서울 강동에서 개척을 하여 목회를 하다가 도무지 교회가 되지를 않아서 다른 지역으로 이전을 하려고 준비하던 중 경제적인 어려움이 있어 목회를 접게 되었습니다. 그 후 우리 가정에 물질적으로 영적으로 환경적으로 너무나 어려운 일들이 찾아오게 되어 정말 하루하루를 살아가는 것이 지옥 같은 생활이었습니다.

그러던 중 우연한 기회에 기독 서점에 들렀는데 **"영의통로가 뚫려야 성공한다"** 와 **"기독교인의 인생문제 치유하기1.2권"** 라는 책을 구입하여 읽게 되었는데 거기에 충만한 교회에서는 주마다 성령내적치유집회를 한다는 글을 보게 된 것이 계기가 되어 충만한 교회를 알게 되었고 치유집회에 참석하게 되었습니다.

치유집회 참석하는 첫날부터 아주 놀라운 하나님의 역사가 나에게 일어났습니다. 불같은 성령의 역사가 나를 장악했습니다. 정말 뜨거웠습니다. 목회를 잘해보려고 성령의 불의 역사가 있는 곳이라면 안 가본 곳이 없을 정도로 다 다녀 봤는데 정말 강한 불을 체험했습니다.

목사님이 기도시간마다 안수할 때 뜨거운 성령의 불의 역사로 내 마음속의 깊은 상처와 더럽고 추한 악한 것들이 괴성을 지르면서 떠나는 것을 보게 되었습니다. 집회를 한 두주 참석하다보니까, 진정한 내가 보여지고, 내 속의 모든 문제들이 치유되면서 하나님의 평강이 내 마음 가운데에 임하면서 감사와 찬송과 기쁨이 찾아오게 되었고 생활의 활력이 넘쳐 나게 되었습니다.

또한 내가 왜 이렇게 영육으로 고통을 당했는지 알게 되었습니다. 그리고 왜 목회를 할 때마다 실패를 하는지도 알게 되었습니다. 그래서 먼저 내안에 있는 잘못된 원인을 알게 되니 무엇보다도 감사했습니다.

계속 은혜를 받아 장기적으로 집회에 참석하겠다는 믿음이 생겼습니다. 그래서 계속 참석한지 몇 달이 지나서 하나님은 나에게 아주 놀라운 은혜와 성령의 은사들을 주셨습니다. 상대방을 보면 과거와 미래가 다 읽어지는 지식의 말씀의 은사와 예언의 은사가 나타났습니다. 목사님에게 상담을 했더니 조금 더 치유 받고 사용하라고 권면해 주셨습니다. 앞으로 이 은사를 개발하여 교회를 다시 개척하여 목회할 때 사용할 것입니다. 제가 교회를 두 번 개척하여 실패를 하고 보니 목회는 말같이 쉽게 되는 것이 아니라는 것을 알게 되었습니다. 내 안에서 성령의 역사가 있어야 한다는 것을 알게 되었습니다. 이제 집에 가서 사모와 아들을 안수 기도할 때 성령의 역사가 일어나 사모가 치유되고 우리 아들도 치유가 잘 이루어집니다. 그리고 무엇보다도 많은 영적인 체계적인 지식을 쌓고 있다는 것입니다. 정말 이곳은 사람을 영적으로 변화 시키는 정말 성령의 역사가 있는 곳입니다.

매주 다른 과목을 배우고 성령으로 기도하고 목사님 안수할 때 치유 받고 성령의 불을 받았습니다. 제가 여기 와서 이제 목회에 자신감이 생겼습니다. 분명히 성령하나님은 저에게 다시 기회를 주실 것이라는 믿음을 가지고 개척을 위해 준비하고 있습니다. 이 제 어디에 가서 개척을 하더라도 자신감이 넘칩니다. 성령의 역사가 저와 함께 한다는 것을 체험하자 자신감이 생깁니다.

그리고 담대함도 생깁니다. 저를 이곳에 인도하신 하나님께 감사와 영광을 돌립니다. 그리고 매 시간 영적인 말씀과 체험으로 강의를 해 주시고 안수기도로 치유하여 주시는 목사님 사모님에 게 감사를 드립니다. 모든 영광을 하나님에게 돌립니다. 하나님이 저에게 주신 성령의 권능 하나님나라 확장에만 사용하겠습니다. 감사합니다.

성령의 역사와 안수 사역에 대하여 좀더 알고 싶은 분은 "성령의 불로 불세례 받는 법"을 참고 하시기를 바랍니다.

12장 치유의 원리를 숙달하는 비결

(고전 2:10-12)"오직 하나님이 성령으로 이것을 우리에게 보이셨으니 성령은 모든 것 곧 하나님의 깊은 것까지도 통달하시느니라. 사람의 일을 사람의 속에 있는 영외에 누가 알리요 이와 같이 하나님의 일도 하나님의 영외에는 아무도 알지 못하느니라. 우리가 세상의 영을 받지 아니하고 오직 하나님으로부터 온 영을 받았으니 이는 우리로 하여금 하나님께서 우리에게 은혜로 주신 것들을 알게 하려 하심이라"

하나님은 성도들의 질병을 치유하여 주십니다. 하나님은 질병을 치유하여 주시는 이유가 하나님의 군사를 만들기 위해서 치유하여 주십니다. 그렇기 때문에 하나님의 치유의 목적을 바르게 알고 적용해야 영육의 치유가 되는 것입니다. 하나님께서 영육의 질병을 치유하십니다. 하나님은 영이십니다. 그러므로 영육의 질병을 치유 받으려면 영적인 상태가 되어야 하나님께서 치유하실 수가 있는 것입니다. 육적인 상태에서 아무리 악을 쓰고 매달려도 영이신 하나님께서 치유하실 수가 없는 것입니다. 사역자나 환자나 할 것 없이 영적인 상태가 되어야 하는 것입니다. 영적인 상태가 되는 것은 사람의 힘으로 되는 것이 아니고 성령의 임재 하에 영적인 상태가 되는 것입니다. 성령으로 충만한 영적인 상태만 되면 아무리 깊은 질병이나 상처나 귀신역사나 할 것 없이 치유가 되는 것입니다. 문제는 어떻게 성령이 역사할 수가 있는 영적인 상태가 되는 가에 있습니다. 먼저 치유하는 사역자가 성령의 깊은 임재로 깊은 영적인 상태에 들어갈 수가 있어야 합니다. 치유는 사역자에게 역사하는 성령의 역사를 환자에게 전이시켜 환자의 심령에서 성령의 역사가 일어나게 해야 가능한 것입니다. 사역자는 자신에게 역사하는 성령의 역사를 환자에게 전시키는 비결을 터득해야 합니다. 문제는 사역자에게 역사하는 성령의 역사만큼 치유가 된다는 것입니다. 그러므로 사역자는 부단하게 성령으로 기도하여 자신이 깊은 차원에 이르도록 훈련해야 합니다. 환자는 깊은 차원에 수시로 들어가는 사역자를 만나야 합니다.

1. 영육의 문제의 근원은 잠재의식에 있다.

사람의 문제는 보이는 차원이 아닌 잠재의식, 영의 차원입니다. 그러므로 잠재의식보다 깊은 차원의 역사가 있어야 치유가 되는 것입니다. 우리는 바르게 알아야 합니다. 세상에서 하는 심리치유이니, 찬양치유이니, 그림치유이니 하는 것은 겉만 치유하는 것으로 근본치유가 불가능한 것입니다. 사람의 영육의 문제는 모두 잠재의식, 무의식에 자리 잡고 있습니다.

그렇기 때문에 근본적인 치유는 영적 치유밖에 없습니다. 다시 말해서 성령치유 외에 다른 치유의 방법이 없다는 것입니다.

성령으로 깊은 역사가 일어나야 무의식 잠재의식의 문제가 치유되는 것입니다. 그래서 성령치유 사역자는 무의식, 잠재의식의 내면세계에 대하여 알고, 바르게 인식해야 합니다. 그래야 성령치유 사역을 할 수가 있는 것입니다. 성령치유 사역자는 환자의 무의식, 잠재의식에 들어있는 영육의 문제의 근원을 현실로 끌어내어 밖으로 배출되게 해야 근본치유가 된다는 것을 알고 사역에 임해야 합니다.

하나님의 치유의 근본이 무의식, 잠재의식을 치유하여 성령이 역사하는 영적인 사람을 만드는 것입니다. 그래서 치유는 육적인 사람을 영적인 사람으로 바꾸는 사역입니다. 그렇기 때문에 생명의 말씀과 강한 성령의 역사가 없이는 근본 치유는 불가능한 것입니다.

성령치유 사역자는 환자의 무의식, 잠재의식에 들어있는 문제의 근원을 드러내어 치유할 수 있는 능력을 길러야 합니다. 그래야 하나님의 원하시는 치유 사역을 할 수가 있습니다. 그냥 능력이나 은사가 있다고 성령치유 사역하는 것이 아닙니다. 부단하게 자기를 개발하고, 자신이 먼저 성령의 인도를 따르는 영의 사람으로 바뀌어야 성령치유 사역을 할 수 있을 것입니다.

2. 성령의 깊은 임재에 들어가도록 해야 한다.

치유는 성령의 깊은 임재가 있어야 치유가 되는 것입니다. 치유가 되려면 성령의 깊은 임재에 들어갈 수 있는 영육의 상태가 되어야 합니다. 성령의 임재 없이는 영육의 문제의 치유가 되지 않기 때문입니다. 치유의 관건은 성령의 깊은 임재에 들어가는 것입니다. 성령의 깊은 임재에 들어가려면 이렇게 해야 합니다.

1) 죄를 용서받고 치유를 받으려면 예수를 영접하여야 합니다. 예수를 영접하므로 성령의 역사로 치유가 이루어지기 시작합니다. 모든 치유는 성령의 능력으로 됩니다. 자신에 내재하는 인간의 영의 선한 힘(영력)이라 하고, 예수를 믿어 내면으로 들어오신 하나님의 영은 인간의 능력을 초월하여 나타나는 영적 능력으로 역사합니다. 성령의 능력이 이때부터 나타납니다.

그래서 사람은 할 수 없으나 할 수 있는 하나님의 영력(형상)이 나타나서 성령이 충만하게 됩니다. 영력은 나타나는 상태와 조건을 만들어야 나타납니다.

2) 성령의 역사가 나타나는 말씀을 듣고 성령의 세례를 받아야합니다. 그 조건과 상태는 여러 가지이지만 첫째 의지를 발동시켜야 합니다. 의지를 발동하게 하여 성령세례를 받는 것이 제1의 원리요, 그 다음은 말씀과 성령으로 내적 치유하는 것이 제2의 원리요, 귀신 추방이 제3 원리입니다.

그리하여 생각이 바뀌고, 마음이 감동되어, 믿음이 생겨서, 본인의 의지가 발동되어, 몸이 움직여지고, 행동으로 옮겨지는 과정을 거쳐야 합니다. 이 영적 원리는 모든 것에 적용됩니다.

성령 세례란 예수 그리스도께서 주시는 것입니다. 성령의 세례란 성령에 의해서가 아니라 주 예수에 의해 행해지는 그리스도의 사역입니다(행 11:15-18). 성령으로 세례 받을 때는 확실한 체험으로 경험이 있습니다. 성령으로 세례를 받을 때 성령이 예수 그리스도의 이름으로 임하므로 성령으로 세례 받는 것은 체험으로 느낄 수 있습니다. 성령 세례를 받으면 하나님의 능력이 임합니다. 성령으로 세례 받을 때 성령의 권능이 함께 임합니다.

권능은 하나님의 일을 행하는 데 적합한 사람으로 크리스천을 준비시킵니다. 성령 세례는 하나님께서 우리를 예수 그리스도의 몸의 일부분으로 택하셔서 맡기신 지체로서의 임무를 효과적으로 수행하게 합니다(행 9:17-20).

성령으로 세례 받음은 성령으로 사로잡히는 것입니다. 성령 세례는 성도의 마음을 그리스도에 대한 이해와 사랑과 신뢰로 가득 차게 하며, 성령이 삶의 주관자가 되게 하며, 하나님의 자녀로서 하나님의 부름에 적합하도록 권능을 부여받는 것입니다. 권능이 있어야 세상에서 역사하는 마귀와 싸워서 이길 수 있습니다. 성령으로 사로잡혀야 영육에 역사하는 문제를 스스로 치유할 수 있는 것입니다. 성령의 역사를 체험하시기를 바랍니다. 체험이라는 것은 내가 하나님의 역사하심을 감각으로 눈으로 보게 된다는 뜻입니다.

우울증이나 정신문제에 역사하는 귀신은 우리보다 강합니다. 반드시 성령의 역사로 장악이 되어야 떠나가는 것입니다. 그러므로 성령의 권능을 받아야 합니다. 성령의 권능을 받고 권능을 사용할 수 있는 담대함을 길러야 합니다. 성령의 권능을 받아 정신 문제에 역사하는 귀신을 몰아내려면 먼저 성령으로 세례를 받아야 합니다. 성령으로 세례를 받으려면 성령의 역사가 일어나는 장소에 가야 합니다. 성령의 역사가 일어나는 장소에 가서 뜨겁게 기도할 때 성령의 세례를 체험하게 됩니다.

성령의 세례는 이론이 아니고 실제로 체험하는 역사입니다. 자신이 직접 몸으로 감각으로 느껴야 합니다. 성령의 세례를 받게 되면 다음으로 성령의 불세례가 나타나기 시작합니다. 성령께서 불로 역사하면서 자신의 상처를 치유하고 자아를 부수십니다. 성령께서 심령에서 역사하시면서 혈통에 역사는 귀신을 축사합니다. 환자의 마음 안에서 역사하는 성령의 권능으로 귀신이 떠나가기 시작을 합니다. 귀신이 떠나가니 영이 깨어나 영안이 열리기 시작합니다. 영안이 열리니 자신이 이렇게 고통을 당하는 것은 악한 영의 역사라고 알게 됩니다. 악한 영의 역사가 떠나가야 치유가 된다는 것을 환자가 인정하면서 스스로 기도하기 시작을 하는 것입니다. 스스로 기도하니 치유가 되기 시작을 하는 것입니다. 모든 것이 성령의 권세로 되는 것입니다. 그래서 성령으로 세례를 받고 권능을 받아서 사용해야 비로소 우울증이나 정신 문제를 스스로 치유할 수 있는 것입니다.

3) 성령의 인도로 말씀을 잘 알아들을 수 있어야합니다. 성경에서는 내 뜻과 정성과 힘을 다하여 하나님을 섬기라 했고(신28

장), 크게 사모하는 자에게 제일 좋은 길을 보여 준다고 했습니다(고전12:31). 네가 낫기를 원하느냐고 예수님은 말씀했습니다(요5:6), 영과 진리로 예배하는 자에게 찾아온다고 했습니다(요4:23). 모든 영적인 일에 진심으로 구하고 구하면 얻을 것이요, 찾고 찾으면 찾을 것이고 두드리면 열립니다. 강한 순종과 믿음과 승리의 의지를 발동시키고 행동으로 옮기십시오. 행동으로 옮기지 못하게 하는 장애요인(죄)이 자신에게 있습니다. 이것을 깨닫고 제거하십시오. 귀신의 병과 정신병의 구분을 잘 해야 합니다.

(마 12:28)"그러나 내가 하나님의 성령을 힘입어 귀신을 쫓아내는 것이면 하나님의 나라가 이미 너희에게 임하였느니라" (롬 14:17)"하나님의 나라는 먹는 것과 마시는 것이 아니요 오직 성령 안에 있는 의와 평강과 희락이라" (고전 4:20)"하나님의 나라는 말에 있지 아니하고 오직 능력에 있음이라"

4)성령의 깊은 임재에 들어가야 합니다. 호흡 기도를 통하여 성령의 깊은 임재에 들어가야 합니다. 사역자에게 역사하는 성령의 역사를 환자에게 전이시키는 작업을 해야 합니다. 사역자는 환자의 머리와 등에 손을 얹고 안수를 합니다. 환자에게 호흡을 들이쉬고 내쉬라고 합니다. 호흡을 깊게 하게 하는 이유는 환자가 마음을 열게 하기 위함이고, 성령의 역사가 잘 일어나도록

하기 위함입니다. 한 3분정도 이렇게 안수하면 대부분의 환자에게 사역자에게 역사하는 성령이 전이되게 됩니다. 환자가 능동적으로 성령의 역사를 환영하고 받아 들여야 합니다. 그래야 빨리 성령께서 장악을 하십니다. 성령께서 장악을 하여야 치유가 되기 시작을 합니다. 사역자는 절대로 서두르지 말고 성령의 역사가 환자를 완전하게 장악할 때까지 기다려야 합니다. 치유는 전적으로 성령님의 사역입니다. 사역자가 치유하는 것이 아닙니다. 성령께서 장악하지 못하면 치유되지 않습니다. 그러므로 사역자는 불필요한 에너지를 소비하지 말고 성령께서 역사하실 때 가지 기다려야 합니다. 성령께서 장악하시면 사역자에게 감동을 주십니다. 사역자는 성령께서 감동하시는 대로 순종하면 치유가 되는 것입니다.

5) 앞의 과정을 거친 다음에 질병의 원인을 성령께 질문해야 합니다. 영적인 그림을 그리라는 말입니다. 전체의 그림을 보면서 자신의 문제의 원인이 어디에 있는지를 찾아야합니다. 시간이 많이 걸릴 수가 있습니다.

왜냐하면 성령께서 완전하게 장악을 한 다음 원인을 알 수 있고 치유도 되기 때문에 하나님의 시간표를 따라 기다려야 합니다. 급하다고 되는 일이 아닙니다.

6) 성령께서 알려주는 질병의 원인에 따라 조치를 해야 합니다. 죄악은 회개하고, 상처를 준 사람은 용서하고, 가문의 유전은 절단하고 원인을 제거해야 합니다. 악한 영의 역사라면 귀신

을 축사해야 합니다. 그리고 지속적인 치유를 받아야 합니다.

7) 이때부터 악한 영을 축사하고 내적치유를 합니다. 지속적으로 해야 합니다.

8) 하나님과 영적인 관계를 지속하며 감사합니다.

3. 하나님의 치유 목적

하나님께서 성도를 치유하시는 목적은 영적인 군사를 만들려고 치유하시는 것입니다. 하나님은 성경에 나오는 아브라함, 이삭, 야곱, 요셉, 모세, 다윗, 베드로와 같이 치유하여 하나님의 사람을 만들어 사용하시려고 치유하시려는 것입니다. 하나님은 성도들이 이 땅에서 영육이 건강하고 심령천국을 이루며 심령에 하나님의 나라가 이루어지를 원하십니다. 우리가 치유를 받으려면 하나님의 치유의 기본적인 뜻을 알아야 합니다.

하나님의 치유의 기본은 '드러냄'입니다. 내적치유도 그러하고, 하나님의 치유도 '드러냄'을 우선하십니다. 그러나 내적치유는 생명의 말씀과 성령의 역사를 통한 드러냄이지만, 하나님의 치유는 하나님께서 주도하셔서 영육의 질병이나 영적인 고통 등 적절한 환경들을 통해 고통하다가 하나님의 찾게 하여 말씀과 성령으로 사람의 본래적인 타락한 모습을 드러내십니다. 또 생명의 말씀과 성령의 역사로 자신의 모습을 들여다보게 하여 죄악을 드러내십니다. 대개의 종교는 '죄의 행위'로 대표되는 타락한 모습을 어떻게 하면 극복할 수 있을까를 궁리합니다. 그러나 기독교는 하나님께서 한 개인 속에 숨겨진 죄악들을 성령으로 계속해서 드러내십니다. 그리고 치유하십니다.

그러나 이 '드러남'이 한 개인의 잘못으로 드러난 것과 하나님께서 드러내는 것은 다릅니다. 개인의 삶에서 '드러난'죄악은 다시는 그 같은 '죄의 행위'가 나타나지 않도록 용서와 은혜를 구하는 차원에서 덮어집니다. 이 경우 치유되지 않습니다. 죄의 행위가 반복됩니다. 하나님은 사람이 죄를 짓지 않도록 은혜주시지 않습니다. 그러나 하나님의 드러내심은 '용서와 은혜'를 구하게 하기 위한 목적이 아닌, 한 개인을 완전히 녹다운시키기(하늘의 사람으로 바꾸기) 위한 것입니다. 그것은 녹다운 된 사람이 다시는 자기 존재를 신뢰하거나 의지하지 못하게 만들어서 전적으로 주님만 의지하도록 만들기 위한 목적입니다. 하나님의 치유는 다시 말해 '죄의 행위'를 생산해 내는 '죄인이 주도하는 삶'을 버리게 하는 것입니다. 하나님만을 의지하는 사람으로 바꾸는 것입니다. 죄인인 자신이 주도하는 삶을 버리고 주께서 인도하시는 대로 살겠다는 것이 '회개'입니다. 다시 말해 하나님은 죄인이 회개하도록 이끄십니다. 그 같은 이끄심이 일어나는 때는 하나님께 자신의 삶의 주권을 완전히 넘겨 드렸을 때입니다. 사람들은 이 단계에서 구원이 일어나는 것으로 생각하지만, 그렇지 않습니다. 그는 십자가를 향한 삶을 통해 자신의 본질의 타락함을 삶에서 경험한 후에 더 이상 자신의 존재를 의지할 수 없는 순간에 이르게 될 것입니다. 그리고 하나님의 긍휼만을 기다리는 상태에 이르게 됩니다. 그런 후에 하나님의 은혜가 그의 마음에 임하게 되면, 그는 새 마음을 갖게 되고 거듭남을 알게 되며, 믿음으로 구원에 이르게 된 것을 깨닫게 됩니다.

한 개인이 거듭남에 이르면, 이때부터 하나님의 치유는 본격화 됩니다. 물론 한 동안 거듭남의 기쁨과 새로운 세계로의 진입으로 인해 경이로운 상태가 얼마간 지속됩니다. 저의 경우는 약 3년 이상 지속되었습니다. 환자는 많은 영적 진리들을 이 기간 동안 깨닫게 됩니다. 물론 그 성도가 아는 것은 철저히 성령의 가르침입니다(요일2:27). 한동안 기쁨과 감격에 사로잡혔던 그에게 이제부터 본격적인 치유가 시작됩니다. 성령은 그의 온 몸과 혼과 영혼까지 흠 없게 하기 위해 드러냄과 치유를 동시에 행하십니다. 이때의 드러냄이란, 인간의 영혼 속(잠재의식)에 뿌리 깊게 자리 잡은 '자기 사랑'에 의한 인간적인 행위를 버리게 하는 것입니다. 그 '자기 사랑'에서 나온 행위들은 참으로 끔찍하고 가증한 것들임을 몸서리 칠 정도로 깨닫게 됩니다.

자신이 지금까지 이 잠재의식의 인간적인 행위 때문에 고통을 당했다고 인정하게 됩니다. 구원받은 자(하나님께서 인정하는 자)의 죄와, 구원받았다고 생각하는 사람(육신에 속한 자)들의 죄는 사람들이 보기에 같아 보일지 모르지만, 하나님의 눈에는 다릅니다. '하나님 앞에서의 우리의 대언자 예수 그리스도'(요일 2:1)는 거듭난 자(하나님께서 인정하는 자)의 대언자이지, 지식

차원에 머무는 구원받았다고 생각하는 자(육신에 속한 자)에게
는 해당되지 않는 말씀입니다.

바울의 고백을 들어보겠습니다. "미쁘다 모든 사람이 받을 만
한 이 말이여 그리스도 예수께서 죄인을 구원하시려고 세상에
임하셨다 하였도다. 죄인 중에 내가 괴수니라"(딤전1:15). 바울
이 자신을 '죄인 중의 괴수'로 고백할 때는 수많은 세월동안 그
리스도인으로 살고 난 후였습니다. 이제 생을 마치기에 앞서 믿
음의 자녀인 디모데에게 보낸 편지에 기록하였습니다. 진정으
로 성숙한 그리스도인은 그가 누구든지 자신을 '죄인 중의 괴수'
로 알게 됩니다. 물론 육신을 입고 살아왔던 자신의 타락한 영혼
(혼, 정신세계, 지정의)에 관한 고백입니다.

하지만 바울의 진정한 자아상(영)은 언제나 자신의 생명 되신
예수 그리스도이셨습니다. 그리스도인은 진정한 자아인 영이 타
락한 혼을 가진 육체 속에서 살고 있는 자입니다. 바울이 하나님
으로부터 치유 받은 삶을 살았다는 증거는 자신의 존재를 가장
악한 자로 알고 있다는 것이었습니다. 사람은 자기 자신을 가작
악한 자로 알 때, 다른 사람을 판단하거나, 정죄하거나, 죄의 행
위를 멈추게 됩니다.

또한 자기를 가장 낮추는 겸손을 이루게 됩니다. 그러므로 진
정한 겸손은 자기 스스로 낮추는 행위가 아니라, 하나님의 드러
내심을 통해 자신이 참으로 무가치할 뿐 아니라, 다른 모든 사람
보다도 조금도 나은 것이 없는 존재임을 깨닫게 된 자에게 임하

는 하나님의 은혜에서 비롯되는 품성입니다. 그러므로 참된 그리스도인은 자신을 한 없이 낮추게 됩니다. 그것은 자신의 의지에서 비롯된 것이 아니라, 자신이 세상에 있는 어느 누구보다도 결코 조금도 나은 것이 없다는 사실을 경험을 통해 알므로 자연스럽게 나타나는 품성입니다.

하나님의 치유는 사람의 죄악 됨을 낱낱이 드러냄으로써 다시는 그같은 죄의 행위를 반복하지 못하게 하는 데에 있습니다. 하나님의 현상을 닮은 군사로 만드십니다. 사람은 얼마나 악한지 모릅니다. 바울의 고백은 모든 그리스도인들에게 해당할 것입니다. 내가 교인이 되었을 때, 성경은 나를 죄인이라고 했지만 실제로 나는 그다지 심각하지 않았었습니다. 그리고 죄가 나올 때마다 다시는 그러지 않게 해달라고 기도했었습니다.

그러나 얼마 지나지 않아서 같은 행위를 반복하는 나를 발견하는 것은 어렵지 않았습니다. 이 같은 것은 치유가 아니라, 종교적 경건입니다. 그러나 하나님은 치유하십니다. 같은 죄의 행위를 반복하지 않게 하십니다. 마치 지옥을 본 사람이 지옥에 가지 않기 위해 죄를 짓지 않으려는 것 같이, 자기 속에 참으로 가중하고 끔찍한 죄의 본질이 있음을 알고 다시는 자신의 육신대로 살지 않으려는 것과 같습니다.

그러므로 하나님의 치유는 철저히 하나님을 의지하여 하나님의 생명(성령)으로 살게 하십니다. 하나님은 그리스도인이 매 순간 하나님의 생명(성령)을 의지하여 살기를 원하십니다. 그리하여 자신에 대해 죽고 하나님에 대해 살게 하십니다(롬6:11). 그럴수록 하나님은 믿는 자를 다스리시고 그를 통해 자신을 세상에 나타내십니다. 하나님의 나타나심, 이것이 믿는 자의 품성과 능력입니다. 하나님의 치유를 받는 사람은 자신의 타락한 성품이나 행위가 드러나지 않습니다. 그러기 위해서 타락한 자신의 생명으로 살려고 하지 않습니다. 그리고 하나님의 생명으로 살수록 그는 더욱 정결해져서 그리스도의 신부가 되어갑니다. 성경 곳곳에서 "평강의 하나님이 친히 너희로 온전히 거룩하게 하시고 또 너희 온 영과 혼과 몸이 우리 주 예수 그리스도 강림하실 때에 흠없게 보전되기를 원하노라"(살전5:23)와 같은 말씀들이 자주 등장합니다. 하나님의 치유로 거룩한 삶을 사시기를 바랍니다. 하나님의 치유의 목적을 알고 치유 사역을 하고 치유를 받으려고 해야 합니다. 그리스도인의 온전한 삶은 거룩한 삶입니다. 온 생각과 마음과 행동이 하나님에게서 비롯된 삶을 사세요.

그렇기 위해서 자신의 생명을 버리고 하나님의 생명을 취해야 합니다. 그리고 매 순간 자신은 하나님께 드려야 합니다. 하나님께서 원하시고 기뻐하시는 모습의 사람으로 만들어 주시도록 말입니다. 십자가의 삶은 하나님의 치유를 통해 그분의 뜻을 당신에게 이루어 줄 것입니다. 하나님의 치유는 그리스도의 성품으로 변하여 하나님과 대화하며 살아가도록 하는 것입니다. 하나님의 치유의 목적을 바르게 알고 치유 사역을 하고 치유 받으려고 해야 합니다.

4. 관리를 잘해야 재발하지 않는다.

1) 내면을 하나님의 은혜로 채우라. 하나님의 은혜는 흐르는 것입니다. 흘러 들어오기도 하지만, 흘러나가기도 합니다. 그러므로 자꾸 채워야 합니다. 내면을 항상 하나님의 은혜로 채우도록 노력해야 합니다. 하나님의 은혜는 생명력입니다. 여기에 집중해야합니다.

① 쫓겨난 마귀는 자신이 나온 집에 대하여 강한 집착과 미련을 가집니다. 마귀는 영적 존재이나, 제한적인 존재이기에 자신이 거했던 사람의 성품과 습관에 익숙하여 자신의 일을 행하기에 매우 쉽고 효과적으로 죄를 짓게 만들 수 있으며, 마귀는 자신의 거할 장소를 찾아야 하기에 다시 거했던 그곳을 찾아옵니다.

② 단순히 축사만 한 상태는 병원에서 수술을 받은 것과 같은 상태입니다. 계속 투약과 건강관리를 하지 않으면 병이 재발하는 것처럼 축사후의 삶이 매우 중요합니다. 치유도 중요하지만, 치유후의 관리도 매우 중요합니다.

③ 치유 후에는 치유전의 상태인 미움, 분노, 원망, 부정적인 의식을 버리고 성령님과 교제하는 삶을 살아가야 합니다.

2) 선한 싸움(영적전쟁)을 싸우라.

① 교회는 정기적 예배와 헌금, 교육, 사회봉사에서 더 나아가 선한 싸움, 견고한 진을 파함, 마귀를 대적함, 전신갑주를 입음에 대하여 가르치며 훈련을 해야 합니다. 성도는 훈련을 열심

히 참여하여 영 분별력을 길러야합니다.

② 영성, 은사, 성령님의 활동, 영적 싸움 등은 적당히 넘어가거나 무시될 수 없는 모든 크리스챤에게 매우 필수적인 과제입니다. 그동안 교회가 이 부분에 대하여 등한시하거나 외면함으로 현재 많은 성도들이 마귀로부터 공격을 받고 있으며, 어떠한 조치를 취해야할지를 모르고 있습니다. 성도는 영적인 눈이 열려야합니다.

③ 모든 크리스챤들은 그리스도의 군사로 영적전투를 위하여 부르심을 받았습니다. 그러기에 악한 존재들에 대한 실제적인 교육, 지식, 은사사용과 실전에 대비한 훈련을 받아야 합니다. 실전을 통하여 적용해야 합니다.

3)선한 싸움에서 이기라. 내 영혼을 더럽히지 않으려는 것, 하나님과 악한 것을 동시에 섬기지 않으려는 것, 이러한 것이 바로 우리의 싸움입니다. 이러한 싸움에서 우리가 이겨야합니다. 하나님 앞에 이긴 자로서야 합니다. 이 땅에 있는 것 때문에 싸우려 하지 마시기 바랍니다. 영적인 것을 위하여 싸우려 하세요. 마귀의 유혹에 대적하여 싸우세요. 마귀와 싸워 이겨야합니다. 환경이 어려워도 환경에 지지 마시기 바랍니다. 절망감을 가지지 마시기 바랍니다. 우리의 승리는 영적인 부분에서 시작됩니다. 우리를 둘러싼 환경은 실상이 아니라, 허상입니다. 지나가는 스크린에 지나지 않습니다. 이러한 것들에게 충격을 받지 마세요. 환경을 두려워하지 마세요. 우리는 믿음으로 환경을 만들어갑니다.

13장 영육을 진단하는 비결

(막10:51-52)"예수께서 일러 가라사대 네게 무엇을 하여 주기를 원하느냐 소경이 가로되 선생님이여 보기를 원하나이다 예수께서 이르시되 가라 네 믿음이 너를 구원하였느니라 하시니 저가 곧 보게 되어 예수를 길에서 좇으니라"

하나님은 영육의 질병을 치유하여 주시기를 원하십니다. 고로 치유사역은 하나님이 원하시는 사역입니다. 내가 지금까지 치유사역을 하면서 임상적으로 경험한 바로는 치유안수기도 하는 것보다 중요한 것이 질병의 원인의 정확한 진단이라고 결론을 내렸습니다. 진단만 정확하게 되면 모든 질병이 치유된다고 자신합니다. 아마 하나님도 치유사역자들이 말씀과 성령으로 진단을 정확히 하여 치유하기를 원하실 것입니다. 진단이란 성령의 초자연적인 역사로 질병의 뿌리, 원인을 아는 것을 말합니다. 고로 질병의 진단은 치유사역에서 핵심적으로 중요한 부분입니다. 치유가 일어나도록 어떤 기도의 수단과 어떤 방법을 택하여야 하는가 하는 문제가 있기 때문입니다. 예수님의 치유사역을 보면 예수님은 질병의 원인이 무엇인지 분명히 알아서 상황에 따라서 꾸짖기도 하시고 기름을 바르기도 하셨습니다. 이 병은 하나님의 영광을 위한 병이라 하셨고, 저 병은 죄의 용서를 통하여 치유하시기도 하였습니다. 어떤 병은 믿음으로 고치시고, 어떤 병은 믿음이 없는 자에게도 치유를 해주셨습니다. 이 말은 질병에 따라서 어떤 방식이 보다 더 좋고 합당한 방법이 있다는 것을 의미하는 것이요, 질병의 원인 또한 몇 가지 유형이 있다는 것을 추정할 수 있는 것입니다. 어떤 질병을 어떤 유형으로 분류하고 어떤 질병은 원인이 무엇이다 하는 문제는 가장 난해한 문제이지만, 그래도 어떤 기준을 설정하여 분류하는 것은 필요한 사항입니다. 성경에서 이러한 분류를 나누고 있는 부분이 없기 때문에 내가 옳다 네가 옳다 할 수 있는 근거는 없다고 봅니다.

그러나 사역의 경험을 통하여 이러한 분류에 대한 원칙이 서있으면 귀신의 정체를 파악하는 문제와, 사단의 세력이 어디까지 어떻게 영향을 미치는지 파악하는데도, 질병의 원인을 진단하는 안목도, 그리고 질병의 상태가 어디까지 진행되었는지 파악하는데도 도움이 되고, 치유의 사역에 임하는 자세와 어떤 영적인 원리를 적용하며, 기도 방법의 선택이 어떻게 되어야 하는가 하는 문제도 쉽게 해결됩니다. 질병을 치유하려면 무엇보다도 질병의 원인이 무엇인가를 먼저 알고, 그 원인을 근본적으로 제거해 주어야 질병이 치유됩니다. 질병을 다루는 치유 사역자는 무엇보다도 이러한 질병이 어떠한 원인에서 온 것인가, 생물학적인 육체의 기관이나 기능의 고장에서 일어나는 것인가, 아니면 상처에 의하여 발생한 것인가, 아니면 가계에 대물림되는 질병인가를 정

확히 진단하여 근본적으로 대처하지 않으면 근본적으로 치유가
되지 아니합니다.

1. 진단의 방법과 진단의 능력.

진단의 능력은 치유의 능력에 못지않게 중요한 것입니다. 그
러나 이 진단의 능력이 어느 때에 한꺼번에 열려지는 경우도 있
지만, 본인의 경우에는 사역을 하면서 점진적으로 터득하게 되
었습니다. 먼저 이론을 통한 습득의 결과가 영적인 능력으로 진
전되었습니다. 저도 많이 배우고 훈련을 받았습니다. 많은 임상
적인 체험도 했습니다. 치유 사역자는 그렇게 쉽게 되는 것이 아
닙니다. 본인의 노력도 필요한 것입니다.

진단의 능력은 질병의 원인이 되는 영과 혼과 육의 이해는 필
수적입니다. 영의 질병의 원인이 되는 영물의 특성과, 이 영물들
의 실체와, 이 영물들을 축사하는 성령의 능력과, 성령의 사역에
대한 이해와, 혼의 질병의 원인이 되는 정신적인 요인과, 정서적
인 요인 및 육신의 질병의 원인이 되는, 생물학적인 요인들과 환
경적인 요인들을 잘 이해 할 필요가 있습니다. 이러한 질병의 원
인들이 서로 유기적인 관계로 얽히고설키는 복잡한 관계에서 발
생됨으로 이러한 이해는 필수적입니다. 특히 영의 질병, 특히 귀
신이 침입하는 단계와 심령 구조를 알고, 어느 정도 깊이 침입하

여 있는가를 진단하는 것이 중요합니다. 질병의 원인을 알아서 질병을 진단하는 것은 성경의 진리를 분명하게 파악하여 환자의 질병의 영적인 원인을 찾아내고, 그 다음 그 처방에 따라 치유 사역의 방법을 택하여 사역하는 것입니다. 이러한 진단 사역 중 특별히 영적인 세계와, 영물들의 사역과, 성령의 사역을 분별하고, 대처하는 것은 무엇보다도 중요하다고 할 수 있습니다. 이것은 고도의 영적 수준과 체험을 요하는 것입니다.

이러한 능력이 바로 영적인 신령한 능력의 총화요, 성경의 구원사역의 진수라 할 수 있습니다. 그러므로 이 진단의 능력을 통하여 심령이 병들은 원인을 알게 되고, 그들의 문제점이 무엇인가를 알게 되며, 영적인 원리에 따라 환자를 어떻게 인도해야 하는가를 알게 됩니다. 이러한 능력이 바로 신령한 능력이고, 성령께서 나타나는 결과로서 되는 것이기 때문에, 진단할 수 있는 능력은 성령 사역에 동역하는 법을 내 영이 경험하는 것입니다. 그래서 치유사역은 많은 임상적인 체험이 필요합니다. 내 심령 속에 기름 부어지는 성령의 사역으로 말미암아, 영분별의 능력이 나오고, 지식의 말씀의 은사가 나오고, 이 능력이 바로 진단의 능력입니다. 이 영적 분별의 능력과 지식의 말씀은 성경의 영적인 맥을 확실하게 뚫게 되는 유익을 가져오게 됩니다. 왜냐하면 이 진단의 능력을 갖추기 위해서는 영적인 진리와 복음의 핵심이 되는 하나님 나라와 사단의 나라를 똑바로 알게 되는 영적인 안목이 열려야 가능합니다. 성령의 인도 하에 많은 사역을 하다 가 보면 성령으로 영적인 안목이 열리게 되어 영적인 분별의 은 사와 진단의 능력으로 나타나게 됩니다.

2.진단의 방법과 분류

1) 환자와 대화하며 질문하여 진단하는 법(상담법)

가장 기본적이고 일반적인 방법입니다. 망진법과 촉진법 및 절진법을 모조로 활용하면서 진단의 능력을 키워갑니다. 치유 기도의 준비 단계로서 주로 환자나 보호자와의 상담이나 질문을 통하여 질병의 원인이 될 만한 여러 가지 상황을 파악하여 진단 합니다.

망진법: 환자의 언어와 얼굴과 피부를 보고 오장의 기운과 그 강약을 알 수 있습니다.

촉진법: 손으로 만져 보고 진단하는 방법으로서 예를 들어

– 각질상태 – 피부상태 – 통증정도 등등등.

절진법 : 아픈 부위를 손으로 만져서 질환을 진단하는 방법.

문진법(聞診法) : 환자에게서 풍기는 냄새와 환자의 특유한 음성을 듣고서 판단하는 방법으로 기관지염이 있는 폐질환 환자 에게서 풍기는 비린내, 신실증이나 부인질환이 심한 상태에서 풍기는 썩은 냄새, 간질환이 심한 상태에서 풍기는 누린 냄새,

심질환이 심한 상태에서 풍기는 불냄새, 비질환 환자에게서 풍기는 단 냄새등 각기 특유한 냄새가 있습니다.

① **영적인 상황.** 성령의 임재하에 부모의 가족관계의 신앙에서 특별히 우상에 관계된 사실과 본인의 신앙 경력과 신앙정도, 수면 상태나 꿈, 신비술에 관계하였던 경험이나 귀신이 침입하는 경로에 접했던 기회에 대하여 질문하여 영적 속박상태가 어느 단계에 와 있으며 기타 영적 상황을 분석합니다. 부모의 우상 숭배는 3-4대까지 저주하리라는 십계명 중에 제 1계명은 조상들의 귀신들이 후손들에게 전이되어 나타나기 때문입니다. 예를 들어 여성분이 오셨습니다. 예방 신앙이니까. 앞으로 일어날 일을 미리 막는 것이 중요하기 때문에 여기에 맞추어서 성령님께 질문하며 진단합니다. 모계, 부계, 시가 등을 복합적으로 확인하는 것입니다. 예를 들어 시어머니가 중풍으로 고생하다가 세상을 떠났습니다. 며느리에게 중풍이 올 확률이 있는 것입니다. 이를 인정하고 치유를 해야 합니다. (회개, 용서, 끊고, 축사, 반대영). 이렇게 해서 미리 예방하는 것입니다.

② **혼적인 상황.** 본인의 정신적 정서적 상태 및 인격적인 상태에 대하여 과거 현재를 질문합니다. 충격 받은 사실이나 본인이 꺼리는 문제에 대하여 질문합니다. 원인 없는 문제가 없습니다. 반드시 원인이 있습니다. 원인은 성령님이 아십니다.

– 심령에 괴로운 일

– 말을 하지 못할 비밀

– 마음에 응어리진 일

– 특별히 마음에 집히는 일이 있는가.

– 때로는 하나님 앞에 본인이 무엇이 잘못되었다고 생각하는가? 등등을 살펴야 합니다.

특별히 주의할 점은 본인의 대답하는 태도와 자세가 진실한지 감추고 있는 일이 있는지 거짓말을 하고 있는지 분별해야 합니다. 왜냐하면 대개 자신의 약점이나 비밀을 감추려하는 경우가 대 부분입니다. 사역자는 환자에게 모든 비밀은 하나님은 다 알고 계시므로 하나님께 드러내고 용서를 받으라고 권면합니다.

③ 육신 적인 문제: 외견상의 상태, 질병의 기간, 질병의 증세(귀신들림의 현상에 대한 여러 가지 사항을 참조하여 진단한다). 질병이 나타났다면 영적인 문제가 깊어진 결과 입니다.

④ 환경의 문제: 가족관계, 직장이나 사업관계, 경제적, 사회적 관계, 직장에서 해고, 퇴직, 사업이 망했다면 큰 충격으로 질병으로 나타날 수도 있습니다.

⑤ 병원의 진단명이나 의사의 견해를 참조합니다. 병원에서는 무엇이라고 하며 무엇이 잘못되었다고 하는가 질문해야 합니다. 또 하나 주의 할 것은 의사가 고칠 수 없다는 부정적인 말에 암시에 걸려 있지 아니하는가? 를 잘 살펴 보아야합니다.

⑥ 다른 사람, 가족들의 도움이나 의견 교환으로 판단하기도 합니다. 그래도 분명치 못하면 하나님의 도우심만이 해결되어짐으로 하나님께 맡기는 수밖에 없습니다. 사역자는 많은 사역의 경험과 체험을 통하여 이러한 통찰력과 분별력을 길러가야 하고, 하나님의 말씀을 듣는 훈련이 되어야 합니다. 이론과 세미나를 통한 훈련과 본인의 기도 훈련이 필요합니다.

2) 환부에 손을 얹고 손에 오는 촉감으로 진단하는 촉진법(촉각 진단법). 손으로 아픈 부위를 얹어서 손에 닿는 촉감으로 진단합니다. 귀신이 집을 짓고 있는 곳은 팔딱 팔딱 뛰기도 합니다. 망진법(눈이나 언어와 자세를 보고 진단하는 법)의 보조로 촉진법과 절진법(환부를 눌러가며 진단하는 법)을 겸하여 사용합니다. 맥박이 뛰는 현상을 오진할 수도 있으므로 주의하여 관찰하며 뛰는 속도가 1분에 70회 전후의 속도로 뛰는 맥박의 속도보다 빠르면 의심해 보아야 합니다. 또 불규칙하면 심장의 질병을 의심해 보아야 합니다.

이 팔딱 팔딱 뛰는 부위에 손을 얹을 때 다른 곳으로 도망하면 이것은 분명하게 귀신의 장난입니다. 그러나 손을 얹었다고 무조건 도망하는 것은 아닙니다. 계속적인 기도로 축출하여야 할 때도 있는 것입니다. 이러한 경험이 축적 되면 자연히 한 단계 더 발전하게 됩니다. 환자를 많이 접촉해 보아야 합니다.

3) 아픈 부위를 손으로 누르면서 진단하는 절진법(일명 지압법). 환부를 지압하여 아픈 부위는 질병이 있는 증거이며 특별히 귀신이 붙어있는 부위는 끊어지듯 통증이 있고, 지압하는 여러 부위의 통증의 차이에 따라 환부의 증세를 진단합니다. 복부에는 인체의 기관에 따라 병의 특징 있는 증세가 있습니다. 이러한 특징과 영물의 증세와 특징을 구별합니다.

조상으로부터 내려오는 귀신의 질병은 주로 배에 딱딱한 두 줄기 근육의 띠가 만져지는 경우가 많았습니다. 병원에서 장에 암이 있다고 하여 대기 중인 여 성도를 기도한 적이 있는 데 아래 배에서 간이 있는 곳까지 딱딱한 줄기가 형성되어 있었습니다. 임재를 요청하고 기도를 하니 황소 울음소리를 열 세번 하더니 없어졌습니다.

그리고 암이 없어졌다하며 퇴원을 하였습니다. 그때 기도를 받지 않았더라면 영락없이 암 수술을 해야 합니다. 그러나 아주 없어진 것이 아니다. 기도할 때 떠났지만, 그 환부에 기도해준 사역자와 같은 성령으로 충만한 사람의 보살핌을 받지 아니하면 금방 재발합니다. 반드시 성령으로 충만한 생활을 해야 합니다.

4) 환자의 말하는 태도와 얼굴 등을 보며 느끼는 감동으로 진단하는 망진법 (일병 관찰법). 환자의 말하는 자세와 태도를 보아 느끼는 마음과 그 사람의 얼굴과 피부나 기타 노출되는 외부

의 여러 가지 증상을 보아 진단합니다. 초기에 이러한 단순한 관찰을 통하여 분별력을 길러갑니다. 특히 사단에 눌려서 지낸 얼굴의 표정과 모습을 봅니다. 귀신에게 눌려 지낸 사람들의 얼굴을 겁에 질려있거나 색이 누렇게 변해 있거나, 냄새가 특이하게 납니다. 향냄새도 같은 썩는 냄새가 나기도 합니다. 그러나 여러 가지 영적인 원리를 이해하게 되면 이러한 영적인 원리를 적용하고 응용하여 청중이나 환자를 관찰하면 망진법(얼굴, 피부보고)이 개발되고 훈련되어집니다.

이러한 망진법의 훈련이 영분별과 영진법과 더불어 활용되어집니다. 보다 더 분명해지면 특별히 심령기도를 하지 않아도 영분별과 심령의 병적인 상태를 알게 됩니다. 설교 시에는 무리들의 영적 상태와 분위기를 파악하게 됩니다. 현 상황에 적절한 말씀을 전하여 성령의 도움을 입을 수 있게 됩니다. 성령의 기름부음이 있는 능력 있는 설교를 할 수 있게 되는 것입니다. 양무리를 푸른 초장으로 인도하기 위한 말씀과 권면을 할 수 있게 됩니다.

5) 영들을 분별하여 보는 방법(영분별 진단법). 영분별에 대한 훈련이나 지식 또는 경험에 의한 직관력과 통찰력으로 진단하여 영의 질병, 혼의 질병, 육체의 질병을 진단합니다. 기도 전 준비 사항에 대한 여러 가지 현상에 대한 경험이 축적되면 자연히 이러한 능력이 있게 됨을 알게 됩니다.

이러한 영분별 능력이 하늘에서 갑자기 뚝 떨어지는 것도 아니고 학자들이 말하는 소위 초자연적인 어떤 능력도 아닙니다. 점진적인 경험이나 훈련에 의하여 민감하게 되고, 그 다음에는 영감으로 분별하는 법을 할 수 있게 되는 것을 본인이 알게 됩니다. 주로 대중을 상대로 할 때에나 가볍게 진단할 때 사용합니다.

6) 영감으로 분별하는 법(영감 진단법). 개인적인 사역에서 좀 더 정밀한 분별을 위해서는 성령 안에서 보다 더 깊은 기도를 하면서 좀 더 깊은 영적인 기능이 동원되어 성령이 나타나는 심령 상태에서 영감이나 환상이나 느낌이나 냄새로 분별합니다. 손을 머리에 얹거나 사역자가 여자라면 상대방의 가슴에 손을 얹어 기도하면서 심령을 들여다보면서 기도합니다.

사단이나 귀신이 눈앞에 스쳐 지나가는 모습으로 보이기도 하며, 냄새를 풍기기도 합니다. 예를 들어 음란 마귀는 강한 음욕을 자극하며, 인색한 마귀는 인색한 마음이 느껴지며, 교만한 마귀는 완악하고 교만한 마음이 느껴지며, 사랑의 마음은 사랑으로 전달되어 눈물이 흐를 정도로 강하게 전해 올 때도 있습니다. 이러한 민감한 영적인 감각이 항상 느껴지는 것은 아니지만, 영적으로 예민해지는 분위기나 영이 예민해지는 상황에서 느껴지는 것을 볼 수 있습니다. 연기가 빠져나가는 것과 같은 모습으로 사라지는 것처럼 느끼거나 볼 수도 있습니다. 얼굴이나 눈이나 머리 부위에 검은 어둠이 쌓여 있거나 사악한 느낌을 주기도 하며, 때로는 머리가 쭝긋 서고 두려움을 주기도 합니다.

이러한 현상이 강하게 느껴지기 시작하면 더러운 영을 가진 환자를 대하면 구역질이 나오거나 토하기도 합니다. 상대방의 아픈 부위와 같은 부위가 아프게 하여 고통을 받기도 하며, 일반적으로는 특별히 머리가 아파 올 때가 주로 많습니다. 이 때 즉시 감지하면 기도로 물러가지만, 이러한 영적인 감각이 둔한 사람은 느끼지 못한 체 방치하면 침입하여 자리를 잡게 됩니다.

신유사역자는 이렇게 사악한 자들과 접촉이 많기 때문에 특별히 주의하지 않으면 자신도 모르게 고통을 당할 수가 있으므로 주의하지 않으면 안 됩니다. 예수님의 권세는 있을지라도 자신의 실제적인 권능이나 능력이 없으면 당하게 된다는 사실을 주지시키고 싶습니다. 이로 말미암아 주위의 가까운 사랑하는 사람들이 이를 방심하여 한 동안 귀신들의 영향으로부터 고통을 당하고 있는 경우를 많이 보아 왔습니다.

이는 자신이 성령으로 장악을 당하지 못했는데 자신의 힘으로 사역하다가 당하는 것입니다. 지금 교회에 영적인 지식이 없어서 망하는 사람들이 많이 있습니다. 성경은 호세아서 4장 6절에서 "내 백성이 지식이 없으므로 망하는도다 네가 지식을 버렸으니 나도 너를 버려 내 제사장이 되지 못하게 할 것이요 네가 네 하나님의 율법을 잊었으니 나도 네 자녀들을 잊어버리리라." 하십니다.

7) 영안으로 분별하는 영 투시법. 영안이 완전히 열린 사람은
투시로 질병을 볼 수 있고 또는 영에 깊이 몰입되어 있는(입신 상
태의)제 3자를 통하여 투시하여 볼 수도 있습니다. 분명하게 직
접 투시하여 몸 어느 부위에 무엇이 어떻다는 것을 분명하게 보
는 것이지 환상을 통하여 보는 것과는 다릅니다. 가장 정확히 진
단 할 수 있지만 사단이 주는 경우에는 위험하며 틀릴 경우가 많
아서 오히려 어려움을 겪을 경우가 있기 때문에 투시는 특별히
주의하지 않으면 안 됩니다. 성령의 불세례를 강하게 받게 되면
일시적 현상으로 투시가 되기도 합니다. 대부분의 사람들이 투
시되는 현상을 견딜 수 없는 상태임으로 하나님 앞에 이러한 현
상을 거두어 달라고 기도하는 경우가 대부분입니다.

그러나 거의 대부분 이러한 현상은 일시적인 현상으로서 오래
가지 않고 자연히 소멸됩니다. 특별히 주의할 것은 말씀이 없는
초신 자나 영성이 훈련되어 있지 않은 자가 입신 상태가 아닌 보
통 상태에서 투시되는 것은 백발백중 귀신이 주는 것입니다. 이
러한 질병의 진단 사역은 결코 쉽다고는 할 수 없습니다. 그렇다
고 어렵다고 무턱대고 기도만 하는 태도는 결코 발전할 수가 없
습니다. 노력하고 경험을 쌓아가노라면 언젠가는 자동차의 운전
기술을 습득하는 것처럼 보다 더 숙련된 진단을 할 수 있습니다.

목에 피부병이 이상하게 생겨서 고통을 당하는 여 목사님을 치유할 때 경험한 사례를 말합니다. 이 여 목사님은 교회를 개척하여 목회를 잘하고 계시는 목사님이었습니다. 그런데 이 목사님이 여러 가지 질병을 가지고 있었습니다. 간에 담석도 있었습니다. 신장에 결석도 있었습니다. 그리고 목에 이상하게 생긴 피부병도 있었습니다. 그래서 병원에서 치료를 했는데 잘되지 않고 영적으로 갈급하여 저희 교회 치유집회에 참석하여 치유를 받았습니다. 그런데 담석 결석은 다 치유가 되었는데 이상하게 귀에서부터 목까지 마치 줄이 연결된 것 같은 피부병은 치유되지를 않았습니다. 그래서 내가 치유기도 시간마다 손을 얹고 안수를 했다. 그러던 어느날 집회를 마치고 잠간 쉬는 시간에 저는 강대상 뒤에서 기도하며 쉬고 있고, 그 분은 뒤에서 나의 사모하고 여러 사람들하고 대화하며 쉬고 있었습니다.

그런데 갑자기 나의 마음에 성령의 감동이 오기를 뒤에 쉬고 있는 사람들을 보라는 감동이 오는 것이었습니다. 그래서 강대상 옆으로 얼굴을 내밀고 뒤를 바라다보았습니다. 그런데 그 여 목사님하고 나하고 눈이 딱 마주쳤습니다. 그런데 순간 보이는 이상한 형체가 있었습니다. 여 목사님이 빨간 립스틱을 진하게 칠하고 무당이 쓰는 모자인 꿩 깃이 꽂인 모자를 쓰고 모자가 벗어지지 않게 하기 위하여 모자 옆에 줄이 있는데 귀에서부터 목까지 걸치게 줄을 하고 있는 것이었습니다. 올다! 알았다.

지금까지 귀에서부터 목까지 피부병이 생긴 것은 모자를 벗어지지 말라고 걸어놓은 끈이 일으키는 피부병 이였구나 하고, 여목사님을 앞으로 불러 축사를 했습니다. 성령이여 임하소서. 야! 이 더러운 무당 귀신아 정체를 밝혀라, 정체를 밝혀 하니까, 조금 있다가 막 발작을 하는데 무당이 굿거리를 할 때와 똑같은 발작을 한 동안 하다가 귀신이 축사되었습니다. 그리고 몇 칠 있다가 그 피부병이 완전히 나았습니다. 나중에 알고 보니 이 여 목사님의 올케가 무당이랍니다. 그리고 시 아버지는 무당 옆에서 피리를 부는 사나이라는 것입니다. 그 무당의 영이 목사님에게 붙어서 고생을 시키다가 성령이 밝히 보여주심으로 전체가 폭로되어 축사를 한 사례입니다. 성령님은 이렇게 필요할 때 이렇게 축사 사역자의 영의 눈을 열어 보게 하십니다. 그러나 주의하기를 바랍니다. 내가 정신적으로 문제가 있는 사람들을 상담하며 들은 이야기 인데 항상 눈에 악한 것들이 보여 진다는 것입니다.

그래서 여기도 귀신이 있고, 저기도 귀신이 있다고 합니다. 그러니까 만약에 교회에 어떤 성도가 계속적으로 영물들의 보여 진다는 사람은 정신적으로나 심령구조상에 이상이 있는 사람입니다. 그러므로 특별한 지도가 필요한 성도들입니다. 성령은 인격이시기 때문에 필요할 때만 보여주신다는 것을 알아야 할 것입니다. 영적으로 혼탁한 사람들이 평상시에도 영물들은 잘봅니다.

우리 교회에 다니는 권사님으로부터 주일 아침 9시경에 전화가 왔습니다. 아침에 일어나려는 데 심신이 나른하고 다운되어 꼼짝을 못하여 교회를 오지 못하겠다는 것입니다. 그런데 전화를 받는 순간 무엇인가 좋지 못한 예감이 왔습니다. 그래서 조금 있다가 봉고차를 운전하여 권사님 댁으로 갔습니다. 집 앞에 봉고차를 세워놓고 아파트에 들어갔습니다. 권사님이 사시는 아파트는 1층입니다. 그래서 초인종을 눌렀습니다. 누구세요. "예 저 강 목사입니다" 문 열렸어요.

그래서 문을 열었습니다. 문을 열고 보니 권사님이 나를 탁 쳐다 보았습니다. 그런데 순간 보이는 것이 마귀할멈의 형상이 보였습니다. 그래서 신을 벗고 들어가 다자 고자 할 것 없이 머리에 손을 얹고 기도를 했습니다. "성령이여 임하소서, 힘이 없게 하고 교회가지 못하게 하는 더러운 악마야 예수 이름으로 명하노니 떠나가라" "힘이 없게 하고 교회가지 못하게 하는 더러운 악마야 예수 이름으로 명하노니 떠나가라" "힘이 없게 하고 교회가지 못하게 하는 더러운 악마야 예수 이름으로 명하노니 떠나가라"이렇게 명령을 하니 권사님이 "아멘"으로 화답을 했습니다. 그리고 권사님을 보니 얼굴이 정상으로 돌아 왔습니다.

그러자 권사님이 나에게 하는 말이 이랬습니다. "목사님! 어젯밤 꿈에 미국에 이민 가서 살다가 교통사고 당하여 죽은 딸이 검정 드레스를 입고 저에게 찾아 왔습니다. 그래서 너무나 반가워서 끌어 앉았습니다. 그랬더니 순간 없어졌습니다" 그래서 제가 막 나무랐습니다."권사님 꿈에 죽은 사람이 나타나거든 예수 이름으로 물리치라고 했지 않습니까?"그러니까, 권사님이 하시는 말씀이 이렇습니다. "목사님 우리 딸은 예수 믿고 죽었습니다" 성도님들의 영적인 수준이 이렇습니다. 아니 예수 믿고 죽은 사람이 천국에 가 있는데 어떻게 와요. 올 수가 없습니다.

(눅16:26)"그뿐 아니라 너희와 우리 사이에 큰 구렁텅이가 놓여 있어 여기서 너희에게 건너가고자 하되 갈 수 없고 거기서 우리에게 건너올 수도 없게 하였느니라"

천국에서 지옥도 갈수도 없고 올수도 없는데 어떻게 죽어 천국에 있는 사람이 세상에 나올 수가 있나, 권사님이 꿈에 본 자신의 딸은 진짜가 아니고 마귀가 권사님에게 들어오려고 가장하여 나타난 귀신입니다. 그러니까 그 꿈을 꾸고 난 다음에 온몸이 나른하고 힘이 들어 교회를 나오지 못할 정도가 되지 않았습니까? 우리는 속지 말아야 합니다.

그래서 권사님 댁에서 나와서 다른 성도들을 봉고 차에 태워서 교회에 와서 주일 예배를 드렸습니다. 그리고 예배를 마치고 성도들을 이끌고 권사님 댁에 가서 성령집회를 하고 안수를 해서 귀신을 몰아내 주었습니다. 그러자 바로 온몸이 나른하고 다운되게 했던 질병들이 치유 되었습니다.

14장 깊은 차원 내적치유

(히 12:14-16)"모든 사람과 더불어 화평함과 거룩함을 따르라 이것이 없이는 아무도 주를 보지 못하리라. 너희는 하나님의 은혜에 이르지 못하는 자가 없도록 하고 또 쓴 뿌리가 나서 괴롭게 하여 많은 사람이 이로 말미암아 더럽게 되지 않게하며, 음행하는 자와 혹 한 그릇 음식을 위하여 장자의 명분을 판 에서와 같이 망령된 자가 없도록 살피라"

내적치유는 깊은 차원의 치유입니다. 깊은 곳의 아픔, 상처를 치유하는 것입니다. 잠재의식, 무의식의 치유입니다. 또 내적치유는 인간관계의 치유입니다. 인간은 영적이고 심리적인 존재이기 때문에 인간관계는 감정의 관계, 심리적인 관계입니다. 그런데 감정이나 심리상태, 영적상태가 좋지 못하면 인간관계가 좋지 못하게 되며, 한걸음 더 나아가 하나님과 좋은 관계를 맺지 못합니다. 사람들은 하나님을 믿지만, 하나님과 좋은 관계를 맺지 못하고 있습니다.

저는 항상 이렇게 말합니다. 마음의 상처는 오만가지 문제의 원인이 된다는 것입니다. 육체적인 질병의 원인도 될 수가 있습니다. 정신적인 문제의 원인도 될 수가 있습니다. 영적인 문제의 원인도 될 수가 있습니다. 그러므로 마음의 상처는 치유 받아야 합니다. 과거의 아픈 기억들이 굉장히 많이 있을 것입니다. 나이가 많으면 많을수록 상처는 많습니다. 이런 쓴 뿌리와 아픈 기억들이 치유되지 않으면 영적으로 깊이 들어가는 데 지대한 방해가 됩니다. 특히 성령의 불로 장악 당하는데 결정적인 장애요소가 될 수 있습니다. 현재의 삶과 인간관계에도 문제가 생기게 됩니다. 성령의 불로 장악되는 것의 필수 요소인 깊은 영의기도를 하는데 지대한 문제를 야기합니다. 잡념에 사로잡히게 한다는 것입니다. 잡념을 제거하지 못하면 절대로 깊은 영의 기도에 들어갈 수가 없습니다. 과거의 아픈 기억을 잊어버리지 못하면 현재 삶이 파괴됩니다.

저의 개인적인 소견으로는 성도가 제일 먼저 해야 할 일은 마음의 상처를 말씀과 성령으로 내적 치유하는 것입니다. 내면의 상처가 치유되지 않으면 절대로 성령으로 장악이 될 수가 없고 영적으로 변할 수도 없습니다. 왜냐하면 상처 뒤에 항상 마귀가 역사하기 때문입니다. 그러니 영적으로 깊이 들어갈 수가 없고 성령의 불로 장악될 수가 없는 것입니다. 상처가 치유되지 않은 성도가 성령의 은사가 나타나는 것은 자신을 영적으로 망가지게 하는 은사가 될 수가 있습니다. 그러므로 주의해야 합니다. 빨리 자신을 말씀과 성령으로 정확히 보고 내면의 상처를 치유 받아야 합니다.

1. 내적치유 받아야하는 증상

① 특별하게 화를 낼 일도 아닌 경우에도 화를 심하게 내며 화를 조절하지 못합니다. 마음이 상처가 포화 상태인 경우입니다. 마음에 여유가 없기 때문입니다. ② 감정의 변화와 함께 감정을 다른 사람에게 나타내어 남을 불쾌하게 만듭니다. ③ 대인관계가 어렵고 새로 사람을 사귀거나 좋은 관계를 지속하기가 힘들기도 합니다. ④ 감정의 변화와 함께 신체적인 반응이 민감하게 일어납니다. 두통, 위장, 가슴, 심장통증 등등…. ⑤ 부정적 감정이 살아나면 모든 일에 의욕을 잃고 자신을 조절하지 못합니다. ⑥ 신앙생활이 무미건조하며 영적인 일보다 세속적인 일에 관심을 갖습니다. ⑦ 자기중심적이며 배타적, 의존적 태도를 취하며, 나이가 먹어도 자립을 하지 못합니다. ⑧ 심한 열등감, 부끄러움, 두려움, 우울, 도피 등의 현상이 잦습니다. ⑨ 매사에 부정적인 자세, 무질서, 산만, 극단적인 성품입니다. ⑩ 나쁜 습관을 가지고 있습니다. 폭음. 폭식, 늦잠. 게으름…. ⑪ 기운이 없고 눕고 싶고 시름시름 아픔을 자주 느낍니다. ⑫ 비 건전하거나 더러운 생각들이 자꾸 머리에 떠오릅니다. ⑬ 죽음에 대한 생각들을 합니다. 자살을 생각하기도 합니다. ⑭ 하나님을 먼저 찾기보다 자신이 취할 수 있는 방법을 먼저 행합니다. ⑮ 그래서 점점 더 깊은 죄악 속으로 들어가는 악순환이 계속됩니다. 이

와 같은 현상이 나타나는 이유는 무의식 잠재의식에 상처가 있기 때문에 일어나는 현상입니다. 반드시 말씀과 성령으로 무의식 잠재의식의 상처를 치유해야 정상적인 생활을 할 수가 있습니다.

2.내적치유 하는 실제적인 방법

내적 치유는 피 사역자에게 상처를 많이 드러내어 성령으로 치유하는 것이 관건입니다. 상처는 무의식 잠재의식에 웅크리고 있습니다. 그럼 어떻게 무의식과 잠재의식의 상처를 드러나게 하는가? 먼저 성령의 임재가 충만하여 환자의 영육을 장악하게 해야 합니다. 이렇게 깊은 상처치유를 하려면 성령의 깊은 역사가 있어야 합니다. 성령의 역사만이 무의식과 잠재의식의 상처를 현실로 드러내어 밖으로 배출할 수 있기 때문입니다. 그러므로 성령의 임재가운데 상처로 인하여 발생 가능한 상황을 많이 만들어 말씀을 전해야 합니다. 그래야 상처로 고생하는 환자들의 영을 깨워서 상처가 드러나게 할 수 있기 때문입니다.

무의식과 잠재의식의 상처를 현실로 많이 노출되게 하여 드러내야 치유가 잘됩니다. 성령으로 충만하게 하여 마음이 열리게 한 다음 자신을 볼 수 있는 말씀을 증거 하여 최대한 상처가 드러나게 해서 근원을 치유해야 성공적인 내적치유 사역이 됩니다.

충만한 교회에서는 말씀과 성령의 깊은 임재 하에 세 가지 방법으로 사역을 진행합니다. 1)자신에게 나타나는 현상 이용한 내적치유. 2)자라나고 성장한 시기별 상처의 치유. 3)상처가 생기게 하는 충격적 사건이나 상황을 이용하는 방법을 이용하여 내적치유사역을 하고 있습니다.

첫째, 사람에게 나타나는 현상을 이용하여 상처를 드러내고 치유하는 방법입니다. 눈치 살피기, 집착감, 결핍감, 두려움, 불안, 분노, 미움, 원한, 용서하지 못함, 저항, 비판의식, 실패감, 수치심, 죄책감, 증오심, 시기, 잘 놀랜다. 열등감, 우울함, 불면증, 혈기, 실어증(대인기피) 등등 의 상황을 말씀으로 상황을 만들어 전하면서 치유하는 방법입니다.

둘째, 자라나고 성장하는 시기별 상처를 드러내고 치유하는 방법입니다.
(1) 성령의 깊은 임재 하에 태아기를 조명합니다. ① 부모가 원하지 않은 임신을 했을 경우 태아가 엄마의 부담으로 느껴져 상처를 받게 됩니다. ② 혼외 관계. 임신에 대한 지식 준비가 전혀 없는 상태에서의 잉태되었을 경우에 상처를 받게 됩니다. ③ 태아를 인공 중절 수술하려는 계획과 생각을 했을 경우 태아에게 두려움의 영이 침투합니다. ④ 임신 중에 부모나 친척의 죽음

을 경험했을 때 상처가 생깁니다. ⑤ 임신 중에 고부간의 갈등이 있을 때 상처가 생깁니다. ⑥ 임신 후 태아에게 관심을 갖자 못할 정도로 바쁜 생활을 할 때 상처가 생깁니다. ⑦ 탯줄을 목에 감고 출생하는 경우 목에 관련된 질병과 언어 장애가 생기기도 합니다. ⑧ 출생시 문제로서 머리를 기계로 잡고 끄집어내는 경우 뇌손상이 될 수가 있습니다.

(2)성령의 깊은 임재 하에 유아기를 조명합니다. ① 잦은 질병을 앓고 자란경우: 어른이 되어 상처로 고통을 당합니다. ② 이별로 인한 고아로 자람: 증오심, 심장, 내장 기관이 약할 수가 있습니다. ③ 부모와 떨어져 살았거나 부모가 바쁜 생활에 의해 다른 사람에 의해 길러진 경우 상처받게 됩니다. ④ 거부당한 사건이 있는 경우: 내가 먼저 거부합니다. ⑤ 벌래나 짐승에게 심하게 놀란 일이 있을 때 상처가 됩니다. ⑥ 부모와 이별을 경험한 경우는 서러움, 우울증에 잘 걸립니다. ⑦ 많은 식구로 돌보지 못한 경우 상처가 되어, 사랑을 받으려고 만합니다. ⑧ 부모가 부부싸움이 잦은 경우는 잘 놀라고, 두려움을 잘 타게 됩니다. ⑨ 사고, 물, 교통, 기타, 높은 곳에서 떨어진 경우 상처가 될 수 있습니다.

(3)성령의 깊은 임재하에 유 소년기를 조명합니다. ① 부모의

무관심속에서 자라난 경우 관심을 받으려고 노력(가정, 직장)하는 경우가 많습니다. ② 오랜 기간 스트레스를 받는 부정적인 환경에서 자란 경우도 상처가 됩니다. 예를 들어 가정의 잦은 불화, 심한 잔소리, 엄한 권위 밑에서 무섭게 양육 받는 것, 잔혹한 여러 형태의 압박 등등…. ③ 부모로부터의 잦은 거절을 받았으면 상처가 됩니다. 유아기는 자기중심적이기 때문에 부모로부터 받은 것 보다 받지 못한 것에 대하여 심각하게 생각하게 되고 상처를 받게 됩니다. ④ 부모에게 받은 상처들: 구타, 폭행, 무시, 차별대우 등등…. ⑤ 심한 질병으로 고통당한 경우 상처가 남아있습니다. 성령이 임재하면 병원에서 고통 당 하던 그대로 행동을 합니다. ⑥ 자라면서 이별 사건을 경험한 경우 무의식에 상처가 남게 됩니다(부모 이혼, 죽음, 이민, 친척, 고아원). ⑦ 부모의 부정사건 (이성)을 경험한 자녀들이 의부, 의처증에 걸릴 확률이 많습니다. 어렸을 때 치유 받는 것이 좋습니다. ⑧ 외롭고, 두렵고, 놀램, 불안(어머니 도망갈까 봐)등등으로 상처를 받았다면 치유 받아야 합니다. ⑨ 가정불화가 심하고 부모님들의 부부 싸움이 잦고, 물질, 재난, 등 고생한 경우 상처가 됩니다. ⑩ 물, 불, 교통, 천재지변으로 고통당한 경험이 있으면 치유 받아야합니다. ⑪ 학교에서 선생에게 체벌 받은 경험이 있다면 상처로 남아 있을 수 있습니다. ⑫ 학교에서 친구들에게 따돌림 받은 경험이 있다면 정신적인 문제로 고생할 수도 있습니다. 왕따를 잘 당합니다. 왕따를 시키는 아이들이 문제가 있는 것이 아니고 왕따를 당하는 아이에게 문제가 있다는 것을 알아야 합니다.

(4)성령의 깊은 임재하에 중고등, 청년시절을 조명합니다. ① 부모에게 받은 상처는 없었는가? 조명해보아야 합니다. ② 가정 불화가 심하고 부모님들의 부부 싸움이 잦고, 물질, 재난, 등 고생한 경우 상처가 됩니다. ③ 질병으로 고통 당 한 일은 없는가? 조명해 보세요. ④ 부모의 부정사건 (이성)을 경험한 자녀들이 의부, 의처증에 걸릴 확률이 많습니다. ⑤ 이별 사건으로 부모 이혼, 별거, 죽음, 이민, 친척, 고아원에서 자랐다면 반드시 내적치유가 필요합니다. ⑥ 이성 관계에 상처는 없는가? 조명해 보아야 합니다.⑦ 선생님에게 받은 상처는 없는가? 조명해 보아야 합니다. ⑧ 물, 불, 교통, 천재지변으로 고통당한 경험이 있으면 치유 받아야합니다. ⑨ 소년, 소녀 가장으로 고생하면서 지낸 경험이 있다면 치유 받아야 합니다. ⑩ 학교에서 친구들에게 따돌림 받은 경험이 있다면 치유 받아야합니다.

(5)성령의 깊은 임재 하에 장년기를 조명합니다. ① 사고 (불, 물, 교통). ② 사별 (부모, 부부, 자녀). 자녀가 갑자기 죽었다면 상처가 됩니다. ③ 이혼 (본인, 자녀). ④ 질병 (본인, 자녀). ⑤ 사업파산, 해직 등등…. ⑥ 부부간의 폭행의 상처. ⑦ 다른 사람

과 이성 관계 상처를 치유 받아야 합니다.

　(6) 성령의 깊은 임재하에 현재의 삶에 대해 어떤 생각을 하는지 조명합니다. ① 현재 자신의 삶에 과거의 상처와의 관계성은 없는 가 조명하세요. ② 자신의 성품이 고쳐지거나 교정되어 가고 있는 가 조명하세요. ③ 어떤 일을 시도하려고 할 때 과거의 경험이 되살아나서 포기해 버리지 않는가? 생각하세요. ④ 아무 일도 아닌 것에 심하게 스트레스를 받고 쉽게 좌절하거나 우울함에 빠지지 않는가? 생각하세요. ⑤ 성격의 흐름이 부정적인 쪽으로 흐르지 않는가? 조명하세요. ⑥ 특정한 성별의 사람을 미워하지 않는가? 노인이나 남자나 여자를 미워하지 않나 생각해 보세요. ⑦ 나에게 해 끼친 부모와 동성을 동종으로 보고 있지는 않는가? 조명하여 보세요.

　(7) 성령의 깊은 임재하에 미래에 대해 자신이 어떻게 생각하고 있는지 조명합니다. ① 자신에게 나쁜 일이 닥칠 것이라고 예감하지 않는가? ② 미래에 대한 계획을 세우려 할 때 포기가 앞서지 않는가? ③ 새로운 일을 시도하려 하기보다는 현실에 안주하고 있지 않은가? ④ 결혼 등 중요한 결정을 하는 데 과거 사건이 영향을 줄 것이라고 생각하지 않는지 조명하여 치유해야 합니다.

셋째, 상처가 생기는 사건이나 상황을 이용하여 상처를 드러내고 치유하는 방법입니다. 사람은 감정을 가지고 사는 존재입니다. 과거에 사건 사고를 당했거나 상처를 받았으면 감정에 상처를 입게 됩니다. 감정에 상처를 받고 치유 받지 못하면 영적인 생활과 육적인 건강에 지대한 영향을 미칩니다. 지난날 받은 상처의 감정으로 인하여 순간 사람이 이성을 잃어버려 짐승이 될 수도 있습니다.

사람이 육적인 감정이 살아나면 육의 활동이 강화되어 영성이 소멸됩니다. 그래서 사리분별을 혼동하게 되어 순간 실수를 하기도 합니다. 그래서 하나님은 "항상 기뻐하라, 쉬지 말고 기도하라, 범사에 감사하라"고 명령하시는 것입니다. 마음이 상하는 것은 감정이 상하는 것입니다. 감정이 상처를 받으면 이성을 잃게 됩니다. 감정이 좁아지면 정신을 잃게 됩니다. 감정이 이제 나의 조절을 받지 않게 되는 것입니다. 내가 감정의 지배를 받게 되는 것이요, 이성을 잃게 되는 것입니다.

상처를 입게 되면 거기서 나오는 분노의 감정을 통하여 더 깊은 상처를 입고 남에게도 상처를 입히게 됩니다. 상처를 치유 받지 못한 사람에게도 물론 성령님이 내재하시지만, 성령을 체험하기는 하지만, 성령님이 상처받은 마음속에 갇히게 됩니다. 성령이 활발한 활동을 하실 수가 없게 됩니다. 상처로 인하여 우리의 마음이 굳어지고, 강퍅해짐으로, 우리 속의 성령님이 역사 하실 수가 없게 됩니다.

　상처는 우리 속에 계신 성령님이 역사 하시지 못하도록 마음의 문을 닫아버리게 만듭니다. 상처가 있는 한, 마귀는 더욱 강하게 역사하고, 성령님은 점점 더 갇히게 되는 것입니다. 이것을 나의 대에서 끊어야 합니다. 자녀에게 흘러 들어가지 못하게 해야 합니다. 다른 사람에게 상처 주는 일을 끊어야 합니다. 다른 사람들에게 치유를 주어야 합니다.

　① 전쟁사고. ② 일제 36년. ③ 국가변란. ④ 교통사고. ⑤ 물에 빠짐. ⑥ 불에 의한 사고. ⑦ 부모이혼/자신의 이혼. ⑧ 부모의 부부 싸움. ⑨ 갑작스런 죽음(부모, 자녀 등등). ⑩ 잦고 깊은 병고. ⑪ 이사와 이민. ⑫ 천재지변. ⑬ 조난. ⑭ 인공유산, 사고에 의한 유산. ⑮ 자신의 부주 위로 다른 사람이 죽음과 성폭행 등 사람에 의한 상처와 질병에 의한 수술의 경험 등등의 경험이 있는 분은 사전에 깊은 차원의 내적치유를 받아야 합니다.

3.상처의 기억과 치유하는 방법

　① 깊은 기도로 성령의 임재가 깊어져서 마음이 평안한 상태가 되어야 합니다. 마음이 외부의 영향을 받지 않는 상태가 되어야 합니다. 성령 임재로 평온한 상태가 되어야 합니다. 치유에 집중하는 마음 상태가 되어야 깊은 곳에 숨겨진 상처를 성령님

의 도우심으로 치유 받을 수 있습니다.

② 성령님의 임재를 간구합니다. 영에서 마음으로, 이성으로 임재가 나타나시도록 간구합니다. 성령님의 깊은 임재 하에 성령의 도우심으로 자신의 과거로 돌아가서 과거에 받았으나 묻혀있는 크고 작은 상처의 기억을 떠올리며, 상처와 함께 그때 겪었던 당황함, 부끄러움을 회상한 후, 하나씩 그 상처를 주님께 드립니다. 또, 한 가지 방법은 오늘 어저께 그저께 살아오면서 일어난 비정상적인 사건을 가지고 성령님에게 물어보는 것입니다.

예를 들어: 이제 오늘부터 쭉 생각하시면서 절망, 분노, 고통당했던 일, 실수했던 부분을 찾아보세요. 그리고 성령님께 물어보세요. 내가 왜 그런 행동을 하는지. 왜 그러게만 해야 하는지. 왜 그런 성격이 고쳐지지 않는지. 성령님 그런 행동이 어디서 나왔는지. 내가 왜 교인들에게 고통을 주는지. 아내, 자식, 남편에게 왜 고통을 주고 있는지. 내가 왜 그런 행동을 하는지. 이런 행동이 나의 성장 과정의 무슨 문제 때문인지. 내가 왜 내 성격을 조절할 수 없는지를 성령님께 물어보세요.

이렇게 질문하시기 바랍니다. 다른 사람이 나에게 별말을 하지 않았는데 내가 왜 그렇게 화를 내는지를 알게 하소서. 아무것도 아닌데 내가 그 소리들을 때 왜 그렇게 혈기를 냈는지요. 지금 생각하면 아무 것도 아닌데 왜 그 소리 듣고 화를 냈는지요? 왜 나는 사람 앞에서는 것이 두려운가요? 알게 하소서. 깨닫게 하소서. 내가 성장해온 과정 중에서 무슨 인연이 없는가요? 성령이여 오소서. 성령이여 깨닫게 하소서. 하면서 기도하세요.

③ 당시에 받았던 상처로 말미암는 감정이 내면에 떠오르거나 감정이 되살아나면 (수치감, 답답함, 분노, 좌절감, 깊은 슬픔, 두려움 등) 억제하거나 감추지 말고 의식수준으로 표현하십시오. 그리고 그것을 주님에게 드리세요.

④ 이 때 자신의 상처와 관련된 사람을 용서하는 작업을 해야 합니다. 용서하지 않고 단순히 감정만 처리하는 것은 상처의 근원은 그냥 두고 감정만 치유하는 것이며, 이러한 치유는 후에 다시 재발됩니다. 큰 사건, 큰 상처일수록 이 부분에 세심한 주의를 기울여야 하며, 세심한 치유를 했어도 같은 감정이 오면 몇 번이고 계속해서 치유해야합니다. 자신의 마음에 상처를 준 사람을 용서하지 않으면 진정한 치유가 되지 않습니다. 어두움과 저주의 세력에게 자신을 묶어놓고 있는 것입니다.

⑤ 성령님의 능력으로 치유 받은 후에는 마음에 평안함을 느끼게 됩니다. 계속하여 이 평안을 유지하는 것은 자신의 책임입

니다. 오래된 상처나 깊은 상처는 일회적인 치유보다 장기적이고 지속적인 치유를 해야 합니다.

⑥ 성령님과 교제를 하여 악한 생각이 나지 않도록 기도생활을 해야 합니다. 진정한 치유란 지속적인 성령 하나님과의 동행입니다. 항상 하나님을 찾아야 합니다. 늘 마음에 하나님을 느끼고, 하나님과 동행하고 하나님을 의지하여야 합니다. 그리함으로 늘, 점점 마음이 맑아지고, 자유해지고, 평안해지는 삶을 살아야 합니다.

더 상세한 성령의 역사에 의한 내적치유에 대하여 상세하게 터득하고 싶은 분은 "내적상처를 스스로 치유하는 기도문"과 "내적치유 쉽게 하는 법"을 참고하시기를 바랍니다. 이 책을 읽으면 생명의 말씀과 성령의 깊은 역사로 내적인 상처를 치유하는 비결을 터득하게 될 것입니다.

충만한 교회에서는 지방에 계시는 분들을 위하여 성령치유 집회 교재와 CD를 준비했습니다. 33개 종류의 집회 실황 녹음 CD가 있습니다. 물론 CD와 동일한 교재가 있습니다. 교재를 보시면서 CD를 들으시면 집회 참석과 동일한 성령충만과 말씀의 비밀을 깨달으실 수가 있습니다. 홈페이지(www.ka0675.com)에 들어가 보시면 상세하게 설명되어 있습니다. 필요한 CD와 교재를 신청하시고 입금하시면 택배로 보내드립니다.

15장 우울 정신질병의 강력치유

(막16:17-18)"믿는 자들에게는 이런 표적이 따르리니 곧 그들이 내 이름으로 귀신을 쫓아내며 새 방언을 말하며 뱀을 집어올리며 무슨 독을 마실지라도 해를 받지 아니하며 병든 사람에게 손을 얹은즉 나으리라 하시더라."

우울이나 정신신경질병의 치유 방법은 여러 가지가 있습니다. 우선 의학적인 요법인 약물요법이 있습니다. 그리고 심리 치료법이 있습니다. 다음에 자세하게 설명이 되지만 제일 좋은 치유법은 영적인 치유법입니다. 말씀과 성령의 역사에 의한 영적인 치유만이 근본원인을 제거하며 치유할 수 있습니다. 그러나 굳이 영적인 치유만을 고집하는 것도 문제가 있을 수 있습니다. 의학적인 요법과 심리적인 요법을 병행하며 영적치유를 하는 것도 나쁘지는 않다고 봅니다. 제가 지금까지 정신신경의 질병을 치유한 사례를 종합해보면 의학적인 요법을 병행했을 때 무리가 없이 치유가 되었습니다. 그래서 저는 정신과 의사가 처방하여 주는 약을 복용하며 치유하든지 끊고 치유하든지 환자와 보호자와 의사가 결정할 문제라고 생각합니다. 절대로 성령 치유 사역자가 약을 끊으라고 권유해서는 안 됩니다. 나중에 큰 문제가 발생할 소지가 다분하게 있기 때문입니다.

1. 마음과 정신의 질병 치유.

정신질병의 근본적인 원인은 "마음의 상처"와 "죄"이기 때문에 죄와 용서의 처리가 먼저 되어야 합니다. 죄의 개념이 율법을 범하는 차원에서만 생각하지 않기를 바랍니다. 죄란 바로 나 자신의 일부로서 육을 통하여 나타나는 생각이나 감정이나 의지가 다 죄입니다.

육신이 바로 죄이며 육신적으로 사는 것이 죄입니다. 영으로 살지 않는 사람은 육신적으로 사는 죄의 대가인 혼의 질병이 오게 됩니다. 그리고 자신의 죄가 아니더라도 조상의 죄악으로 오는 경우가 많습니다. 그리고 용서를 해야 합니다. 많은 경우 정신적인 질병이 있는 환자는 말못할 큰 충격을 받은 일이 있습니다. 나에게 이 충격을 일으킨 사람을 용서해야합니다.

(롬 7:19-20)"내가 원하는 바 선은 행하지 아니하고 도리어 원하지 아니하는 바 악을 행하는도다. 만일 내가 원하지 아니하는 그것을 하면 이를 행하는 자는 내가 아니요 내 속에 거하는 죄니라"

1) 죄를 용서받고 치유를 받으려면 예수를 영접하여야 합니다. 예수를 영접하므로 성령의 역사로 치유가 이루어지기 시작합니다. 모든 치유는 성령의 능력으로 됩니다. 자신에 내재하

는 인간의 영의 선한 힘(영력)이라 하고, 예수를 믿어 내면으로 들어오신 하나님의 영은 인간의 능력을 초월하여 나타나는 영적 능력으로 역사합니다. 성령의 능력이 이때부터 나타납니다.

그래서 사람은 할 수 없으나 할 수 있는 하나님의 영력(형상)이 나타나서 성령이 충만하게 됩니다. 영력은 나타나는 상태와 조건을 만들어야 나타납니다.

2) 성령의 역사가 나타나는 말씀을 듣고 성령의 세례를 받아야합니다. 그 조건과 상태는 여러 가지이지만 첫째 의지를 발동시켜야 합니다. 의지를 발동하게 하여 성령세례를 받는 것이 제1의 원리요, 그 다음은 말씀과 성령으로 내적 치유하는 것이 제2의 원리요, 귀신 추방이 제3 원리입니다.

그리하여 생각이 바뀌고, 마음이 감동되어, 믿음이 생겨서, 본인의 의지가 발동되어, 몸이 움직여지고, 행동으로 옮겨지는 과정을 거쳐야 합니다. 이 영적 원리는 모든 것에 적용됩니다.

성령 세례란 예수 그리스도께서 주시는 것입니다. 성령의 세례란 성령에 의해서가 아니라 주 예수에 의해 행해지는 그리스도의 사역입니다(행 11:15-18). 성령으로 세례 받을 때는 확실한 체험으로 경험이 있습니다. 성령으로 세례를 받을 때 성령이 예수 그리스도의 이름으로 임하므로 성령으로 세례 받는 것은 체험으로 느낄 수 있습니다. 성령 세례를 받으면 하나님의 능력이 임합니다. 성령으로 세례 받을 때 성령의 권능이 함께 임합니다.

권능은 하나님의 일을 행하는 데 적합한 사람으로 크리스천을 준비시킵니다. 성령 세례는 하나님께서 우리를 예수 그리스도의 몸의 일부분으로 택하셔서 맡기신 지체로서의 임무를 효과적으로 수행하게 합니다(행 9:17-20).

성령으로 세례 받음은 성령으로 사로잡히는 것입니다. 성령 세례는 성도의 마음을 그리스도에 대한 이해와 사랑과 신뢰로 가득 차게 하며, 성령이 삶의 주관자가 되게 하며, 하나님의 자녀로서 하나님의 부름에 적합하도록 권능을 부여받는 것입니다. 권능이 있어야 세상에서 역사하는 마귀와 싸워서 이길 수 있습니다. 성령으로 사로잡혀야 영육에 역사하는 문제를 스스로 치유할 수 있는 것입니다. 성령의 역사를 체험하시기를 바랍니다. 체험이라는 것은 내가 하나님의 역사하심을 감각으로 눈으로 보게 된다는 뜻입니다.

우울증이나 정신문제에 역사하는 귀신은 우리보다 강합니다. 반드시 성령의 역사로 장악이 되어야 떠나가는 것입니다. 그러므로 성령의 권능을 받아야 합니다. 성령의 권능을 받고 권능을 사용할 수 있는 담대함을 길러야 합니다. 성령의 권능을 받아 정신 문제에 역사하는 귀신을 몰아내려면 먼저 성령으로 세례를 받아야 합니다. 성령으로 세례를 받으려면 성령의 역사가 일어나는 장소에 가야 합니다. 성령의 역사가 일어나는 장소에 가서 뜨겁게 기도할 때 성령의 세례를 체험하게 됩니다.

성령의 세례는 이론이 아니고 실제로 체험하는 역사입니다. 자신이 직접 몸으로 감각으로 느껴야 합니다. 성령의 세례를 받게 되면 다음으로 성령의 불세례가 나타나기 시작합니다. 성령께서 불로 역사하면서 자신의 상처를 치유하고 자아를 부수십니다. 성령께서 심령에서 역사하시면서 혈통에 역사는 귀신을 축사합니다. 환자의 마음 안에서 역사하는 성령의 권능으로 귀신이 떠나가기 시작을 합니다. 귀신이 떠나가니 영이 깨어나 영안이 열리기 시작합니다. 영안이 열리니 자신이 이렇게 고통을 당하는 것은 악한 영의 역사라고 알게 됩니다. 악한 영의 역사가 떠나가야 치유가 된다는 것을 환자가 인정하면서 스스로 기도하기 시작을 하는 것입니다. 스스로 기도하니 치유가 되기 시작을 하는 것입니다. 모든 것이 성령의 권세로 되는 것입니다. 그래서 성령으로 세례를 받고 권능을 받아서 사용해야 비로소 우울증이나 정신 문제를 스스로 치유할 수 있는 것입니다.

3) 성령의 인도로 말씀을 잘 알아들을 수 있어야합니다.

성경에서는 내 뜻과 정성과 힘을 다하여 하나님을 섬기라 했고(신28장), 크게 사모하는 자에게 제일 좋은 길을 보여 준다고 했습니다(고전12:31). 네가 낫기를 원하느냐고 예수님은 말씀했습니다(요5:6), 영과 진리로 예배하는 자에게 찾아온다고 했습니다(요4:23). 모든 영적인 일에 진심으로 구하고 구하면 얻을 것이요, 찾고 찾으면 찾을 것이고 두드리면 열립니다. 강한 순종과 믿음과 승리의 의지를 발동시키고 행동으로 옮기십시오. 행동으로 옮기지 못하게 하는 장애요인(죄)이 자신에게 있습니다. 이것을 깨닫고 제거하십시오. 귀신의 병과 정신병의 구분을 잘 해야 합니다.

(마 12:28)"그러나 내가 하나님의 성령을 힘입어 귀신을 쫓아내는 것이면 하나님의 나라가 이미 너희에게 임하였느니라" (롬 14:17)"하나님의 나라는 먹는 것과 마시는 것이 아니요 오직 성령 안에 있는 의와 평강과 희락이라"(고전 4:20)"하나님의 나라는 말에 있지 아니하고 오직 능력에 있음이라"

4) 앞의 과정을 거친 다음에 질병의 원인을 성령께 질문해야 합니다. 영적인 그림을 그리라는 말입니다. 전체의 그림을 보면서 자신의 문제의 원인이 어디에 있는지를 찾아야합니다. 시간이 많이 걸릴 수가 있습니다.

왜냐하면 성령께서 완전하게 장악을 한 다음 원인을 알 수 있고 치유도 되기 때문에 하나님의 시간표를 따라 기다려야 합니다. 급하다고 되는 일이 아닙니다.

5) 성령께서 알려주는 질병의 원인에 따라 조치를 해야 합니다. 죄악은 회개하고, 상처를 준 사람은 용서하고, 가문의 유전은 절단하고 원인을 제거해야 합니다. 악한 영의 역사라면 귀신

을 축사해야 합니다. 그리고 지속적인 치유를 받아야 합니다.

6) 이때부터 악한 영을 축사하고 내적치유를 합니다. 지속적으로 해야합니다.

7) 하나님과 영적인 관계를 지속하며 감사합니다.

2. 정신질환의 질병에 대해 특별히 알고 유의해야 할 점.

① 질병으로 생각하지 않고 성격으로 생각하기 때문에 치유하려고 하지 않습니다. ② 정상인과 같이 취급 되고 있기 때문에 항상 문제와 사건을 일으킵니다. ③ 영의 질병이 잠복되어 있을 경우가 많으므로 진단이 중요합니다.

④ 정신박약은 인격적 이상보다도 육체적 이상 현상으로 일어나는 현상이 대부분이며 영물의 장애가 있을 경우도 있습니다. 이러한 질병과 장애의 치유는 말씀으로 생각이나 사고방식이 영적 사고방식으로 바뀌어야하고 성령으로 말미암아 속사람이 강건해져야 합니다.

3. 정신문제 치유기도의 방법과 요령.

우울증이나 정신문제를 치유하려면 기도가 바르게 되어야 합니다. 그런데 소리를 내지 않는 마음의 기도나 묵상기도는 효과가 없습니다. 환자가 의지적으로 소리를 내서 기도를 해야 합니다. 호흡을 들이쉬고 내쉬면서 아랫배에서 나오는 소리로 주여! 를 지속적으로 해야 합니다. 묵상기도를 하면 잡념에 사로잡혀서 기도를 할 수가 없습니다. 우울증이나 정신적인 문제가 있는 분들은 성경도 소리를 내어 읽어야 합니다. 주기도문도 소리를 내어 암송해야 합니다. 찬양도 소리를 내어 불러야 합니다. 소리를 내는 이유는 소리를 냄으로 마음의 문이 열리기 때문입니다. 마음의 문이 열리니 밖에서 역사하는 성령과 자신의 안에서 역사하는 성령이 자신을 장악하여 성령으로 세례를 받게 됩니다. 성령으로 세례를 받아 성령이 환자를 장악해야 그때부터 비로소 치유가 되기 시작하는 것입니다.

좌우지간 환자가 소리를 내어 기도 하도록 해야 합니다. 환자가 마음을 열고 기도하지 않으면 치유가 되지를 않습니다.

성령으로 세례를 받아 성령으로 기도가 되기 시작하면 이제 자신의 문제에 대한 원인을 찾아야 합니다. 문제의 원인은 성령님이 알고 계시니 성령님에게 지속적으로 문의를 하는 것입니다. 자꾸 내가 왜 이럽니까? 내가 왜 이럽니까? 하고 계속 묻는 기도를 하다가 보면 성령께서 문제의 원인을 알려주십니다. 원인을 알았으면 해결을 해야 합니다.

자신에게 일어나고 있는 문제의 원인에 따라 회개하고 용서하라는 말입니다. 자신의 인생에 문제를 일으키는 귀신은 법적인 권리를 가지고 들어와서 역사하는 것입니다. 이 법적인 권리는 죄입니다. 이 죄를 해결하기 전에는 인생의 문제에 역사하던 귀신은 떠나가지 않습니다. 반드시 성령의 깊은 임재 하에 회개와 용서가 있어야 떠나가는 것입니다.

성령의 깊은 임재 안에서 자신에게 일어나고 있는 영육의 문제들을 찾아내고 회개하고 끊어내고 귀신을 몰아내야 합니다. 머리로 외워서 입으로 하는 기도는 효과가 적습니다. 육적인 상태에서는 인생의 문제에 역사하는 귀신이 떠나가지 않습니다. 영적인 상태, 성령의 임재 하에서 예수 이름으로 명령할 때 인생에 고통을 주던 영들이 물러갑니다.

성령의 임재 하에 선조나 자신이 죄를 짓는 장면을 눈으로 직접 그리면서 깊은 차원의 기도를 해야 합니다. 깊은 차원의 기도를 하면서 회개할 것은 회개하고, 용서할 것은 용서해야 성령의 역사로 귀신이 떠나갈 수 있는 조건이 됩니다. 우리에게 역사하는 마귀는 우리보다 강한 영적인 존재입니다. 고로 성령의 깊은 임재 하에 예수 이름으로 회개도 하고 용서도해야 역사하던 마귀, 귀신이 성령의 권세로 떠나가는 것입니다. 성령이 자신을 완전하게 장악을 해야 역사하던 귀신이 떠나가는 것입니다.

4. 마음(혼)의 질병에 대한 예방법과 치료법

1) 원인별 장애
죄와 악은 육신에 다음과 같은 사망의 삯이 생깁니다. 이 같은 하나님과의 불화와 마음의 죄는 하나님이 주신 정신적 심리적 평안이 깨어지고 육신의 내분비 계통과 신경 계통에서 조화가 흐트러지며 건강질서를 파괴하는 심판을 자초하여 여러 가지 장애가 일어나기 시작합니다. 이 같은 죄의 삸으로 육신에 나타나는 장애를 분류할 진단 능력이 생긴다면 치유의 방법을 선택할 수 있게 됩니다.

① 내분비계통 장애와 (가벼운 증세)

② 자율신경계통 장애와 (질병의 잠복기)

③ 뇌척추신경계통 장애와 (질병의 증세가 나타남)

④ 육신계통 장애(뇌염, 간질, 뇌충격, 뇌종양, 뇌혈관 장애, 두뇌 손상)

⑤ 약물계통의 장애(불량식품 포함)를 분류하여 치유합니다. (④와 ⑤는 육신의 병으로 분류가 됩니다)

2) 치료방법의 선택

① 개인치료: 일반적인 치유방법

② 가족치료: 가벼운 증세나 사회나 타인에게 피해가 경미한 경우에 가족이 함께 치유하면 효과적입니다.

③ 집단치료나 입원치료: 주변에 있는 분들에게 피해가 심한 경우나 돌볼 수 없는 상태에 하는 방법입니다.

④ 약물치료: 육신계통의 장애나 및 약물계통의 장애 요인

내분비 계통의 장애나 자율신경 계통의 장애나 영적 장애로 말미암은 병을 약물 투여로 고치는 것은 좋지 않은 습관성을 인체의 기능에 유발시킴으로 질병에 대한 면역력이 약해 질 수 있습니다. 그리고 저항력의 회복이나 생명력의 새로운 소생을 저해하는 결과를 가져올 수 있으므로 부득이한 경우 외에는 삼가는 것이 좋습니다.

⑤ 전기 충격요법이나 외과적 수술요법: 가능한 이러한 방법은 피하는 것이 좋습니다.

⑥ 행동치료: 가벼운 증상일 때 기술훈련, 취미훈련, 봉사활동 등으로 치유합니다.

⑦ 영적치료: 내분비 계통 혹은 자율 신경 계통의 장애나 뇌척추 신경 계통의 장애나 영적 장애로 말미암은 것일 때 성령으로 치유합니다. 상처를 내적치유하면서 지속적으로 치유를 합니다. 최근에 의학계에서 효과적이라고 인정받고 있는 인지치료(cognitive therapy)와 대인관계치료(interpersonal therapy)는 오래 전부터 해오는 바로 교회에서 하는 영적인 치료의 원리를 적용하려고 하는 것입니다.

환자에게 자신의 병을 인식 시켜 질병을 치료하려는 인지 치료나 대인관계의 개선을 통한 대인 관계의 치료법은 이성에 호소하여 고치려는 태도입니다. 이러한 표면적인 이성의 가르침보다 심령 깊이 역사하는 영적 사역이라야 치유 성과가 빠르고 크게 나타난다는 것을 알아야 합니다. 영적치료가 가장 좋은 치유방법입니다. 그런데 특히 성령이 강하게 역사하는 신유 집회나 능력 안수가 급속하고 가장 큰 치유 효과를 일으킵니다.

육신계통의 장애나 약물계통의 장애로 말미암은 것은 전문의사에게 맡기든지 집단 치료기관에 일임하여 먼저 호전된 후 기도로 치유하던지 말씀으로 재발을 방지하는 것이 좋습니다.

3) 혼의 질병 예방과 치료

스트레스나 우울증이나 노이로제 등에서 벗어나는 길은 이렇습니다. 이 혼적인 병은 사소한 영적인 병이 심화되어 혼의 병으로 나타나는 현상으로 육신의 병으로 진행될 뿐만 아니라, 심한 영적인 병으로 진행되어 파멸이나 사망으로 진행됩니다. 그러므로 이 분노는 영적으로 크나큰 손실을 가져오며 성령이나 은사를 소멸하는 가장 큰 원인이 됩니다.

(1) 예방법

① 예수 때문에 참고 자아를 죽이는 생활을 하므로 예방(마 16:25)합니다. 성령으로 충만한 생활을 하므로 예방됩니다.

② 교만을 버리고 겸손하게 사는 것(사57:15)입니다.

③ 항상 기뻐하며 범사에 감사하며 쉬지 않고 기도하는 열린 마음으로 살아가는 것입니다(살전 5:16-18).

④ 하나님의 징계와 연단을 인내함으로 감당하는 것입니다 (롬5:3-4).

⑤ 내적치유하여 악을 버림으로 예방가능합니다(살전 5:21-22).

⑥ 그리스도를 마음에 주인으로 삼으므로 예방합니다(벧전 3:15). 성령이 충만해야 가능한 방법입니다.

⑦ 성령 안에서의 삶을 살아가므로 예방합니다(갈 5:16).

⑧ 항상 기도하며 죄를 자복함으로 예방합니다(요일1:9).

⑨ 하나님께 순복하고 마귀를 대적함으로 예방합니다(약4:7).

⑩ 궁극적인 예방과 최고의 치료방법은 사랑입니다(롬 13:9).

(2) 스트레스나 우울증의 치료법

① 하나님의 말씀으로 죄를 씻음으로 치유합니다(요17:17).

② 하나님께 자신을 드림으로 치유합니다(롬 6:19).

③ 죄를 회개함으로 치유합니다(고후7:1).

④ 보배로운 피를 심령에 바름으로 치유합니다(벧전1:18).

⑤ 성령의 감동이나 능력으로 치유합니다(살후2:13).

5.정신문제 치유시 참고할 사항.

필자가 지금까지 성령치유 사역을 하다가 임상적으로 경험한 결과는 이렇습니다. 어렸을 때에 상처가 있던 사람들이 충격이나 스트레스를 많이 받으니까, 갑자기 간질증상이 나타나는 사람이 있습니다. 간질이 갑자기 발생하니까, 경험이 없는 사람들이 귀신의 영향으로 간질이 발생했다고 단정을 짓습니다. 그래서 이 목사님 저 목사님에게 귀신축사만 받으러 다닙니다. 이러다가 치유의 시기를 놓쳐서 심각한 상태로 진전이 되기도 합니다. 저는 이런 분들을 다수 치유한 경험이 있습니다. 우리가 스트레스를 받으면 체력의 소모가 많이 됩니다. 체력이 떨어지니 자신 속에 잠재하여 있던 영육의 문제가 드러나는 것입니다. 그래서 간질을 하기도 합니다. 어떤 분들은 가위눌림을 당하기도 합니다. 그래서 영적인 문제라고 단정하고 축사만 받으려고 합니다.

그러다가 영적인 분야를 잘 알지 못하는 사역자를 만나 금식도 합니다. 그러나 금식은 금물입니다. 체력이 소진되어 문제가 발생했는데 금식을 하면 기름 가마에 불을 붙이는 것과 마찬가지입니다. 더 악화된다는 것입니다. 이때에는 당황하지 말고 환자를 안정시키고 우선 체력을 보강해야 합니다. 빠른 시간에 체력을 보강할 수 있는 보약이나 다른 보양 식품을 먹여야 합니다. 그래서 체력을 회복시켜야 합니다. 안정을 취하게 해야 합니다. 그러면서 정신적인 문제를 바르게 전문으로 치유하는 사역자에게 가서 치유를 받으면 바로 정상이 됩니다.

그런데 이와 같은 전문적인 치유를 일반 성도들이나 목회자는 잘 이해하지 못합니다. 그래서 영적치유를 받겠다고 일 년 이상 돌아다니면서 이 사람 저 사람에게 안수만 받으면서 돌아다니게 됩니다. 이러다가 치유의 시기를 놓쳐서 환자가 사람 노릇을 못할 정도로 심각해 질수가 있으니 주의 하지 않으면 안 됩니다. 이와 같은 초기 간질 증상은 나이에 상관없이 발생할 수가 있습니다. 어떤 사람은 17세에 발생합니다. 어떤 사람은 20세에 발생합니다. 어떤 분은 26세에 발생하기도 합니다. 어떤 분은 34세에 발생할 수도 있습니다. 대략 이런 증상이 발생하는 사람의 유형을 보니 집안에 우상의 숭배가 심한 집안의 내력이 있는 가문에서 발생을 합니다. 그리고 태중에서나 유아시절에 상처를 많이 발생한 분들이 많이 발생이 됩니다. 대개 심장이 약하여 잘 발생합니다. 그러므로 제가 강조하는 것과 같이 불같은 성령을 체험하고 내적치유를 미리 받아야 합니다.

그러면 성령의 임재로 사전에 상처가 드러나서 치유가 됩니다. 한 번 더 강조한다면 이렇게 초기에 간질 증상 일어난다고 큰일이 나는 것이 아닙니다. 당황하지 말고 환자를 안정시키고 체력을 보강하면서 전문 사역자의 영적치유와 내적치유를 받으면 완치가 됩니다. 그리고 정신적인 문제를 치유할 때 주의해야 할 것은 다음과 같습니다.

1) 정신문제가 있으면 기도가 거의 불가능합니다.

왜, 마귀가 생각을 지배하여 잡념을 주니까? 그래서 기도하지 말고 소리를 지르게 하라. 주여, 주여, 찬송을 크게 부르게, 주기도문을 크게 외우게, 또, 성경을 큰 소리로 읽게 해야 합니다. 좌우지간 소리를 내도록 지도해야 합니다.

2) 자신이 정신에 문제가 있다는 것을 인정하게 해야 합니다. 많은 환자가 자신이 정신문제가 있다는 것을 모릅니다. 또 자신이 정신병자인 줄을 모르고 다른 사람을 돕는다고 돌아다닙니다. 자신이 정신문제가 있다는 것을 인정만 하면 치유는 70%가 된 것입니다.

3) 가족, 보호자가 인정하고 협조를 해야 합니다. 가족 전원이 번제가 드려지고 환자를 치유하려는 의지로 하나가 되어야 가능합니다. 무엇보다 가족의 도움이 절실히 필요합니다. 우울증이나 정신적인 문제가 있는 분들이 사람을 의지하려고 합니다. 절대로 사람을 의지하려고 하지 말고 하나님을 찾게 해야 합니다. 하나님이 치유하는 것입니다. 사역자나 가족을 의지하게 되면 하나님과 관계가 점점 멀어져 치유되는 시간이 길어집니다. 그러므로 사람을 의지하지 않는 것이 치유에 도움이 됩니다.

4) 성령치유를 하기 시작하면 상태가 더 나빠질 수 있습니다. 그래서 환자들이 두려움으로 치유를 포기하는 경우가 있습니다. 그런데 영적치유를 시작하여 상태가 나빠지는 것은 일련의 치유과정이라고 생각해야 합니다. 치유되고 있기 때문에 상태가 나빠지는 것입니다. 그러다가 점점 상태가 호전되는 것이 보통입니다. 제가 지금까지 우울정신신경 질병의 환자를 치유할 때 상태가 더 나빠지다가 이를 견디고 집중적으로 치유를 받으

면 금방 상태가 호전 되었습니다. 거의 모든 환자가 상태가 나빠지다가 치유되었습니다. 그러므로 절대로 상태가 나빠진다고 치유를 포기하면 우울정신신경 질병에서 자유 함을 받을 수가 없다는 것을 명심해야 할 것입니다. 보호자가 독려하여 치유를 지속해야 합니다.

6.치유 간 유의해야 할 사항.

1) 병원치유를 이용하고 도와야 합니다. 어느 시점까지는 병원 약을 복용해야합니다.

2) 병원에서 퇴원한 환자 환경 배려가 시급하다. 적극적으로 보살펴야합니다.

3) 부모, 가족, 친지를 교육해야 합니다. 가족이 최고의 의사입니다. 영적치유 시 최고의 축복이 될 수 있습니다.

대안: 학교에서 학생들과 문제에 관심, 가족, 경제문제를 넘어서야 합니다. 적응훈련이 필요합니다. 가족을 불러 세미나를 하며 환자들이 가정, 사회적응 하도록 해야 합니다.

7.치유 간 특별히 주의해야할 사항.

1) 정신문제가 있어 육체의 힘으로 발버둥을 치면 치유(축사)가 불가능하게 됩니다.

2) 이때는 정신신경과에 입원을 시켜서 약물치료를 한 후 어느 정도 안정을 찾은 다음에 데려다가 치유하는 것이 좋습니다. 이 기간에 부모가 영적치유를 받는 것이 좋습니다. 부모가 치유되면 자녀는 60%가 치유되는 것입니다. 부모가 치유받도록 권면하고 성령치유를 해야 합니다. 부모가 치유되지 않으면 절대로 환자가 치유되지 않습니다. 대부분 부모들은 자녀에게 문제가 있는줄 생각합니다. 그러나 부모에게 문제가 있어서 자녀가 고통을 당하는 것입니다. 영적인 법칙입니다.

3) 절대 폭력을 가하거나 묶어 놓거나 하면 더욱 강하게 묶일 수가 있습니다. 기도원 같은 곳에 가면 발버둥을 치고 폭력을 행사하니까, 수갑을 채우거나 묶어두는 경우가 있습니다. 이는 정말로 삼가야 합니다. 더 큰 상처를 받게 됩니다. 전문적으로 치유하는 정신병원에 입원 시키는 것이 좋습니다.

성령님의 능력으로 치유 받은 후에는 마음에 평안함을 느끼게 됩니다. 계속하여 이 평안을 유지하는 것은 자신의 책임입니다. 오래된 상처나 깊은 상처는 일회적인 치유보다 장기적이고 지속적인 치유를 해야 합니다. 성령님과 교제를 통하여 악한 생각이 나지 않도록 기도생활을 해야 합니다. 진정한 치유란 지속적인 성령 하나님과의 동행입니다. 늘 마음에 하나님을 느끼고, 하나님과 동행하고 하나님을 의지하여야 합니다. 그리함으로 늘, 점점 마음이 맑아지고, 자유해지고, 평안해지는 삶을 살아야 합니다.

우울증이나 정신적인 문제는 안수한 번에 치유는 불가능합니다. 지속적으로 말씀을 듣고 기도하여 성령으로 충만해야 합니다. 전문적인 치유 사역자의 집중적인 관리가 있어야 합니다. 우울증이나 정신적인 문제로 고생하는 분들은 전문적으로 성령의 역사를 일으키고 치유하는 교회에 등록하여 다니면서 담임목사의 집중적인 관리를 받는 것이 좀더 빨리 정상으로 회복될 수 있는 길입니다.

충만한 교회에서는 매주 월/화/목요일 오전 11시부터 오후 4시 30분까지 성령능력 전문치유집회를 합니다. 매주 다른 과목을 가지고 집회하여 말씀의 비밀을 깨닫고, 성령으로 충만 받아 자기 영을 자신이 지킬 수 있도록 훈련합니다. 목회자들은 자신이 치유되면서 성령의 권능이 나타나 능력 있는 목회를 할 수 있게 됩니다. 성도는 자신의 영육이 치유되면서 영적인 자립을 하도록 사역을 합니다. 매주 무료집회로 회비는 없습니다. 단 매주 교재가 있어서 구입해야 입장이 가능합니다. 교재비는 2만원입니다. 우울증이 심한분은 토요일 날 개별집중치유에 예약하며 치유 받으면 좀 더 빨리 치유가 될 것입니다.

더 많은 것은 충만한교회 교재"우울증 정신질병 기적치유 비밀"을 참고 하시기를 바랍니다. 이 교재에는 우울증, 조울증, 불면증, 울화병, 정신분열증, 악성 두통, 의부, 의처증, 열등의식, 갱년기질환, 공황장애 예방과 기적치유 비결이 상세하게 수록되어 있습니다.

16장 가계혈통의 문제 강력치유

(신 11:26-28)"내가 오늘 복과 저주를 너희 앞에 두나니, 너희가 만일 내가 오늘 너희에게 명하는 너희의 하나님 여호와의 명령을 들으면 복이 될 것이요. 너희가 만일 내가 오늘 너희에게 명령하는 도에서 돌이켜 떠나 너희의 하나님 여호와의 명령을 듣지 아니하고 본래 알지 못하던 다른 신들을 따르면 저주를 받으리라"

하나님은 예수를 믿는 성도가 모두 아브라함의 복을 받기를 원하십니다. 이는 믿는 자를 통하여 하나님의 나라를 만들어야 하기 때문입니다. 그러기 때문에 예수를 믿는 성도는 모두 축복을 받은 사람들입니다. 그런데 왜 하나님의 복을 받지 못합니까? 내가 지금까지 성령치유 사역을 하면서 체험한 바로는 성도들이 영적인 면에 무지하다는 것입니다.

모두가 무지해서 영육의 고통을 당합니다. 내가 지금까지 영적인 사역을 하면서, 상담을 하면서, 종합한 결론은 성도들이 잘못 알고 있는 것이 있다는 것입니다. 너무나 행위만을 중요하게 여겨서 살아있는 성령의 역사를 외면하는 경향이 많았습니다. 진작 문제의 해결은 성령의 역사가 일어나야 되는데 성령의 역사를 뒤로하고 행위에다가 치중을 하니 문제가 해결될 수가 없는 것입니다.

내가 왜 교회가 이렇게 되어가고 있을까 기도를 했습니다. 그러니 성령께서 감동하시기를 이렇게 된 것은 옛날 선조들로부터 내려오는 샤머니즘적인 신앙이 교회에 썩어지고 있다는 것입니다. 그래서 절에서 열심히 해서 복을 받으려는 것과 마찬가지로 교회에서 열심히 하면 복을 받고 문제를 해결 받는 것으로 착각을 하고 있다는 것입니다. 헌금을 많이 하면 문제가 자동으로 해결되는 것으로 알고 가산을 팔아서 헌금을 해도 문제는 해결되지 않으니 믿음이 시험이 듭니다.

금식기도하면 문제가 해결이 된다고 해서 사십일을 금식을 해도 점점 더 심해지고 해결이 안 되는 것입니다. 또 어떤 분은 하도 답답하여 기도원에 가서 상담을 하니 기도원장이 당신이 사명자인데 사명을 감당하지 않기 때문에 그런 문제가 일어난다는 것입니다. 그래서 사명을 감당하기 위하여 신학해서 목회자가 되어도 좀처럼 문제가 해결이 되지 않고 점 점 더 심해지더라는 것입니다. 능력 있는 목사에게 대물림을 끊는 기도를 받으면 가계의 저주가 해결이 된다고 해서 거액의 헌금을 하고 안수기도를 받아도 해결이 안 되는 것입니다.

이렇게 영적인 면에 무지해서 고통을 당하는 분들이 우리 주변에 너무나도 많습니다. 분명이 말씀을 드리면 이렇습니다. 가계에 대물림되는 고통은 행위로는 해결이 안 됩니다. 반드시 성령의 역사가 있어야 해결이 되기 시작하는 것입니다. 반드시 성령으로 세례를 받고 말씀과 성령의 역사로 문제의 원인들을 찾아서 회개해야 합니다. 회개하고 대물림되던 마귀 저주의 줄을 끊어야 합니다. 그리고 귀신을 축사해야 서서히 문제가 해결이 되기 시작하는 것입니다. 상당한 기간 동안 말씀과 성령의 역사를 체험하며 싸워야 합니다. 자신이 성령으로 완전하게 변할 때까지 지속적으로 대적하며 심령에 말씀을 새기고 성령으로 충만하여 자신의 육성이 변해야 합니다. 성령의 인도를 받으며 교회에서 헌금도 하고 봉사도하면 대물림되던 저주는 끊어지는 것입니다. 내가 대물림되던 저주를 끊은 체험은 이렇습니다.

1. 대물림된 마귀저주

1) 단명의 대물림. 저는 어려서부터 목사가 되려고 한 사람이 아니고 중간에 하나님의 은혜로 목사가 되어 제2의 인생을 살아가는 사람입니다. 우선 저의 친가에 대하여 말씀을 드리겠습니다. 할아버지는 전주에서 아주 부자였다고 합니다. 땅이 하도 많아서 다른 사람의 땅을 밟지 않고 다닐 정도였다고 합니다. 그런데 일정시대에 가산을 다 탕진하는 바람에 강원도의 어떤 곳에서 일하시다가 40대 중반에 사고로 세상을 떠났다고 합니다. 저의 아버지가 십 대일 때 할아버지가 돌아가신 것입니다. 아버지는 할머니와 다른 사람들의 도움으로 공부를 하셨다고 합니다. 공부를 많이 하여 경찰관이 된 아버지는 6.25전쟁 때에 지리산

의 빨치산 토벌에 많은 전공을 쌓으셨습니다. 그리고 중매로 저희 어머니를 만나셨다고 합니다.

우리 친가는 유교 사상 속에서 제사를 아주 많이 지냈습니다. 제가 어렸을 때를 생각해 보면 거의 한 달에 한 번씩 제사를 지낸 것 같습니다. 없는 집에 제사 돌아오듯 한다고 하지 않습니까? 저의 외가 또한 우상숭배를 아주 열심히 하는 집안이었습니다. 무당을 데려다가 굿거리 하는 것을 어렸을 때에 종종 본 기억이 있습니다. 이것을 보고 대물림 받은 우리 어머니는 툭하면 무당에게 가서 점을 보거나 무당을 데려다가 굿을 하곤 하였습니다. 그런데 저의 아버지가 그만 질병 때문에 경찰관까지 그만두게 되었는데 그 후로도 고생 고생하시다가 결국 40대 후반의 나이에 다섯 명의 자녀를 두고 세상을 떠나가셨습니다.

아버지가 병이 드셔서 일을 제대로 못하시는 동안 우리 집은 지지리도 가난했습니다. 밥을 굶는 날이 먹는 날보다 더 많았을 정도로 가난했습니다. 우리 가문에는 남자들이 40대에 죽는 단명이 대물림되고 있었습니다. 할아버지도 큰아버지도 저의 아버지도 40대에 돌아가셨습니다. 저의 동생도 그렇게 예수를 믿으라고 해도 버티다가 몇 년 전에 40대 초반에 뇌출혈로 세상을 떠났습니다. 그리고 두 동생은 세상에 태어나 얼마 살지 못하고 세 살, 네 살 때 두 동생이 세상을 떠나갔습니다. 모두 합하여 세 명의 동생들이 세상을 떠난 것입니다.

2) **질병과 가난의 대물림**: 또, 저의 가문에 질병과 가난이 대물림되었습니다. 저는 신학대학원을 다니고, 저의 두 자녀들 모두 학교에 다니고 있을 때 물질문제로 인해 나날이 궁핍한 생활을 했습니다. 목사 안수를 받고 교회를 개척해서 열심히 하였지만 교회는 쉽게 부흥되지 않았습니다. 대물림의 역사는 처가의 가문도 만만치 않습니다. 장인께서는 집안의 제주 역할을 하며 제사란 제사는 다 모셨다고 합니다. 또한 교통사고로 죽는 것 역시 대물림되었습니다. 저의 장인께서 교통사고로 40대 후반에 세상을 떠나셨습니다. 필자의 사랑하는 큰딸, 눈에 넣어도 아프지 않던 딸이 네 살 되던 해에 교회 앞에서 놀다가 버스에 치여서 사랑하는 아빠와 엄마를 세상에 두고 먼저 천국에 갔습니다. 정말 지금 생각하면 지긋지긋한 마귀의 역사에 묶여 살았습니다. 그래도 저와 사모는 예수만 믿으면 다 해결되는 것으로 착각하고 마냥 마귀에게 당하며 살았습니다.

하나님의 은혜로 목사가 된 후로 개척한 교회에서 부르짖어 기도하던 중에 어느 날 "앞으로는 영성이다. 21세기는 영성이다. 영성! 영성! 영성!" 이라는 하나님의 음성을 듣게 되면서 영의 눈을 뜨기 시작한 저는 영적인 사역에 관심을 갖고 내적 치유를 받았습니다. 또한 마귀의 저주를 끊는 세미나에도 네 번이나 참석하여 치유를 받았습니다. 그래서 그때부터 가문에 대물림된 마귀의 역사가 있다는 것을 인정하게 되었고, 본격적으로 영적

전쟁에 돌입하여 계속 대적기도를 하며 마귀와 일전을 벌였습니다. 그러면서 제가 대물림을 끊는 세미나를 직접 수없이 진행하며 인도하여 왔습니다. 특히 마귀가 일으키는 고통을 끊는 세미나에 참석하여 우리 친가의 죄악을 회개하고 역사하는 귀신을 쫓아냈습니다. 외가에 역사하는 무당의 영들에 의한 우상숭배의 죄악을 회개하고 마귀 역사에 의한 저주의 줄을 끊으면서 역사하던 귀신을 축사했습니다. 그럴 때마다 수많은 귀신들이 쫓겨 나갔습니다.

저는 대충 신앙생활 할 때는 귀신이 들어오는지 나가는지 잘 몰랐는데 성령체험 이후부터는 영의 직관력이 생겨서 귀신이 들어오고 나가는 것을 직관으로 느낍니다. 귀신이 들어올 때는 순간 아찔하면서 머리가 어지럽고 띵해집니다. 그럴 때 숨을 들이쉬고 내쉬면서 "예수 이름으로 명하노니 떠나가라" 하고 계속 명령하면 귀신이 떠나갑니다. 귀신이 나갈 때는 거의 재채기를 하거나 하품을 하고 나가는 것을 체험적으로 알 수 있습니다. 마귀의 역사를 끊는 세미나에 참석하여 기도할 때는 대물림된 귀신들이 썩은 냄새를 풍기면서 떠나갔습니다.

한번은 이런 일이 있었습니다. 성령 체험을 함과 동시에 성령치유 사역을 한창 하던 때에 낮에 사모와 함께 기도하고 있는데 갑자기 성령께서 "혈통으로 대물림 되어서 너의 목회를 방해하고 가난하게 하는 귀신을 몰아내라!" 라고 하시는 것입니다. 그래서 저는 "예수 이름으로 명하노니 나의 목회를 방해하고 가난하게 하는 더러운 귀신은 예수 이름으로 명하노니 물러갈지어다" 하고 세 번을 명령 하였습니다.

그랬더니 막 하품이 나오기를 한 20여 차례 나오면서 더러운 귀신들이 떠나가는 것이었습니다. 그러기를 한참 하더니 곧이어 아랫배가 뒤틀리고 아프면서 귀신들이 떠나갔습니다. 그 전까지만 해도 교회에서 강력한 성령의 불의 역사가 일어나는 가운데 아무리 성도들을 붙잡고 기도하며 귀신들을 축사하고 사역을 해도 저를 괴롭히고 목회를 방해하며 가난하게 하던 귀신들은 떠나가지 않았던 것입니다.

그러므로 예수만 믿으면 귀신은 자동으로 떠나간다는 말은 체험 없이 하는 말입니다. 저도 그 말을 믿고 지금까지 왔더라면 아마 이 세상에 없었을 것입니다. 그래서 하나님의 은혜로 마귀의 단명의 역사를 끊게 된 저는 지금 아주 건강하게 하나님의 사명을 감당하고 있습니다. 지금 아주 건강합니다. 매주 월요일부터 목요일까지 하루 세 번 집회를 인도해도 끄떡없습니다. 이것이 다 하나님의 은혜입니다. 성경을 보면 예수를 믿는 자는 아브라함의 복을 받는다고 했는데 그것을 몸으로 체험하고 있습니다.

"그러므로 믿음으로 말미암은 자는 믿음이 있는 아브라함과 함께 복을 받느니라"(갈 3:9).

예수를 믿는 성도가 질병에 시달리고, 사업이 안 되고, 가난으로 고통을 당하고 가정에 불화가 있는 것은 다 이유가 있습니다. 성경에 이유 없는 저주는 없다고 했습니다.

"까닭 없는 저주는 참새가 떠도는 것과 제비가 날아가는 것 같이 이루어지지 아니하느니라"(잠 26:2).

목회자가 목회가 안 되고, 질병에 걸려 고생하고, 사모가 우울증에 걸리는 것은 다 이유가 있습니다. 마귀 역사에 의한 저주를 찾아 말씀과 성령의 역사로 마귀 역사를 끊고, 귀신을 축사하고, 이 땅에서도 심령 천국을 이루면서 사시기를 바랍니다.

2. 대물림되던 저주로 인하여 일어난 해괴한 할 일들

가계에 대물림되는 마귀의 저주가 있으면 이해할 수가 없는 이상한 일들이 일어납니다. 문제가 자꾸 꼬이고 금방 될 것 같은데 마지막에 사람의 방해로 일이 틀어지고 맙니다. 내가 이제 영적인 것을 깨닫고 지난날을 되돌아보면 이상하게 일이 결정적인 순간에 꼬였다는 것입니다. 그것도 한번이 아니고 여러 번 그런 경험을 했습니다. 내가 대물림되던 마귀저주로 인하여 당한 고통은 이렇습니다.

1) **방해하는 사람만 만난다.** 내가 지난날을 회상하여 보면 조상이 우상숭배 할 때 인하여 들어온 귀신의 영향으로 저에게 손해를 끼치는 사람만을 마났다는 것입니다. 앞길을 방해하는 사람을 만나게 합니다. 그래서 내가 군대생활을 접었다는 것이 아닙니까? 이상하게 결정적인 순간에 방해를 하게 합니다. 친척들이 방해를 합니다. 말을 악하게 합니다. 정말 지금생각하면 저를 쓰러지게 하려고 주변 사람들을 동원하여 방해를 했습니다. 그런데 신기한 것은 내가 말씀과 성령으로 대물림을 끊고 치유를 받으니까, 그동안 방해하던 사람들이 모두 잘못되거나 세상을 떠나더라는 것입니다. 봄에 눈이 녹아서 없어지듯이 하나하나 사라지더라는 것입니다. 이것을 보면 저의 앞길을 방해한 것들이 귀신역사라는 것이 판명이 난 것입니다.

3년 동안 성령을 체험하며 조상의 우상숭배를 회개하며 대물림의 줄을 끊고 귀신을 쫓아내자 주변에 저를 도와주려는 사람들이 찾아오더라는 것입니다. 이 성도들이 헌금을 하여 사택이 밖으로 나가게 했습니다. 서울로 교회를 이전하게 했습니다. 참으로 기적 같은 역사입니다. 우리 아이들이 지금 우리가 서울에 올라온 것은 기적이라는 것입니다. 자신들이 우리 가정의 상태를 볼 때 도저히 사람의 능력으로는 해결할 수 없는 상황 이였습니다. 하나님은 어린아이들이 이렇게 간증하게 한 것입니다. 이렇게 하나님의 기적을 체험한 아이들이 둘 다 서울에 있는 대학에 들어갔습니다. 남들은 한 시간씩 차를 타고 학교를 가는데 이 아이들은 30분 만에 학교를 갔습니다. 하나님이 필요한 시기에 역사하셔서 둘 다 대학을 졸업했습니다. 한 아이는 과 수석으로 졸업하여 대학원에 장학생으로 들어가서 조교 자리를 두 개나 감당하고 있습니다. 또 한 아이는 취직을 하여 직장생활을 잘하고 있습니다. 하나님은 축복의 하나님이십니다. 하나님은 기적의 하나님이십니다.

2) 결정적인 순간에 일이 틀어진다. 저는 정말로 설명하기 힘이 드는 일을 많이 당했습니다. 잘 되어 가다가 결정적인 해가 되면 사람의 방해로 일을 그르쳤다는 것입니다. 그것도 한번이 아니고 네 번이나 당했습니다. 다되었다고 마음을 놓고 결과를 보면 틀어져버린 것입니다. 내가 강남에 갔다가 택시를 타고 교회에 오면서 택시 기사가 하는 말이 자기는 일이 결정적인 순간에 틀어져버린다는 것입니다. 경매를 받아서 이사를 가려고 있던 집을 팔았는데 경매한 집의 주인이 돈을 갚아 버려서 진퇴양난에 빠졌다는 것입니다. 그러면서 하는 말이 이것이 자신의 운명인 것 같다는 것입니다. 그래서 내가 그것은 운명이 아니고 귀신의 역사입니다. 반드시 예수를 믿어야 이런 일을 다시 당하지 않습니다. 하고 조언을 한 일이 있었는데 내가 지난 세월 이분과 같이 결정적인 순간이 일이 틀어져 버렸다는 것입니다. 그런데

말씀과 성령의 역사로 삼년이란 세월동안 대물림되던 귀신의 저주를 끊고 나니 이런 일이 봄에 눈이 없어지는 것과 같이 사라지더라는 것입니다.

3) 충격적인 일들을 당한다. 앞에서 간증을 했지만 저는 첫아이를 교통사고로 천국에 보냈습니다. 그것도 교회 앞에서 말입니다. 정말 생각하면 도저히 일어날 수 없는 일이 일어났습니다. 차가 다니는 대로도 아닌데 그것도 버스에 아이가 사고를 당한단 말입니까? 조상의 우상숭배로 인하여 혈통에 귀신이 역사하면 충격적인 일들을 많이 당합니다. 이해할 수 없는 일들을 당합니다. 어느 여 목사님은 화재가 발생하여 부모님이 모두 돌아가셨다는 것입니다. 그때 충격을 받아서 우울증에다가 심장병으로 고생을 하다가 오셔서 성령을 체험하고 대물림의 문제들을 찾아서 끊어내고 귀신을 축사했습니다. 그러니 우울증과 심장병이 치유가 되었습니다. 일 년 동안 우리 교회에 상주하다가 시피 하면서 은혜를 체험하고 25년 동안 고통당하던 질병과 대물림을 치유 받았습니다.

4) 항상 물질이 곤고하다. 군대에서 영관장교로 있었기 때문에 봉급이 그렇게 적은 것이 아닌데 항상 마이너스가 되더라는 것입니다. 이상하게 물질이 새나갑니다. 멀쩡한 곳에서 교통사고가 납니다. 그래서 물질이 나가게 합니다. 돈이 모여지지를 않

는 것입니다. 항상 가난한 것입니다. "너희가 많이 뿌릴지라도 수확이 적으며 먹을지라도 배부르지 못하며 마실지라도 흡족하지 못하며 입어도 따뜻하지 못하며 일꾼이 삯을 받아도 그것을 구멍 뚫어진 전대에 넣음이 되느니라"(학 1:6). 마귀가 역사하여 사고나 질병이 발생토록 하면서 물질이 새게 하는 것입니다. 원인이 없는 문제는 없습니다.

3. 대물림을 끊기 위한 활동

1) 스스로 인정하라. 자신에게 일어나는 현상이 혈통에 대물림되는 귀신의 역사로 일어나는 것이라는 것을 인정하라는 말입니다. 절대로 본인이 인정하지 않으면 귀신은 떠나가지를 않습니다. 본인이 인정하고 성령의 임재 하에 명령을 하면 시간이 오래 걸려서 문제지 다 떠나갑니다. 그래서 자신에게 일어나는 비정상적인 일들의 배후에 악한 영이 있다는 것을 알고 인정하는 것이 중요합니다. 나의 그동안 사역경험으로 보아 본인이 인정하고 성령의 임재 하에 본인이 명령할 때 모두 귀신이 떠나갔습니다. 분명하게 선조들의 죄악을 통해서 역사하는 귀신이 있습니다. 인정합시다. 인정하는 것이 빨리 귀신의 역사로부터 해방되기 시작하는 수단입니다.

2) 영의 눈을 떠라. 제가 그렇게 혈통에 대물림되던 귀신의 역

사로 고통을 당하다가 서서히 해결을 받은 것은 영적인 눈을 뜬 후부터입니다. 영적인 원리들을 알고 적용하면 적용할수록 환경에 보이도록 변화가 나타났습니다. 영적인 원리들을 알고 성령의 권세를 주장하니 물질이 서서히 풀렸습니다. 교회가 부흥을 했습니다. 재력이 있는 성도들이 교회에 등록을 했습니다. 성령의 역사가 일어나니 성령께서 하나님의 사람들을 보낸 것입니다. 천사들입니다. 저는 항상 이렇게 생각을 합니다.

성도가 성령의 세례를 받으면 성령의 인도로 영의 눈이 떠집니다. 영의 눈이 떠지니 영적인 세계가 보이게 됩니다. 모든 문제의 배후에는 귀신이 역사한다는 것을 알게 됩니다. 귀신을 쫓아내려고 하니 성령의 권능을 받는 것입니다. 그래서 영적인 원리들을 아는 만큼씩 저주하던 귀신이 떠나가는 것입니다. 영적인 지식을 얻기 위하여 노력을 해야 합니다. 말씀의 비밀을 깨닫기 위하여 성령 충만을 받아야 합니다. 성령의 인도로 말씀 속에 있는 영적인 원리들을 찾아서 적요하면 혈통에 역사하며 저주하던 귀신들이 떠나갑니다.

3) 성령의 권능을 받아라. 혈통에 역사하며 저주하던 귀신은 우리보다 강합니다. 반드시 성령의 역사로 장악이 되어야 떠나가는 것입니다. 그러므로 성령의 권능을 받아야 합니다. 성령의 권능을 받으려면 먼저 성령으로 세례를 받아야 합니다. 성령으로 세례를 받으려면 성령의 역사가 일어나는 장소에 가야 합니

다. 성령의 역사가 일어나는 장소에 가서 뜨겁게 기도할 때 성령의 세례를 체험하게 됩니다. 성령의 세례는 이론이 아니고 실제로 체험하는 역사입니다. 자신이 직접 몸으로 감각으로 느껴야 합니다. 성령의 세례를 받게 되면 다음으로 성령의 불세례가 나타나기 시작을 합니다. 성령께서 불로 역사하면서 자신의 상처를 치유하고 자아를 부수십니다. 혈통에 역사는 귀신을 축사합니다. 귀신이 떠나가니 영안이 열리기 시작을 합니다. 성령의 권세로 귀신이 떠나가는 것입니다.

　4) 원인에 대한 영적조치를 하라. 자신에게 일어나고 있는 문제의 원인에 따라 회개하고 용서하라는 말입니다. 성령의 깊은 임재 안에서 자신에게 일어나고 있는 영육의 문제들을 찾아내고 회개하고 끊어내고 귀신을 몰아내야 합니다. 머리로 외워서 입으로 하는 기도를 효과가 적습니다. 육적인 상태에서는 혈통에 역사하는 귀신이 떠나가지 않습니다. 영적인 상태, 성령의 임재 하에서 예수 이름으로 명령한 때 저주의 영들이 물러갑니다. 성령의 임재 하에 선조나 자신이 죄를 짓는 장면을 눈으로 직접 그리면서 깊은 차원의 기도를 해야 합니다. 깊은 차원의 기도를 하면서 회개할 것은 회개하고, 용서할 것은 용서해야 성령의 역사로 귀신이 떠나갈 수 있는 조건이 됩니다. 우리에게 역사하는 마귀는 우리보다 강한 영적인 존재입니다. 고로 성령의 깊은 임재 하에 예수 이름으로 회개도 하고 용서도해야 역사하던 마귀, 귀

신이 성령의 권세로 떠나가는 것입니다. 성령이 자신을 완전하게 장악을 해야 혈통에 역사하던 귀신이 떠나가는 것입니다.

5) **직설화법을 사용하라**. 하나님은 마귀에게는 직설화법을 사용하시고 믿는 자에게는 비유를 사용하십니다. 그러므로 직설화법을 사용하여 명령하라는 것입니다. 반드시 성령의 임재 하에 이렇게 명령하세요. 나사렛 예수 이름으로 명하노니 대물림되는 질병의 귀신은 물러갈지어다. 대물림되는 더러운 귀신아 물러가라. 대물림되는 악한 귀신아 물러가라. 대물림되는 거짓된 귀신아 물러가라. 대물림되는 점치는 귀신아 물러가라. 대물림되는 가난의 귀신아 물러가라. 대물림되는 불신의 귀신아 물러가라. 예수의 이름으로 명하노니 대물림되는 원수 귀신아 물러갈지어다.

이때 중요한 것은 직접 나에게 대물림의 고통을 주는 귀신의 이름을 부르면서 명령해야 합니다. 귀신은 직접 자신의 이름을 부르며 명령을 해야 떠나갑니다. 막연하게 예수 이름으로 명하노니 귀신아 떠나가라. 하면 어느 귀신이 떠나가야 하는 것인지 귀신이 알지 못하여 떠나가지 않습니다. 그러므로 영분별이나 성령께서 주시는 레마를 가지고 직접 명령을 해야 합니다. 우리가 성령의 임재 하에 예수 이름으로 우리의 권세를 사용할 수 있는 것입니다.

6) 끝장 보는 대적기도를 하라. 내가 지금 뒤를 돌아보면 혈통에 역사하는 귀신의 저주를 끊어내기 위하여 3년이 걸렸다는 것입니다. 3년이란 세월동안 집중적으로 혈통에 역사하는 귀신을 몰아내기 위하여 시간을 투자한 것입니다. 이것은 귀신만 쫓아낸 것이 아니고 내가 영적으로 변하니 혈통에 역사하던 귀신의 역사가 서서히 약해졌다는 것입니다. 귀신의 역사가 약해지니 눈에 보이게 환경이 열렸다는 것입니다. 하루 이틀 영적인 전쟁을 한 것이 아니고 3년을 했다는 것입니다.

혈통에 역사하던 귀신을 축귀하기 시작을 했다면 귀신이 완전하게 떠나 강건하게 될 때까지 싸우라는 것입니다. 절대로 중간에 포기하지 말아야 합니다. 내가 지금까지 성령치유사역을 하다가 보니까, 의지가 역하여 중도에 포기하는 사람이 있다는 것입니다. 이런 사람들은 문제를 완벽하게 해결 받지 못합니다. 그러나 끝장을 보겠다는 의지를 가지고 귀신과 싸우는 목회자나 성도들은 모두 승리하였습니다. 혈통에 대물림되는 귀신을 쫓아내려면 끝장 보는 기도를 해야 합니다.

7) 대물림하던 귀신을 몰아낸 후 관리를 잘하라. 쫓겨난 귀신은 자신이 나온 집에 대하여 강한 집착과 미련을 가집니다. 마귀는 영적 존재이나, 제한적인 존재이기에 자신이 거했던 사람의 성품과 습관에 익숙하여 자신의 일을 행하기에 매우 쉽고 효과적으로 죄를 짓게 만들 수 있으며, 마귀는 자신의 거할 장소를

찾아야 하기에 다시 거했던 그곳을 찾아옵니다.

단순히 축귀만 한 상태는 병원에서 수술을 받은 것과 같은 상태입니다. 계속 투약과 건강관리를 하지 않으면 병이 재발하는 것처럼 축사후의 삶이 매우 중요합니다. 영적치유도 중요하지만, 치유후의 관리도 매우 중요합니다. 성령으로 충만한 믿음생활을 해야 다시 귀신이 침입하지 않습니다.

저는 지금 혈통에 대물림되던 마귀의 저주가 완전하게 끊어졌다고 생각하며 방심하지 않습니다. 지금도 혈통에 대물림하던 귀신이 떠나가고 있다고 생각을 하고 있습니다. 내가 조금이라도 교만하거나 방심하면 가차 없이 귀신이 침입할 것이기 때문에 항상 경각심을 가지고 있습니다. 나의 대에서 선조들의 우상숭배로 와있는 마귀의 저주를 완전하게 끊으려고 합니다. 그래서 자녀들은 나와 같은 쓸데없는 고통을 대물림하지 않겠다고 다짐하며 실천하고 있습니다. 항상 성령으로 충만 하려고 의지적인 노력을 합니다. 세속에 빠지지 않으려고 나를 쳐서 복종을 시키고 있습니다. 될 수 있으면 세상에 마음을 빼앗기지 않으려고 합니다. 내 영은 내가 지켜야 되기 때문에 깊은 기도를 하면서 성령의 음성에 귀를 기우리고 있습니다.

가계 혈통의 치유에 대하여 상세하게 알고 치유 능력을 받고 싶은 분은 "가계의 고통을 끊고 축복받는 비결"과 "가계가 축복받는 선포기도문" 책을 활용하시기를 바랍니다. 이 책에는 가계와 혈통의 문제를 치유하는 바른 안내가 상세하게 수록되어 있습니다.

17장 육체질병 강력치유

(막16:17-18)"믿는 자들에게는 이런 표적이 따르리니 곧 저희가 내 이름으로 귀신을 쫓아내며 새 방언을 말하며, 뱀을 집으며 무슨 독을 마실찌라도 해를 받지 아니하며 병든 사람에게 손을 얹은즉 나으리라 하시더라."

예수님은 우리의 질병을 치유하여 주시기를 원하십니다. 그러나 무조건 치유하여 주시지를 않습니다. 질병을 치유받을 수 있는 믿음의 상태를 보시고 치유하여 주십니다. 고로 우리는 주님이 원하시는 영적인 수준이 되려고 해야 합니다. 주님의 마음에 들어야 치유되기 때문입니다. 치유자이신 주님에게 치유를 받으려면 이렇게 하세요.

1. 거듭나서 하나님의 자녀가 되어야 하는 것이다.

예수를 주인으로 영접하지 않으면 주님께서 치료해 주시지 아니하십니다. 왜냐하면 죄인이기 때문입니다. 죄인은 하나님의 은혜를 받을 수가 없습니다. 하나님의 은혜는 죄가 사해져서 의인이 되어야 받을 수가 있습니다. 하나님이 의로우신 분이기 때문입니다. 고로 죄인은 하나님 앞에 나갈 수가 없습니다. 죄인이 하나님을 만나면 죽습니다. 그래서 반드시 예수를 믿고 원죄가 사해져야 합니다. 마태복음 15장 21절에서 28절에 보면 예수께서 두로와 시돈 지역으로 휴식하려 가셨습니다. 제자들과 가는데 한 여인이 고함 고함을 칩니다. 내 딸이 흉하게 귀신 들렸으니 내 딸을 고쳐 주옵소서. 주님이 아무 대답도 안했습니다. 이 여인이 제자들을 붙잡고 호소를 합니다.

주님께 이야기해서 내 딸을 좀 고쳐 주옵소서. 제자들이 와서 저 여인이 저렇게 울고 부르짖으니 고쳐 주시지요. 주님이 하신 말씀이 난 이스라엘의 잃어버린 양 이외에는 보냄을 받지 아니하였습니다. 그런데 그 여인이 예수님 앞에 와서 길을 막고 엎드려서 주여 나의 딸을 고쳐 주옵소서. 그때 주님이 하신 말씀을 귀 기울어 들어야 합니다. 자녀에게 줄 떡을 취하여 개에게는 주지 아니한다 치료는 자녀에게 주는 떡입니다. 부모가 자녀에게 떡을 안 주는 부모 보았는가요? 자식에게 하루 세끼를 주지 않는가요, 양식을 주지 않는가? 자녀에게 주는 떡은 바로 치료인 것입니다.

치료는 마땅히 자녀들이 밥을 먹듯이 주님이 주신다는 것입니다. 그러나 자녀이외에 개에게는 주지 않는다고 했습니다. "여인은 맞습니다. 그런데 개들도 자녀의 상 밑에 떨어지는 부스러기는 얻어먹습니다." 그 위대한 신앙 고백을 했기 때문에 오 여자여 내 믿음이 크도다. 내 믿음대로 될지어다. 그래서 그는 비록 자녀가 아니었지만, 그 위대한 믿음의 고백 때문에 부스러기를 얻어먹고 그 딸이 정신병에게 고침을 받았습니다. 그러나 원래 주님은 병 고침을 자녀에게 주는 떡이라고 말했습니다. 그러므로 우리가 예수 그리스도를 구주로 모시고 죄를 사함 받고, 성령으로 거듭나서 하나님의 자녀가 되면 자녀로써 아버지에게 병을 고쳐 달라고 기도하는 자격이 부여되는 것입니다. 자녀가 아니고 죄인이 와서 병을 고쳐 달라고 하면 하나님께서는 병을 고쳐 줄 의무와 책임이 없습니다.

자녀에게 떡을 주는 것은 부모의 책임이지만은 자녀가 아닌 사람에게 떡을 주는 것은 의무와 책임은 아닌 것입니다. 그렇기 때문에 우리가 병 고침을 받기 위해서는 반드시 회개하고 예수를 구주로 모시고 하나님의 자녀가 되는 것입니다.

2. 성령세례를 받고 성령의 불세례를 받아야 한다.

성령은 성도가 예수를 믿을 때 마음 안에 오십니다. 마음 안에 오신 성령은 성도가 성령으로 세례 받기를 고대하고 계십니다. 성령으로 세례를 받을 때 비로소 성령이 성도의 전인격을 장악하기 때문입니다. 그 성령이 전인격을 지속적으로 장악하고 통치하는 것이 성령의 충만 입니다. 이 성령이 성도의 마음 안에서 밖(육)으로 역사할 때 성령의 권세로 마귀는 정체를 드러내고 떠나가는 것입니다. 성령으 권능이 귀신을 밀어내는 것입니다.

그래서 성도가 성령으로 세례를 받아야 권능 있는 성도가 되는 것입니다. 그래서 예수님은 불과 성령으로 세례를 받으라고 하시는 것입니다. 그러나 성령이 예수를 믿게 했다고 성령으로 세례 받는 것은 아닙니다. 믿는 것과 세례를 받는 것은 다르며, 성령님이 내주하는 것과 성령의 세례를 받는 것도 다른 것입니다. 물세례를 받는 것이 적당히 넘어갈 수 있는 문제가 아니듯이 성령의 세례도 마찬가지입니다. 성경에서 성령과 관련하여 사용된 심오한 진리 중의 하나는"성령으로 세례 받으라."라는 것입니다. 성령 세례란 예수 그리스도께서 주시는 것입니다. 성령의 세례란 성령에 의해서가 아니라 주 예수에 의해 행해지는 그리스도의 사역입니다.

(행 11:15-18)"내가 말을 시작할 때에 성령이 그들에게 임하시기를 처음 우리에게 하신 것과 같이 하는지라 내가 주의 말씀에 요한은 물로 세례를 베풀었으나 너희는 성령으로 세례를 받으리라 하신 것이 생각났노라 그런즉 하나님이 우리가 주 예수 그리스도를 믿을 때에 주신 것과 같은 선물을 그들에게도 주셨으니 내가 누구이기에 하나님을 능히 막겠느냐 하더라 그들이 이 말을 듣고 잠잠하여 하나님께 영광을 돌려 이르되 그러면 하나님께서 이방인에게도 생명 얻는 회개를 주셨도다 하니라"

성령으로 세례를 받을 때 성령이 예수 그리스도의 이름으로 임하므로 성령으로 세례 받는 것은 체험으로 느낄 수 있습니다.

성령으로 세례 받을 때 성령의 권능이 함께 임합니다. 권능은 하나님의 일을 행하는 데 능력 있는 사람으로 준비시킵니다. 성령으로 세례를 받을 때 전인격이 성령으로 장악됨으로 질병이 치유되기 시작하는 것입니다. 그러므로 질병을 치유 받으려면 성령세례는 필수적으로 받아야 합니다. 자세한 것은 "성령의 불세례를 체험하라" 와 "성령의 불로 충만받는 법"을 읽어보세요.

> (행 9:17-20) "아나니아가 떠나 그 집에 들어가서 그에게 안수하여 이르되 형제 사울아 주 곧 네가 오는 길에서 나타나셨던 예수께서 나를 보내어 너로 다시 보게 하시고 성령으로 충만하게 하신다 하니 즉시 사울의 눈에서 비늘 같은 것이 벗어져 다시 보게 된지라 일어나 세례를 받고 음식을 먹으매 강건하여지니라 사울이 다메섹에 있는 제자들과 함께 며칠 있을새 즉시로 각 회당에서 예수가 하나님의 아들이심을 전파하니"

성령으로 세례 받음은 하나님의 영으로 사로잡히는 것입니다. 성령 세례는 성도의 마음을 그리스도에 대한 이해와 사랑과 신뢰로 가득 차게 하며, 성령이 삶의 주관자가 되게 하며, 하나님의 자녀로서 하나님의 부름에 적합하도록 능력을 부여합니다. 하나님의 영으로 사로잡혀야 질병이 치유되고 영육에 역사하던 마귀가 물러가는 것입니다. 성령 세례를 체험하기를 바랍니다. 체험이라는 것은 내가 하나님의 역사하심을 몸으로 느끼고 눈으로 보았다는 것입니다. 성령의 사람이 되었다는 것입니다.

3. 진실로 회개를 하고 내적치유를 해야 하는 것이다.

회개는 반드시 성령의 임재가운데 영의 차원에서 해야 합니다. 죄를 지으면 영의 차원에서 문제가 발생하기 때문입니다. 왜냐하면 병은 아담의 타락한 죄로 말미암아 온 심판입니다. 원래 아담과 하와는 병들지 않고 죽지 않는 몸을 가지고 있었습니다. 그러나 그들이 하나님께 범죄 함으로 말미암아 너는 흙이니 너는 흙으로 돌아가라고 말했습니다. 사람의 몸이 흙으로 돌아가기 위해서는 병들어 와야 되는 것입니다.

창세기 2장 17절에서 "선악을 알게 하는 나무의 실과는 먹지 말라 네가 먹는 날에는 정녕 죽으리라 하시니라" 창세기 3장 19절에 "네가 얼굴에 땀이 흘러야 식물을 먹고 필경은 흙으로 돌아가리니 그 속에서 네 가 취함을 입었음이라 너는 흙이니 흙으로 돌아갈 것이니라 하시니라"고 말했습니다. 범죄 했기 때문에 몸이 흙으로 돌아가고 병들어 고통을 당합니다. 로마서 5장 12절에 "이러므로 한 사람으로 말미암아 죄가 세상에 들어오고 죄로 말미암아 사망이 왔나니 이와 같이 모든 사람이 죄를 지었으므로 사망이 모든 사람에게 이르렀느니라"고 말했습니다.

죄 때문에 영도 하나님께 분리되어 사망에 이르고, 육체와 영이 이르는 사망도 사람에게 다가오는 것입니다. 그러므로 온 세상에 죄가 바로, 육체의 병으로 그 열매를 맺고 있는 것입니다. 직접적인 죄로 병이 오기도 합니다. 아담과 하와로 말미암아 보는 간접적인 인류에 내린 형벌로써 병이 있지만은 직접 내가 죄 지어서 당하는 하나님의 채찍의 병도 있습니다.

성경 요한복음 5장 14절에 보면, 38년된 병자가 베데스타 연못가에 기다리다가 예수님을 만나고 그 병이 나았습니다. 그 이후에 예수께서 성전에서 그 사람을 만나 이르시되 내가 나았으니 더 심한 것이 생기기 않게 다시는 죄를 범치 말라고 말했습니다. 죄를 지으면 하나님과 관계가 없는 사람이 되기 때문입니다.

이 사람은 38년 동안 병들었는데 이것은 죄 때문에 그렇게 된 것입니다. 그러나 용서받고 고침 받고 난 다음에 주님이 경고하셨습니다. 더 심한 것이 오지 않도록 죄 짓지 말라고 하셨습니다. 죄를 지으면 다시 재발한다는 것입니다. 야고보서 5장 14절로 16절에 보면 "너희 중에 병든 자가 있느냐 저는 교회의 장로들을 청할 것이요 그들은 주의 이름으로 기름을 바르며 위하여 기도할지니라 믿음의 기도는 병든 자를 구원하리니 주께서 저를 일으키시리라 혹시 죄를 범하였을지라도 사하심을 얻으리라 이러므로 너희 죄를 서로 고하며 병 낫기를 위하여 서로 기도하라 의인의 간구는 역사하는 힘이 많으니라"고 말씀하십니다.

죄 때문에 죄의 결과로 영의 차원에 문제가 발생하여 질병으로 나타나게 되는 것입니다. 그러나 자신이 죄인이라는 것을 알고 회개하고 주님께로 나오면 주님께서 널리 용서하시고 우리

병을 고쳐 주시는 것입니다. 우리는 우리가 병에 들면 먼저 내가 하나님께 무슨 죄를 지었는지 깊이 생각해보고 회개해야하는 것입니다. 회개하지 않고 병만 고쳐 달라고 하면 안 되는 것입니다. 하나님이 죄인의 병을 고칠 수가 없으시다. 하나님은 의인이기 때문에 예수를 믿어 죄가 사해진 의인만 치유하십니다.

그래서 너희 죄를 서로 고하며 병 낫기를 위해 기도하라고 말씀하고 있는 것입니다. 치유를 받으려면 성령이 역사할 수 있는 영적인 상태가 되어야 합니다. 영적인 상태가 되기 위하여 성령으로 세례를 받아야 합니다. 성령으로 기도해야 합니다.

성령의 임재 가운데 생명의 말씀과 성령으로 내면의 상처를 치유해야 합니다. 그리고 자아를 부수어야 합니다. 자아는 자신이 인생을 살아오면서 터득하고 배운 것입니다. 예수를 믿기 전에 이방신을 섬기던 습관도 자아가 될 수가 있습니다. 내가 치유 사역을 하다가 보니 예수를 믿기 전에 잡신을 섬기면서 터득한 이론들을 알게 모르게 작용하여 성령의 깊은 임재를 방해하는 것을 보았습니다.

이 자아를 부수어야 성령이 마음껏 역사하는 심령이 됩니다. 그 다음에 혈통을 통하여 역사하는 악한 영들을 축귀해야 합니다. 그래야 비로소 성령이 역사할 수 있는 영육의 상태가 되는 것입니다. 성령이 마음껏 역사할 수 있는 영육의 상태가 되면 질병이 치유되기 시작하는 것입니다. 반드시 성령으로 충만한 영적인 상태가 되어야 치유되기 시작합니다.

4. 치료의 대한 하나님의 약속을 알아야 된다.

하나님이 과연 나를 치료해 줄지 치료해 주지 않으실지 확실히 모르면 믿음을 가질 수가 없습니다. 하나님은 예수를 믿고 죄를 사함 받고 나오는 사람을 치유하십니다. 하나님의 사전에는 불치의 병이 없습니다. 모두 고쳐주십니다. 믿음은 들음에서 나며 들음은 그리스도의 말씀으로 말미암는 것입니다. 예수님이 한번 길을 가시는데 한 문둥병자가 와서 무릎을 꿇어 말하기를 주의 뜻이면 나를 깨끗하게 하실 수 있나이다. 이 문둥병 환자는 자기가 병 고침을 받는 것이 주님의 뜻인지 아닌지 몰랐습니다. 그러므로 확실한 믿음을 가질 수가 없었습니다. 예수님이 내가 원하노니 깨끗함을 받으라고 한즉 즉시로 나았습니다. 주님은 오늘 우리의 병을 고치기를 원하시는 것입니다.

시편 103편 1절로 3절에 "내 영혼아 여호와를 송축하라 내 속에 있는 것들아 다 그의 거룩한 이름을 송축하라. 내 영혼아 여호와를 송축하며 그의 모든 은택을 잊지 말지어다. 그가 네 모든 죄악을 사하시며 네 모든 병을 고치시며"라고 말했습니다. 주님이 베푸시는 은택을 잊지 말라고 기억하라고 말하십니다. 은택은 우리의 죄를 용서하시고 병을 고치는 것이 하나님의 은택이라고 말씀하고 계십니다.

시편 107편 17절로 20절에"미련한 자들은 그들의 죄악의 길을 따르고 그들의 악을 범하기 때문에 고난을 받아 그들은 그들의 모든 음식물을 싫어하게 되어 사망의 문에 이르렀도다. 이에 그들이 그들의 고통 때문에 여호와께 부르짖으매 그가 그들의 고통에서 그들을 구원하시되 그가 그의 말씀을 보내어 그들을 고치시고 위험한 지경에서 건지시는 도다"라고 말씀하신 것입니다. 고난을 당할 때 회개하고 부르짖으면 주께서 치료의 말씀을 보내주셔서 고쳐주신다고 말씀하셨습니다.

이사야 53장 4절에도"그는 실로 우리의 질고를 지고 우리의 슬픔을 당하였거늘 우리는 생각하기를 그는 징벌을 받아서 하나님에게 맞으며 고난을 당한다 하였노라"하나님 아버지께서는 우리의 병을 고치기 위하셔서 그 아들 예수 그리스도가 상처를 입게 하셨다는 것입니다. 예수님이 우리의 슬픔을 걸머지고 우리의 병을 짊어지고 가신 것입니다. 그러므로 실제로 예수님은 2천 년 전에 우리의 연약함을 친히 담당하시고 가셨기 때문에 법적으로 말한다면 2천 년 전부터 우리는 고침을 받고 있는 것입니다. 오직 우리가 그 진리를 알지 못함으로 믿지 못하기 때문인 것입니다. 진리를 알지니 진리가 너희를 자유롭게 하리라고 하셨으니 주님의 뜻을 분명히 알면 담대하게 믿을 수가 있는 것입니다. 믿음이 있어야 치유의 은혜를 받을 수가 있습니다.

마태복음 8장 16절로 17절에 보면"저물매 사람들이 귀신 들린 자를 많이 데리고 예수께 오거늘 예수께서 말씀으로 귀신들을 쫓아내시고 병든 자를 다 고치시니 이는 선지자 이사야로 하신 말씀에 우리 연약한 것을 친히 담당하시고 병을 짊어지셨도다. 함을 이루려 하심이더라."주께서는 귀신을 내쫓으시고 병든 자를 다 고쳤다고 말씀하셨습니다.

마가복음 16장 18절에는"뱀을 집으며 무슨 독을 마실지라도 해를 받지 아니하며 병든 사람에게 손을 얹은즉 나으리라 하시더라"고 말씀하신 것입니다. 그렇기 때문에 그리스도의 복음에는 확실하게 병 고치는 은혜가 있습니다. 병 치료하지 않는 그리스도의 복음은 완전한 복음이 아닙니다. 천국의 기초는 치료에 있는 것입니다. 교회는 병을 고쳐야 작은 천국인 교회가 되는 것입니다. 주님께 회개하라 천국이 가까웠다고 했는데 그 천국의 기초가 바로 치료에 있는 것이기 때문입니다. 이렇기 때문에 우리 주 예수 그리스도의 3분지 2는 병 고치는데 보내신 것입니다. 교회는 병을 고쳐서 하나님의 사람으로 바꾸는 곳입니다.

오늘 의사가 의료 활동으로 치료할 수 있는 환자는 20% 이내라고 말합니다. 100명의 환자가 오면 병원에서 고칠 수 있는 환자는 한 20명 정도 밖에 안 된다는 것입니다. 실제로 질병이 영적이고 정신적인 스트레스로 생기는 것입니다. 70%이상의 질병이 영적인 정신적인 스트레스로 옵니다. 다시 말하면 마귀의 눌림에서 오는 것입니다. 그러므로 근본적인 치유는 영적치유 밖에 없다는 것입니다. 성경 말씀에 보면 하나님께서 나사렛 예수에게 성령과 권능을 기름 부듯하시며 저가 두루 다니시며 착한 일을 행하시고 마귀에게 눌린 모든 자를 고쳤다고 말했습니다.

치유를 받기 위하여 말씀을 영으로 받고 묵상하고 기도해야 합니다. 오늘날 그렇기 때문에 많은 병이 영적인 정신적인 스트레스에 의해서 발생합니다. 이것은 반드시 약이나 수술로 나을 것이 아니라, 기도와 믿음과 회개로써 나을 것입니다. 영적인 문제가 결부되어 있기 때문입니다. 그러므로 하나님의 말씀을 듣고 하나님의 말씀을 묵상하고 하나님의 말씀대로 살아 하늘나라에 속하면 하나님의 말씀이 우리에게 와서 우리의 영을 치료하고, 마음과 몸과 생활을 치료하는 것입니다.

그러나 사람들이 별로 말씀을 묵상하지 않습니다. 어떤 교단 성도를 대상해서 설문 조사를 해 보니깐 성경 말씀 묵상 시간을 조사해 본 결과 52%의 성도들이 예배시간 이외에는 성경을 읽지도 아니하고, 보지도 아니한다고 말했습니다. 오늘날 한국 기독교인이 52%가 교회에 와서 목사가 성경 읽을 때 그 성경을 읽을 따름이지 개인적으로는 성경을 읽지도 듣지도 않는다는 것입니다. 또 예배 시간 외에 집에서 성경을 읽는 사람들도 조사를 해 보니깐, 일반 성도들은 일주일에 약 52분 정도 말씀을 읽고, 묵상하고, 집사는 1시간 27분, 장로 권사들은 2시간 37분 정도 밖에는 성경을 읽고 묵상하지 않는 다고 합니다.

이런 정도로 하나님의 말씀과 멀리하고 사는데, 어찌 말씀의 능력으로 우리 심신이 완전히 치료를 받을 수 있겠는가? 온전한 치료를 받기 위해서는 하나님의 말씀을 더 가까이 하고, 하나님에게 집중해야 합니다. 사람들은 기도하지 않습니다. 모든 것이 쉽게 이루어지기를 바라지, 확신이 올 때까지 매달려 기도하지 않고 잠시 기도하다가 마음에 아주 증거가 없으면 그대로 포기하고 마는 것입니다. 마가복음 11장 24절에"그러므로 내가 너희에게 말하노니 무엇이든지 기도하고 구하는 것은 받은 줄로 믿으라 그리하면 너희에게 그대로 되리라"고 했습니다. 받은 줄로 믿어 질 때까지 기도하라는 것입니다. 그냥 기도하는 것이 아니라, 기도하다가 내 마음속에 이제는 받았습니다. 이제는 하나님이 허락했다는 확신이 올 때까지 기도하세요. 조금만 기도하다 그만두라는 그런 말은 하지 않았습니다. 누가복음 18장 과부의 기도처럼 항상 기도하고 낙망치 말아야 합니다.

이 과부는 불의한 재판관이 기도를 응답해 줄 때까지 계속해서 내 원수에 대한 원한을 갚아 달라고 간청을 했습니다. 나중에 불의한 재판관이 내가 하나님을 두려워하지 않고 사람을 무시하나, 이 여인이 하도 와서 늘 괴롭힘으로 내가 그 소원을 들어주겠다고 말했습니다. 이처럼 우리가 간구하는 기도를 드려야 하는 것입니다. 응답이 될 때까지 기도해야 합니다. 하나님을 찾고 또 찾으니 자신이 영적으로 변하여 기도하는 소리가 영이신 하나님에게 상달되어 치유를 받는 것입니다.

히브리서 10장 38절에"오직 나의 의인은 믿음으로 말미암아 살리라 또한 뒤로 물러가면 내 마음이 저를 기뻐하지 아니하리라 하셨느니라"고 말한 것입니다. 조금 기도하다가 포기하고 뒤로 물러가면 하나님께서 기뻐하지 않는 것입니다.

시편 91편 15절로 16절에"저가 내게 간구하리니 내가 응답하리라 저희 환난 때에 내가 저와 함께 하여 저를 건지고 영화롭게 하리라 내가 장수함으로 저를 만족케 하며 나의 구원으로 보이리라 하시도다"라고 하셨습니다. 이러므로 간구하는 기도가 필요합니다. 우리가 주님을 간절히 찾고 부르짖어서 주의 응답이 성령으로 말미암아 마음속에 올 때까지, 없는 것을 있는 것 같이 구해야 합니다.

환경에 나타나는 증표가 보일 때까지 기도를 해야 하는 것입니다. 보통 때는 간구하지 않다가 사람이 막다른 골목에 처하면 간구하게 됩니다. 하나님을 간절히 부르짖는 기도에 응답을 하시지 그냥 지나가는 바람결에 기도하는 것 효과가 없는 것입니다. 항상 기도하여 하나님과 통해야 치유를 받는 것입니다.

5. 병을 고침 받기 위해서는 안수기도를 받는 것이 좋다.

예수님도 안수를 통하여 질병을 치유하셨습니다. 안수는 될 수 있으면 자주 많이 받는 것이 좋습니다. 왜냐하면 능력안수는 자꾸 받으면 받을수록 쌓이기 때문입니다. 자꾸 안수를 받아서 성령의 능력이 자신을 장악하면 질병이 치유되기 때문입니다. 고로 질병치유를 받으려면 안수를 많이 받아야 합니다. 질병치유 사역을 하는 사역자는 안수를 두려워하면 안 됩니다.

사람의 머리에 손을 얹고 기도한다는 것은 대단한 일입니다. 정말 하나님의 사람이라면 죄 지은 더러운 손으로 남의 머리 위에 손을 얹고 기도할 수 없습니다. 성도의 머리 위에 손을 얹고 기도하는 그것은 종교적인 요식행위가 절대로 아닙니다. 그것을 통해서 정신의 질환, 육체의 질환, 영적인 연약함까지도 회복되는 놀라운 역사가 있습니다. 질병으로 고통당하는 성도들에게 부탁 합니다. 할 수만 있다면 목사님께 나아가 안수기도를 자주 받으세요. 나를 가르치고 인도하시는 목사님께 안수기도를 받겠다는 것은 깊은 신뢰의 표시입니다. 안수를 받는 것은 겸손의 표시입니다.

이상한 부흥회에나 신비주의 은사집회가 열리는 곳에 가서 함부로 머리를 내밀지 말고, 가장 가까운 자신의 교회 목사님으로부터 자주 안수기도를 받을 필요가 있습니다. 그리고 공인된 치유 목회자에게 안수를 받아야 합니다. 내가 지금까지 성령으로 신유사역을 하면서 체험한 것은 안수를 자주 받으니 만병이 치유되더라는 것입니다. 저는 자신합니다. 어떠한 질병의 환자라도 겸손하게 낮아져서 하나님의 은혜로 치유를 받겠다고 의지를 다하여 나오면 모두 치유가 된다는 것입니다.

질병의 치유는 자신의 육신에 있는 죄 성이 말씀과 성령으로 씻겼을 때 병이 치유되는 것입니다. 자신이 성령의 사람으로 변하지 않으면 질병은 치유되지 않습니다. 성령으로 사람으로 변해야 하나님의 역사가 자신을 장악하여 병이 고쳐지는 것입니다. 그러므로 할 수만 있으면 자신을 낮추어서 안수를 받는 것이 좋습니다. 자꾸 예수님 앞에 나와서 머리를 숙이고 안수를 받으면 받을수록 겸손해지는 것입니다. 마음이 열리는 것입니다. 마음이 열리니 성령의 역사가 질병을 치유하는 것입니다. 질병의 치유는 전적으로 땅(육)의 사람이 하늘(영)의 사람으로 바뀔 때 순간 일어납니다.

장로나 목사는 기름을 바르고 기도하라고 야고보서 5장에 말했습니다. 야고보서 5장 14절에 "너희 중에 병든 자가 있느냐 저는 교회의 장로들을 청할 것이요 그들은 주 이름으로 기름을 바르며 위하여 기도할지니라" 장로들이 할 직분이 무엇인가요? 장로들은 그 지역에 약하고 병든 자를 심방하며 병든 자에게 기름을 바르면 위하여 기도해서 고쳐주는 이런 역할을 하는 것이 장로의 사역인 것입니다. 장로의 사역이란 감시하고 사람들 앞에 굴림에서 지배하고 다스리는 것이 아닙니다. 병들고 고통 받는 자를 찾아가서 기름을 바르고 안수하여 치료해 주는 그리스도의 치료의 사역을 하는 것이 바로 장로의 직분인 것입니다.

오늘날도 그러므로 우리 병든 자를 위해서 우리 장로들은 기름을 바르며 위하여 기도해 주고 치료의 역사를 해야 하는 것입니다. 또 우리 평신도라도 마가복음 16장에 따라서 아픈 자들이 오면 그들에게 가서 손을 얹고 기도를 해주어야 합니다. 마가복음 16장 17절에서 18절에 "믿는 자들에게는 이런 표적이 따르리니 곧 저희가 내 이름으로 귀신을 쫓아내며 새 방언을 말하며 뱀을 집으며 무슨 독을 마실지라도 해를 받지 아니하며 병든 사람에게 손을 얹은즉 나으리라 하시더라"고 말했습니다.

손을 얹는다는 것은 믿음을 합친다는 것입니다. 믿음을 합쳐서 간절한 마음으로 기도를 해야 합니다. 어떤 사람들은 손을 얹으라고 했는데 손을 안 얹고 손으로 때려가지고서 환자들을 멍이 들게 하고 죽이기까지 하는데 그것은 말도 안 되는 소리입니다. 손을 얹는다는 것은 사랑으로써 손을 붙잡아 주고 손을 얹어주는 사랑의 손길이지 때리는 손이 아닌 것입니다. 자신의 힘으로 병이 고쳐지는 것이 아니고, 성령의 권능으로 질병을 치유합니다. 그러므로 부드러운 손을 얹어서 함께 믿음을 합쳐서 안수기도를 받으면 하나님의 치료의 역사가 나타나는 것입니다.

제가 지금까지 신유사역을 하면서 체험한 바로는 안수를 하면 더욱 치유가 잘 되더라는 것입니다. 안수를 하면서 성령이 역사하시면 귀신을 축사해야 합니다. 모든 질병이 귀신의 영향으로 오는 것이라서 축귀를 하는 것은 아닙니다. 그러나 일부는 귀신의 영향으로 오는 질병이 있습니다. 그러므로 귀신을 축귀해야 합니다. 귀신의 축귀와 질병의 치유는 많은 연관이 있습니다. 강한 신유는 귀신축귀가 될 때 일어납니다. 귀신이 떠나면 질병도 치유가 되었습니다.

6. 우리가 치료함 받기 위해서 단호히 믿어야 한다.

환경이나 감각에 의지하지 말아야 합니다. 믿음으로 행하고 우리가 보는 것으로 행치 말아야 합니다. 나아만 장군이 요단강에 목욕 일곱 번하라고 했는데, 여섯 번 할 때까지라도 문둥병을 낫지 않았습니다. 일곱 번째까지 믿음으로 순종하니깐 병이 나은 것입니다. 그러므로 우리가 주님이 병 고쳐 주시는 것은 하나님의 뜻인 줄 알았으면 단호하게 믿고 기도해야 하는 것입니다. 믿음은 바라는 것들에 실상이요 보지 못하는 것들에 증거라고 했으니, 아직 성취되지 않았다고 할지라도 아직 보이지 않는다 할지라도, 하나님의 약속하심을 마음속에 확실히 믿고 나아갈 것을 확실히 믿어야 하는 것입니다. 고린도후서 5장 7절에 "이는 우리가 믿음으로 행하고 보는 것으로 하지 아니함이로라"고 말했습니다.

출애굽기 15장 26절에 "가라사대 너희가 너희 하나님 나 여호와의 말을 청종하고 나의 보기에 의를 행하며 내 계명에 귀를 기울이며 내 모든 규례를 지키면 내가 애굽 사람에게 내린 모든 질병 의 하나도 너희에게 내리지 아니하리니 나는 너희를 치료하는 여호와임이니라"고 말했습니다. 하나님은 의사이십니다. 의사이신 하나님께서 치료하기를 원하시기 때문에 단호한 믿음으로 하나님 앞에 나와서 기도해야 하는 것입니다. 그리고 없는 것을 있는 것같이 입으로 시인을 하세요. 담대하게 예수 이름으로 선포하세요.

로마서 4장 19절로 22절에 "그가 백세나 되어 자기 몸의 죽은 것 같음과 사라의 태의 죽은 것 같음을 알고도 믿음이 약하여지지 아니하고 믿음이 없어 하나님의 약속을 의심치 않고 믿음에 견고하여져서 하나님께 영광을 돌리며 약속하신 그것을 또한 능히 이루실 줄을 확신하였으니, 그러므로 이것을 저에게 의로 여기셨느니라"고 말한 것입니다. 눈에는 아무 증거 안보이고 귀에는 아무 소리 안 들리고 손에는 잡히는 것 없을 지라도 하나님의 말씀을 믿고 확신을 가지고 기도하고 믿고 입으로 시인해야 되는 것입니다. 출애굽기 23장 25절로 26절에"너의 하나님 여호와를 섬기라 그리하면 여호와가 너희의 양식과 물에 복을 내리고 너희 중에 병을 제하리니 네 나라에 낙태하는 자가 없고 잉태치 못하는 자가 없을 것이라 내가 너의 날 수를 채우리라"고 말씀하신 것입니다. 그러므로 하나님은 단호하게 병을 고치기를 원하시며 병을 제하시기를 원하시는 것입니다. 단 예수를 믿어 죄가 사해져서 의인이 된 성도 만을 치유하십니다.

7. 하나님께 감사해야 하는 것이다.

우리가 병 치료함을 받았으면 입술로 감사해야 되는 것입니다. 히브리서 13장 15절에"이러므로 우리가 예수로 말미암아 항상 찬미의 제사를 하나님께 드리자 이는 그 이름을 증거하는 입술의 열매니라"고 말했습니다. 입술의 열매가 감사입니다. 우리가 기도 받고 치료함 받은 확신을 갖고 하나님께 감사를 드려야 됩니다. 그냥 감사만 드리지 말고 예물을 드려 감사하세요.
누가복음 5장 12절로 14절에 "예수께서 한 동네에 계실 때에 온 몸에 문둥병 들린 사람이 있어 예수를 보고 엎드려 구하여 가로되 주여 원하시면 나를 깨끗케 하실 수 있나이다 하니 예수께서 손을 내밀어 저에게 대시며 가라사대 내가 원하노니 깨끗함을 받으라 하신대 문둥병이 곧 떠나니라 예수께서 저를 경계하시되 아무에게도 이르지 말고 가서 제사장에게 네 몸을 보이고 또 네 깨끗케 됨을 인하여 모세의 명한 대로 예물을 드려 저희에게 증거하라 하셨더니"고 말했습니다.

감사의 예물을 드려야 합니다. 예물을 드리는 것은 믿음이 표현입니다. 자기가 소유하고 있는 물질이 자기의 소유가 아니고 하나님의 소유라는 적극적인 수단이 예물을 드리는 것입니다. 예물을 드리는 행위는 마음 중심이 하나님에게 가있다는 표현입니다. 마음이 있는 곳에 물질이 있습니다. 하나님에게 예물을 드린다는 것은 하나님에게 마음을 드리는 행위입니다.

역대상 16장 29절에"여호와의 이름에 합당한 영광을 그에게 돌릴지어다 예물을 가지고 그 앞에 들어갈지어다 아름답고 거룩한 것으로 여호와께 경배할지어다"하나님께 빈손 들고 나오지 말라고 했는데 하나님께 은혜와 사랑과 복을 받을 사람이 빈 손들고 나와서 은혜를 받을 수가 없습니다. 예물을 들고 나왔다는 것은 하나님께 반드시 치료해 주실 것을 믿었다는 것입니다. 믿음의 표현입니다. 질병을 치유하신 하나님에게 감사하고 찬미해야 합니다. 치유하여 주신 하나님께 영광을 돌려야만 하는 것입니다.더 많은 것은 "신유은사사역 달인이 되자"책을 참고하세요.

18장 귀신을 강력하게 축사하는 비결

(행8:4-8)"그 흩어진 사람들이 두루 다니며 복음의 말씀을 전할 새 빌립이 사마리아 성에 내려가 그리스도를 백성에게 전파하니 무리가 빌립의 말도 듣고 행하는 표적도 보고 일심으로 그의 말하는 것을 좇더라. 많은 사람에게 붙었던 더러운 귀신들이 크게 소리를 지르며 나가고 또 많은 중풍병자와 앉은뱅이가 나으니 그 성에 큰 기쁨이 있더라."

하나님은 우리가 성령의 능력을 힘입어 귀신을 쫓아내기를 원하십니다. 성도님들이나 목회자 분 들이나 만찬가지로 자기에게 와있는 은사를 하나님의 나라 확장에 사용하여 은사를 극대화시켜야 합니다. 그러나 와 있는 은사를 가지고 자기와 가정과 교회의 취약한 부분을 찾아 치유해야 합니다. 잘하는 부분만 계속 치우치다가 보면 썩는 것이 있습니다. 그래서 성령 사역자는 전반적인 것을 보는 영안이 열려야 합니다.

영안이 열리지 않음으로 자신이나 가정에 또는 교회에 와 있는 취약점, 즉, 가난의 영이나, 질병의 영이나, 가정 분란의 영이나, 이간질의 영이나, 시기질투 영들을 볼 수가 없어 열심히 신앙생활하면서 하늘의 축복을 받지 못하고 고통을 당하는 수가 있습니다. 고로 주신 은사로 자신과 자신의 가정과 교회를 축복 받게 하는 데 사용하세요. 먼저는 자신이 치유 되어야 합니다.

그리고 다른 사람을 돌보아야 합니다.

1. 악한 영의 축사 사역의 원리.

(마12:28)"그러나 내가 하나님의 성령을 힘입어 귀신을 쫓
아내는 것이면 하나님의 나라가 이미 너희에게 임하였느니라."

귀신을 축사하는 성경적인 원리는 사람이 하는 것이 아니라, 성령님이 하십니다. 성경적인 방법은 성령을 힘입어 축사해야 하기 때문에 성령을 힘입는 방법을 알아야 합니다. 성령을 힘입 으려면 먼저 예수를 영접해야 합니다. 누가 무슨 능력을 행하더 라도 예수를 영접하여 예수 십자가를 통과하지 않은 능력은 마 귀로부터 말미암은 것입니다. 분별력을 길러야합니다.

성령을 힘입어 귀신을 축사하려면 귀신의 정체만 알아서는 근 본적인 축사 방법을 알지 못합니다. 귀신의 실체를 잘 알아야 합 니다. 축귀 사역할 때 성령을 힘입어야 하기 때문에 이 역시 성 령의 정체만 이론적으로 신학적으로만 알아서는 안 됩니다. 성 령의 실체를 알아서 성령을 힘입는 방법을 알아야 하는 것입니 다. 성령의 실체 역시, 영의 형태로 우리 안에 성전 삼고, 임하 고 있기 때문에 영의 실체를 알아야 하며, 임재 하신 성령님이 나를 통하여 나타나는 상태와 조건을 잘 알아야 하는 것입니다.

1) **영적 원리.** 귀신이 떠나 갈 수 있도록 하는 영적 상태가 되어야 하는 것입니다. 그러므로 말씀을 받아드리는 사람이나 전하는 사람이나 충분한 말씀이 있어야 하는 것입니다. 귀신의 종류에 따라서 쉽게 축사되는 귀신과 그렇지 않은 귀신이 있습니다. 쉽게 축사되지 않는 귀신은 우상을 섬긴 집안의 귀신임으로 완전한 번제가 드려져야 하는 것입니다. 예수의 보혈로 드려지는 번제가 완전한 번제이기에 온전한 믿음의 영적 상태를 요구합니다. 말씀으로 양육하여 충분한 영적 상태가 되도록 기다릴 필요가 있는 것입니다. 말씀을 잘 알아듣고 말씀으로 자신을 들여다볼 수 있는 수준이 되어야 합니다.

번제는 무엇인가? 자신을 태워드리는 것입니다. 즉, 나의 이전 것(육적이고 세상적인 것)을 성령으로 죽이는 것입니다. 성령으로 장악 당하여 구습이 없어지고 새로운 영의 사람으로 태어나는 것입니다. 전인격이 하나님에게 완전히 장악당한 것입니다.

2) **혼적 원리.** 지. 정. 의의 방해 요인이 제거되어, 성령이 역사 할 수 있는 상태와 조건이 되어야 합니다. 성령이 역사 할 수 있는 혼적(마음) 상태와 조건은 오직 마음과 생각이 주님에게로 집중 된 상태가 되어야 합니다. 잡념이 없고 오직 성령의 역사에 집중된 상태가 되어야합니다. 성령의 임재가 깊어져서 성령으로 장악 당해야, 성령의 초자연적인 역사로 질병이 치유됩니다. 잡념이나 산만한 상태에서는 치유가 일어나지 않습니다. 그러므로

환자나 사역자는 무엇보다 치유에 집중할 수 있는 혼(마음)적인 상태가 되어야 합니다. 성령으로 깊은 영적인 상태로 몰입하는 훈련을 많이 하여야 합니다.

영적으로 깊은 사람은 영적인 지식을 많이 아는 사람이 아니고, 영적인 원리들을 실제로 자신에게 적용을 잘 시키는 성도입니다. 말씀과 성령의 역사는 살아있는 역사이기 때문입니다.

3) **육신적 원리.** 성령이 역사할 수 있는 육신적인 원리를 적용하여 축귀해야 합니다. 성령의 역사가 전인격을 장악한 다음에 축귀가 되는 것입니다. 성령이 육을 장악할 때까지 기다려야 합니다. 절대로 성령으로 장악이 되지 않았는데 축귀하려고 하마십시오. 축귀는 성령의 일입니다. 육신의 체력도 허약하면 안 됩니다. 육신의 기력이 회복되어야할 상태가 되었다면 육신의 체력을 회복시켜주면 축사가 쉬워집니다. 세상에서 나와야 합니다. 마음이 세상의 부귀공명을 가지고 하나님의 역사나 목사를 이용하려는 생각에서 나와야 합니다.

4) **환자 스스로 귀신을 축사하도록 영적 조건을 준비하는 방법**
① 귀신은 대개 초기에는 잠복되어 있으므로 귀신에게 침입된 자신의 상태를 환자가 인정하도록 함으로써 귀신의 정체를 노출시킵니다. 그래서 생명의 말씀을 들어야 합니다.
② 귀신의 충동이나 말과 변덕스러운 행동을 거부하세요. 충

동적인 성격과 충동적인 말로 남의 심령을 괴롭히고 변덕 적인 행동으로 일들을 망치게 합니다.

③ 귀신을 축사하려는 환자 자신의 의지를 발동시키는 것입니다. 자신의 의지가 발동되지 않으면 성령은 역사하지 않습니다. 영의 생각과 육신의 생각을 분리하고 성령의 소욕과 악령의 소욕을 분리하며 자신의 의지와 귀신의 의지를 분리하세요.

④ 잠재의식에서 표면의식으로 노출시키는 것입니다. 그러므로 귀신의 행동을 억제시키는 약(藥)은 절대 금물입니다. 약을 금지하고 축사할 수 있으면 제일 좋습니다. 이때에는 축사를 위하여 약물의 중독성이 제거되기까지 기다려야 합니다. 물론 약물의 효력이 떨어지면 귀신의 세력이 나타나고 발동되지만 이를 극복하고 이길 수 있어야 합니다. 이를 극복하지 못하고 귀신을 두려워하면 귀신은 이길 수 없으므로 담대한 믿음이 필요합니다.

만약 환자가 약을 먹지 않아 약물의 효력이 떨어지면 악한 영의 역사가 강하여, 발작이나 흥분이 지나쳐서 감당 할 수 없는 상태가 되는 경우가 되어 약을 정 끊기 두려우면, 약을 투약해 가면서 영적, 혼적, 육신 적인 상태를 호전 시켜서 해야 합니다. 믿음이 생기게 해야 합니다. 집중할 수 있도록 소리를 내게 하고, 주여, 주여! 를 크게 하여 기도에 몰입되게 해야 합니다. 의지와 시간을 가지고 계속 하면 말씀에 집중이 됩니다.

⑤ 귀신이 좋아하는 것을 하지 않는다. 반대 행동 만 합니다. 음행과 더러운 것과 호색 우상숭배. 술수, 원수 맺는 것과, 시기

와 분 냄과 당 짓는 것과, 분리함과, 이단과 투기와 술취함과 방탕함과, 그와 같은 것들입니다.

> (갈5:19-21)"육체의 일은 분명하니 곧 음행과 더러운 것과 호색과 우상 숭배와 주술과 원수 맺는 것과 분쟁과 시기와 분냄과 당 짓는 것과 분열함과 이단과 투기와 술 취함과 방탕함과 또 그와 같은 것들이라 전에 너희에게 경계한 것 같이 경계하노니 이런 일을 하는 자들은 하나님의 나라를 유업으로 받지 못할 것이요."

또 능력을 얻기 위한 욕심으로 하는 기도, 말씀에서 벗어난 신비주의적 신앙관에서 탈피해야합니다. 무조건 기도 많이 하여 귀신을 축사하려는 마음은 버려야합니다. 영의 말씀을 들어서 영을 깨우고 성령의 역사를 받아가면서 축사해야 합니다. 영적인 자립 능력을 개발해야합니다.

⑥ 귀신이 싫어하고 성령이 원하는 것을 합니다. 찬양과 감사는 원망하는 마음, 불평하는 마음, 억압된 심령을 풀어버리고 성령이 역사하기 쉬운 상태와 조건이 됩니다. 사랑은 곧 하나님입니다. 헌금은 세상 욕심으로 인색해진 마음에 붙어있는 귀신들의 세력을 약화시킵니다. 믿음으로 속죄 제물을 드리게 하는 것도 좋습니다. 또 성령 충만한 교회에 상주하며 계속하는 봉사는 신앙의 여러 방면에서 많은 유익을 얻게 됩니다. 악한 영의 역사

로 고통당하는 성도의 기도는 묵상 기도는 피하고 배에서 올라오는 부르짖는 기도를 하며, 말씀을 통하여 회개하는 기도를 많이 하세요. 마음의 기도는 속에서 나오는 방언을 많이 하는 것이 좋습니다. 예배는 자주 드리고 되도록이면 작정하여 정한 기간 정한 시각에 드려야 합니다. 세상 적인 욕심을 모두 버려야 합니다(명예욕, 출세욕, 물욕 등등). 전도는 성령이 기뻐하며 심령에 양식을 제공받습니다.

⑦ 귀신이 가져온 병(귀신의 집)을 먼저 치유하는 방법은 약물을 사용하지 않고 실시합니다. 그러나 상태가 중하면 일정기간 겸해도 됩니다.

⑧ 귀신은 성령 충만을 싫어합니다. 성령이 충만하면 순환기 계통이 활성화되어 피를 맑게 하는 역할을 하기 때문입니다. 사람은 피를 맑게 해야 건강합니다. 피를 깨끗하게 하려면 성령으로 충만한 믿음 생활을 해야 합니다. 우리는 항상 피를 깨끗하게 하려고 노력을 해야 합니다.

(레17:11)"육체의 생명은 피에 있음이라 내가 이 피를 너희에게 주어 제단에 뿌려 너희의 생명을 위하여 속죄하게 하였나니 생명이 피에 있으므로 피가 죄를 속하느니라."

육체의 생명은 피에 있고 귀신은 피가 탁하고 더러우면 침입합니다. 왜냐하면 피를 더 탁하게 하여 성인병이 들어 죽게 하기 위해서입니다. 그렇기 때문에 마귀는 사람들에게 스트레스를 주어서 혈액을 탁하게 하는 것입니다.

⑨ 몸을 흔들고 손뼉을 치면, 몸의 기력이 순환되고 귀신의 세력은 약화됩니다. 귀신은 혈액이나 체액이나 호르몬이나 기(氣)의 흐름을 막고 있기 때문에 몸을 흔들고 손뼉을 치면 몸의 굳어진 어혈이 풀리고, 혈액 순환이 원활해지며, 굳어진 마음과 육신이 풀어지면서 몸이 뜨거워지고, 마음에 열정이 생기기 때문에 차가운 신앙이 뜨거워지고, 갈급함을 느끼게 되고, 성령을 적극적으로 구하고 찾고 두드리는 자세로 바꾸어져서 성령이 임하게 됩니다.

(마7:7-11)"구하라 그리하면 너희에게 주실 것이요 찾으라 그리하면 찾아낼 것이요 문을 두드리라 그리하면 너희에게 열릴 것이니 구하는 이마다 받을 것이요 찾는 이는 찾아낼 것이요 두드리는 이에게는 열릴 것이니라. 너희 중에 누가 아들이 떡을 달라 하는데 돌을 주며 생선을 달라 하는데 뱀을 줄 사람이 있겠느냐 너희가 악한 자라도 좋은 것으로 자식에게 줄 줄 알거든 하물며 하늘에 계신 너희 아버지께서 구하는 자에게 좋은 것으로 주시지 않겠느냐."

⑩ 기타, 영과 혼과 육신의 여러 가지 원인을 관찰하여, 그 원인을 하나하나 제거하여 그 세력을 약화시킨 후 축사합니다. 영, 혼, 육의 조건이 되어야합니다.

2.귀신을 노출시키는 방법.

① 안수함으로 성령의 불을 환자에게 전이시켜 귀신이 드러나게 합니다(눅13:10-13). 안수하면 성령의 흐름으로 인하여 성령의 불과 불 칼이나 능력이 상대방에게 전달되고 주입됩니다. 영안이 열린 사람은 이것이 보이고 느낄 수 있습니다. 성령의 불을 집어넣는 방법은 간단합니다. 사역자가 한손은 머리에 얹고, 한손은 등에다 대고, 환자에게 숨을 들이쉬고 내쉬라고 하면 환자의 마음이 열리기 때문에 열린 마음 안으로 성령의 불이 들어가고 나오게 됩니다. 조금 시간이 지나면 성령의 능력에 의하여 악한 영이 정체를 드러내게 됩니다. 반드시 성령의 임재가 환자를 장악한 다음에 사역해야 합니다.

② 예수님의 이름으로 귀신을 몰아냅니다(행16:18). 예수님의 권세를 의지하여 명령합니다. 환자의 하는 행동이나 성령이 주시는 지식의 말씀을 가지고 권위 있게 명령하세요.

③ 찬송을 통하여 귀신의 정체를 드러냅니다(삼상16:14-23). 찬송 속에 거하시고 임재하시는 하나님의 능력을 귀신은 싫어합니다. 찬송을 진심으로 부르면 우리의 속박된 심령이 풀리는 것을 경험하게 됩니다. 기도가 막힐 때 진심과 정성으로 찬송을 부르면 기도가 열리게 됩니다.

④ 말씀으로 귀신의 정체를 드러냅니다(마8:16). 귀신은 물(말씀) 없는 곳으로 다니며 말씀을 싫어합니다.

⑤ 금식과 깊은 영의기도로 귀신의 정체를 드러냅니다(막 9:14-29). 귀신은 인체에 잠복해 있으면서 우리들이 먹는 에너지를 먹고 있으면서 그 세력을 키워 나갑니다. 금식은 귀신의 세력을 약화시키기 때문에 육이 죽고 영이 활동하기 시작하면 견딜 수 없게 되어 떠나게 됩니다. 금식은 귀신이 좋아하는 것을 하지 않는 것입니다. 그리고 마음으로 방언기도를 하므로 귀신을 드러냅니다. 귀신은 마음으로 하는 방언기도를 아주 싫어합니다. 왜냐하면 성령의 이끌림을 받는 영의기도 이므로 정체를 숨길 수가 없으므로 아주 싫어합니다.

⑥ 믿음으로 귀신의 정체를 드러냅니다. 본인이 나에게도 악한 영의 역사가 있다고 인정하고 숨을 들이쉬고 내쉬고 하면서 영의 활동을 강화시키므로 귀신이 정체를 드러내게 됩니다(마 17:14-29). 믿음은 영적인 능력이요 에너지입니다. 관념적인 믿음과는 다릅니다.

⑦ 성령을 힘입어서 귀신의 정체를 드러냅니다(마12:22-37). 가장 깊은 영적 상태가 되도록 하여 성령의 도우심을 구해야 합니다. 성령 안에서 기도하면 성령이 임하게 되고 능력이 나타나게 됩니다. 능력 안에서 조용히 넘어지는 상태가 가장 깊은 영적 상태가 되도록 하는 것입니다.

⑧ 권능으로 귀신의 정체를 드러냅니다(눅9:1). 예수님이 주신 권세와 능력으로 이 권능은 고전 12:10절의 능력 행함의 은사로 나타납니다."예수 이름으로 명하노니 이 사람을 괴롭히는

악한 귀신아 정체를 밝힐 지어다."성령의 권세가 담겨있는 소리
로 명령하세요.

3. 귀신을 축사하는 실제적인 방법.

영적인 분위기를 조성하는 것이 무엇보다 중요합니다. 악한
영을 축사할 때 여러 사람이 함께 예배를 드리고 찬송을 부르며
합심하여 기도하되 축사는 팀의 리더가 혼자서 하는 것이 좋습
니다. 무엇보다도 축사가 될 수 있는 영적인 조건이 되는 것이
중요합니다. 환자가 성령으로 장악이 되고 성령의 역사가 강하
게 나타나야 축사가 쉽습니다. 사람의 힘이나 은사로 축사를 하
려고 하지 말고 성령의 권능으로 하려고 하고 이를 숙달하세요.
힘도 들지 않고 쉽게 축사할 수 있습니다. 만약 사역자가 은사
로 축사를 하다가 보면 귀신에게 자신이 접신 되어 고통을 당하
거나 탈진에 빠지거나 여러 가지 알지 못하는 환란과 풍파로 고
통을 당할 수도 있습니다. 그러므로 사역자는 사역을 할 때에 항
상 성령이 앞서가게 해야 합니다.

1)여러 사람을 축사하는 방법:
① 예배나 집회 시작 전: 찬양을 부르고 통성기도 후, 두려움
이 오고, 가슴이 두근거리고, 머리가 어지럽고, 가슴이 답답한
분 일어서게 하거나 또는 앞으로 나오게 하여 축사하세요.

② 또는 성령이 충만하게 한 다음에 두려움을 느끼는 사람을 앞으로 나오게 하던지 그 자리에서 일어서게 하던지 하여 숨을 들이쉬고 내쉬고 하여 의지를 꺾은 다음 명령하여 축사합니다.

③ 다른 방법은 강의를 끝 낸 다음 남게 하여 한꺼번에 축사합니다. 요령은 피 사역자들은 가슴에 손을 얹고 눈을 감고 숨을 들이쉬고 내쉬고를 계속합니다. 열려있기 때문에 금방 역사가 일어납니다. 길어지면 종료 후 다음날 축사를 합니다.

2)개인별 축사의 여러 방법.

① 상대방이 귀신의 존재를 인정하거나 인식하고 있을 때.

[방법 1]. 세워놓고 하든지 앉아서 하든지, 눈을 감거나 뜨거나 자유입니다. 나는 앉혀 놓고 눈을 감게 하고 축귀를 합니다. 성령의 임재를 요청한 후, 성령의 임재가 완전하게 장악이 되면 상대방을 쳐다보면서 "야 이 더러운 영아! 내가 예수 이름으로 명령하니 정체를 밝히고 나와라" 하면서 명령하고 잠재의식에 잠복되어 있는 귀신을 표면의식으로 나타나게 명령하여 목위로 올라오게 합니다. 이 때 피사역자에게 숨을 들이쉬고 내쉬게 하세요. 올라와, 올라와 하며 명령하세요. 말소리는 영에서 나오는 자연스러운 소리로 명령하세요.

절대로 소리를 크게 지르지 마세요. 축귀사역자에게 피로가 쉽게 찾아오게 됩니다. 큰 소리를 하지 않아도 영의 말에는 권세가 있다는 것을 아세요. 귀신이 발작하면 정체를 밝히게 합니다.

귀신이 발작할 수 있는 시간을 어느 정도 주는 것이 좋습니다. 성령이 장악할 때까지 기다리세요. 이때 피 사역자는 계속 호흡으로 성령의 장악을 돕습니다. 사역자는 귀신이 떠날 것을 명합니다. 성령이 알려주시는 레마를 받아가며 사역을 합니다.

[방법 2]. 편안하게 앉게 하거나 편안하게 눕게 하고 귀신에게 명령을 합니다. 성령의 역사가 환자를 장악해야 하기 때문에 편안한 자세를 취하고 기도하게 하는 것입니다. 1번과 상기와 동일한 방법과 순서를 취합니다. 귀신에게 강하게 묶인 환자의 경우로서 억지로 해야 하는 경우, 귀신이 의지를 장악한 경우에만 이렇게 하세요. 그러나 꼭 눈을 억지로 뜨게 할 필요는 없습니다. 필요할 경우만 그렇게 하세요. 이런 방법을 사용해보세요. 한손은 머리에 얹고 한손의 손가락을 눈 부위에다 가만이 대고 환자에게 숨을 들이쉬고 내쉬고 하라고 하면서 축사합니다.

[방법 3]. 눕혀놓고 이마와 가슴에 손을 얹고 귀신을 부릅니다. 환자는 숨을 들이쉬고 내쉬라고 하세요. 성령의 역사가 장악을 해야 귀신이 정체를 드러내기 때문입니다. 피 사역자는 귀신의 의지에 순복하지 않고 성령의 역사에 순복하게 교육해야 합니다. 악한 영에게 명령하여 위로 목으로 올라 올 것을 명합니다. 아랫배에서 목으로 올라와서 빠져나갈 것을 명합니다. 기침, 하품, 호흡 등을 통하여 떠나가라고 명령합니다. 성령이 감동하면 악한 영에게 정체를 밝힐 것을 명합니다. 악한 영이 한숨을 쉬거나 가래를 뱉거나 토하며 나가기도 합니다. 한동안 넋두

리를 하거나 저주하면서 나가는 경우도 많습니다.

② 상대방이 귀신의 존재를 인정하지 않거나 인식하고 있지 않을 때. 귀신에게 강력하게 명령하지 못하는 약점 때문에 강력한 축사를 할 수가 없는 것이 단점입니다. 본인이 귀신을 부인하거나 거부 할 때에는 축사가 어려울 수밖에 없지만 시도해 보면 축사되는 경우가 있는 것을 봅니다. 그러나 본인이 인정하지 않는 축사는 하지 않는 편이 좋습니다. 생각지 못한 문제가 발생할 수가 있고, 축사 후에 다시 재발합니다.

본인이 부인하지는 않지만 시험들 우려가 있을 때 이러한 방법을 시도합니다. 꼭 축사를 해야 되는 경우와 본인이 인정하지는 않지만 축사를 희망하는 경우에만 합니다. 시간이 많이 걸립니다. 사역자의 체력소모도 크다는 것을 알아야 합니다. 그러므로 될 수 있는 한 억지로 하는 축사는 금하는 것이 좋습니다.

꼭 해야 될 경우는 이마와 가슴에 손을 얹고 가만히 성령의 임재를 요청하며 기도 합니다. 본인에게 숨을 들이쉬고 내쉬라고 하면서 시간을 두고 인내하면서 조용히 기다려 봅니다(2~3분 ~~30분간). 성령의 임재를 기다립니다. 부르르 몸을 떨기도하고 손가락이 꿈틀거리기도 하며 볼이 실룩일 수도 있습니다.

여러 가지 불규칙한 발작을 조금씩 시작하다가 크게 발작하기 시작합니다. 발작하기 시작하면 배에서 나오는 영력 있는 말로 "더 크게" "더 크게" "더 강하게" "더 강하게" 반복해서 명령하면 더 크게 발작합니다. 더 크게 발작하기 시작하면 "성령의 불" "성

령의 불" "예수의 피" 로 하는 명령을 반복하면서 사역자는 피 사
역자의 뒤에 일어섭니다. 이는 갑자기 침이나 오물을 토하거나
팔을 휘두르거나 하기 때문입니다. 발작하는 것이 악령일 경우
도 있지만 성령의 역사로 회개하여 몸이 발작하는 모습처럼 보
일 때가 있는데 주의해야 합니다.

　귀신은 혼의 능력이나 육체의 완력으로 축사하는 것이 아니
라, 성령의 기름부음이 손을 통하여 나타나는 성령의 능력이나
입을 통하여 나오는 영권이나 영력으로 축사하는 것입니다. 그
리고 환자의 영에서 올라오는 성령의 능력으로 축사하는 것입니
다. 이것이 우리들의 기도를 통하여 주어지는 예수님의 권세입
니다. 완력과 힘으로 쫓아내려는 사람은 영권이나 영력이 약하
거나 없는 사람입니다. 완력으로 축사를 하면 꼭 문제가 발생하
던가, 사역자 자신에게 문제가 발생하기도 합니다.

4.사단이나 귀신축사의 기본적인 과정.

　[제 1 단계]: 자기 속에 있는 귀신의 존재를 인식시킵니다. 환자
에게 내부에서 괴롭히고 있는 힘은 귀신의 존재임을 인식시킵니
다. 귀신은 자기 정체를 노출시키는 자를 미워하고 부인하게 만듭
니다. 자신에게 귀신이 역사하고 있다는 것을 인식하게 합니다.
　[제 2 단계]: 투쟁의 필요성을 인식시키는 단계입니다. 귀신
이 틈타게 된 자신의 죄를 인식시키고 자신의 의지를 발동하여

사단과의 투쟁을 결심하는 단계입니다. 호흡으로 기도하여 성령의 역사가 장악하게 하도록 해야 합니다. 마술이나 신비술을 단절하는 고백과 회개를 하게하고 예수님께 신앙을 고백하게 하거나 십자가의 보혈의 능력을 고백하게 합니다(약4:7).

[제 3 단계]: 성령께서 완전하게 장악을 하면 명령이나 성령의 임재, 안수 등으로 사단을 공격하는 단계입니다. 환자에게 호흡을 들이쉬고 내쉬면서 성령의 역사를 돕게 합니다.

[제 4 단계]: 성령의 역사가 심령에서 일어나 환자의 무의식에 잠복된 상태에서 표면화되어 나타나는 단계입니다. 자신의 정체를 드러내는 여러 가지 현상이 나타나기 시작합니다. 이때 성령이 알려주는 레마의 말씀으로 "네 정체를 밝혀라" 하며 정체를 알아내도 됩니다. 반드시 성령께서 물어보라고 감동할 때만 대화하는 것입니다.

그러나 대화는 신중을 기해야 합니다. 왜냐하면 귀신과 대화를 통해서 시간을 많이 낭비하고 귀신에게 속을 수도 있으니 대화는 하지 않는 편이 좋습니다. 필자는 안합니다. 그냥 "입 다물고 나와라," 하고 예수 이름으로 명령합니다. 거짓말쟁이 귀신과 대화할 시간이 없습니다. 그리고 환자에게 숨을 들이쉬고 내쉬어서 성령의 역사를 돕게 합니다.

[제 5 단계]: 성령의 역사가 강하여 더 크게 발작하며 저항하는 격돌의 단계입니다. 감정을 자극하며 꾸짖기도 하고, 모욕을 주기도 하면 귀신은 증오를 나타내거나 비웃거나 덤비기도 합니다.

(막9:26)"귀신이 소리 지르며 아이로 심히 경련을 일으키게

하고 나가니 그 아이가 죽은 것 같이 되어 많은 사람이 말하기

를 죽었다 하나"

[제 6 단계]: 떠나갈 준비를 위한 단계입니다. 발작이 어느 정도 진정 되면서 하소연하기도 하며, 울기도 하며, 한숨을 쉬기도 하며, 토하기도 하며, 저주하기도 하며, 가래와 침을 뱉기도 합니다. 속이는 여러 가지 수법을 사용하기도 합니다.

여러 가지 말을 하기도 합니다. 경련을 강하게 하기도 합니다. 사지가 틀리고 몸을 앞뒤로 흔들기도 합니다. 얼굴이 흉측해 지기도 합니다. 팔과 다리를 심하게 떨기도 합니다. 이때는 눈 가장자리를 엄지와 중지의 손가락으로 가볍게 누르고 축사의 여러 가지 수단을 다 동원합니다.

귀신에 따라서 축사하는 방법이 수백 종류가 될 수가 있습니다. 눈 가장 자리를 누르는 것은 다시 속으로 잠복하지 않도록 하는 것입니다. 그때 그때 상황을 잘 보아서 성령의 인도에 따라 이런 방법 저런 방법 다 동원해 보아야 합니다. 이 단계에서 쉽사리 떠나는 귀신이 있는가하면 오랫동안 버티는 귀신이 있습니다.

시간이 많이 걸리는 귀신은 떠날 때가 되지 않았으며, 이것은 아직 하나님의 때가 덜 되었기에 기도의 때가 차야 되고, 본인이 하나님께 마음을 더 드려야 합니다. 이 때 사역자는 결단을 필요로 합니다. 사역을 계속 할 상황이 되느냐 환자의 준비가 전혀

되지 않았느냐 등을 판단해야 될 중대한 시기입니다. "예수님의 이름으로 내가 네게 명하노니 더러운 귀신은 ○○에게서 나오라"고 권세 있게 명령합니다(눅4:36). 환자에게는 숨을 들이쉬고 내쉬면서 성령의 역사를 도우라고 합니다.

[제 7 단계]: 치유의 단계입니다. 갑자기 기침이나 토함이나 악을 쓰는 행동 등의 모든 동작이 멈추거나 정신이 돌아옵니다(막5;15). 기쁨이나 평안이 옵니다(행8:9). 초능력이 없어집니다(행16:18-19). 질병이 고침 받습니다(마17:18).

그러나 축사하다가 모든 동작이 멈추었다고 귀신이 완전히 떠난 것이 아니고 속이는 경우도 있으니 분별해야 합니다. 고로 축사는 한번으로 끝나는 것이 아니고 지속적인 영적인 싸움입니다. 환자가 영적으로 성숙해지는 만큼씩 귀신이 떠나갑니다. 영안이 열리고 하나님의 말씀의 비밀을 많이 깨달으면 깨달을수록 심령은 깨끗해지는 것입니다.

만일 사역이 충분치 못하여 덜 끝났으면 이렇게 하기를 바랍니다. 악한 영들에게 이렇게 명령하기를 바랍니다."내가 다음에 예수님의 이름으로 대적하여 부를 때까지 입다물고 있고, 이 사람을 해치지 말라." 고 명령한 후에 일단 사역을 끝내기 바랍니다. 사람이 하나님의 권능아래 있을 때에 하나님께서는 치유, 축귀 혹은 죄 씻음과 같은 놀라운 역사를 행하십니다. 성령 안에서 성령의 권능아래 쓰러질 때, 하나님의 임재 하심을 은밀하게 체험할 때 많은 경우에 치유와 축사가 일어나는 것을 체험합니다.

마음에 평안이 일어납니다.

악한 영을 축사할 때 주의 사항은 이렇습니다. 귀신축사를 할 때에 한 사람이 명령하세요. 악한 것이 헷갈릴 수가 있습니다. 그리고 치유는 부부가 함께 치유받는 것이 유익합니다. 왜냐하면 문제가 있는 사람은 이상이 없을 수가 있습니다. 그런데 반대로 문제가 없다고 생각하는 사람의 영적인 문제로 상대편에 문제가 발생할 수가 있다는 것입니다. 예를 든다면 부인에게 여러 문제가 있는데 부인에게는 영적인 문제가 없고, 오히려 남편에게 문제가 있어 부인이 고통을 당할 수가 있다는 것입니다.

그리고 공동으로 동일하게 들려있을 수도 있습니다. 지금 세상에는 알게 모르게 악한 영에게 고통을 당하는 사람이 많습니다. 우리 악한 영에게 고통을 당하는 사람들을 축사하여 해방 받게 합시다.

축귀 사역에 대하여 상세하게 알고 강력한 축귀 능력을 받고 싶은 분은 **"귀신축사 알고 보니 쉽다"**와 **"귀신축사 차원 높게 하는 법"**책을 활용하시기를 바랍니다. 이 책에는 축귀 사역에 대하여 비교적 상세하게 수록되어 있습니다.

물론 축귀사역에 대한 CD도 준비되어 있습니다. 충만한교회 홈페이지(www.ka0675.com)에 상세하게 설명되어 있습니다. 많은 분들이 CD를 들으면서 귀신이 떠나갔다고 간증합니다.

귀신을 두려워하지 말고 자신이 하늘의 사람의 바뀌지 않는 것을 두려워 하시기를 바랍니다. 바뀌면 귀신은 떠나갑니다.

19장 재정경제의 강력치유

(갈3:14)"이는 그리스도 예수 안에서 아브라함의 복이 이방
인에게 미치게 하고 또 우리로 하여금 믿음으로 말미암아 성령
의 약속을 받게 하려 함이라"

하나님은 믿는 우리를 축복하시는 하나님입니다. 그런데 왜
믿는 우리가 물질의 문제로 고통을 당합니까? 이번 장에서는 예
수를 믿는 성도가 왜 물질의 문제로 고통당하는지를 알고 물질
의 문제를 치유 받고 아브라함의 축복 받은 성도답게 마음에 위
로와 부요의 소망을 갖는 시간을 가지시기를 바랍니다. 하나님
은 예수를 믿고 성령님의 인도를 받는 성도를 축복하시는 하나
님이십니다. 예수 믿고 성령 세례 받아 성령의 인도를 받는 여러
분, 모두 하나님이 원하시는 영성있는 성도가 되시어 하늘의 복
을 받으면서 사시기를 바랍니다. 우리가 예수를 믿고 세상에서
나와 성령의 인도를 받으면 하나님이 인도하시면서 복을 허락하
시는 것입니다. 어떻게 복을 주십니까?

1.믿음의 조상들은 다 부요한 생활을 하였다.

1)아브라함은 하나님의 음성을 듣고 순종하니 하나님께서 축
복하여 은과 금이 풍부했습니다.

(창13:1-2)"아브람이 애굽에서 나올새 그와 그 아내와 모든 소유며 롯도 함께하여 남방으로 올라가니 아브람에게 육축과 은금이 풍부하였더라."

아브라함이 고향 하란에서 나올 때 빈 손들고 나왔습니다. 그런데 설상가상으로 기갈이 심하여 먹을 것이 없으니, 애굽에 들어간 것입니다. 애굽에 들어가 부인 사라를 빼앗길 수도 있었으나 하나님이 도우셔서 무사히 애굽에서 나올 수가 있었습니다. 나올 때 하나님이 허락한 육축과 은금이 풍부했다고 했습니다.

2)이삭을 하나님이 축복하셨습니다. 이삭이 가뭄으로 고통당하며 애굽으로 이주하려 했으나 하나님이 지시한 땅에 농사하여 그해 백배나 얻었다고 했습니다(창26:12-13). 하나님은 하나님의 음성을 듣고 순종하는 성도에게 지금도 이와 같은 복을 허락하십니다. 그래서 하나님은 "너희가 내 양이 아니므로 믿지 아니하는 도다. 내 양은 내 음성을 들으며 나는 그들을 알며 그들은 나를 따르느니라"(요10:26-27). 말씀하시는 것입니다. 그리고 하나님의 말씀을 믿고 따르는 성도에게는 말뿐만이 아니고 눈으로 보이고 인정받게 축복을 하시는 것입니다.

(창26:29)"너는 우리를 해하지 말라 이는 우리가 너를 범하지 아니하고 선한 일만 네게 행하며 너로 평안히 가게 하였음이니라, 이제 너는 여호와께 복을 받은 자니라."

이삭은 이방 사람이 눈으로 보고 인정하는 부자가 되었습니다. 하나님은 이렇게 하나님의 말씀을 믿고 순종하며 따르는 사람에게 전인적인 복을 하락하시는 것입니다.

3)다윗 시대에 하나님의 축복으로 부하게 지내며 은과 금이 풍부했습니다. 역대상 29장 7-17에 보면 다윗의 신앙고백이 나옵니다. 하나님의 성전 공사를 위하여 금 오천 달란트와 금 만 다릭 은 만 달란트와 놋 만 팔천 달란트와 철 십만 달란트를 드리고 보석을 가진 모든 사람은 게르손 사람 여히엘의 손에 맡겨 여호와의 성전 곳간에 드렸더라(7-8절). 백성들은 자원하여 드렸으므로 기뻐하였으니 곧 그들이 성심으로 여호와께 자원하여 드렸으므로 다윗 왕도 심히 기뻐하니라(9절). 다윗이 온 회중 앞에서 여호와를 송축하여 이르되 우리 조상 이스라엘의 하나님 여호와여 주는 영원부터 영원까지 송축을 받으시옵소서(10절). 나와 내 백성이 무엇이기에 이처럼 즐거운 마음으로 드릴 힘이 있었나이까 모든 것이 주께로 말미암았사오니 우리가 주의 손에서 받은 것으로 주께 드렸을 뿐이니이다(14절).

나의 하나님이여 주께서 마음을 감찰하시고 정직을 기뻐하시는 줄을 내가 아나이다. 내가 정직한 마음으로 이 모든 것을 즐거이 드렸사오며 이제 내가 또 여기 있는 주의 백성이 주께 자원하여 드리는 것을 보오니 심히 기쁘도소이다(17절). 저가 나이 많아 늙도록 부하고 존귀하다가 죽으매 그 아들 솔로몬이 대신하여 왕이 되니라(대상29:28).

성도는 주일날이 가장 중요합니다. 하늘의 능력과 복을 받는 날이기 때문입니다. 그리고 천국 가는 날이 가장 좋아야 합니다. 다윗은 나이가 많아 늙도록 부하고 존귀하다가 죽었다고 합니다. 사람은 가는 날이 좋아야 합니다. 당신도 천국 가는 날이 다윗과 같이 다 좋으시기를 바랍니다. 다윗은 하나님이 택하여 하나님이 훈련하고 기름을 부어 세운 하나님의 종입니다. 하나님이 기뻐하시는 자입니다. 다윗은 하나님의 음성을 듣고 순종하여 온 이스라엘 나라를 통일 시킨 왕입니다. 당신도 다윗이 환상을 열어 하나님의 권능으로 쳐들어가서 빼앗아 온 것같이 마귀와 영적인 전쟁을 하시기를 바랍니다. 그리하여 지금까지 마귀에게 빼앗겼던 여러 가지를 되찾아 오시기를 바랍니다. 그러면 물질적인 문제는 서서히 풀어지기 시작할 것입니다. 저 역시도 교회를 개척하여 벌침이나 놓고 입으로 목회를 할 때는 물질 문제로 지지리도 고통을 많이 겪었는데 성령의 음성을 듣고 내적 치유 받고 성령의 불을 체험하고 성령으로 치유 목회를 하니 물질이 서서히 풀렸습니다. 그래서 저의 임상적인 견해로는 교회나 성도들의 사업이나 말씀과 성령으로 충만하여 마귀와 영적인 전쟁을 해야 물질이 풀린다는 것입니다. 다윗 왕이 하나님에게 순종하니 다윗시대에 나라가 풍성하게 지낸 것입니다. 이렇게 하나님의 마음에 합한 자는 하나님의 복이 따르는 것입니다. 당신도 절대로 복을 잡으려고 따라가지 말고 하나님의 마음에 합한 자가 되어 하나님의 복이 따르는 성도가 되시기를 바랍니다.

하나님은 축복의 하나님이십니다.

4) 우리가 축복을 받게 하려고 부요한 주님이 빈곤함의 고난을 당하셨습니다(고후8:9). 예수님은 하늘나라의 부귀와 공명을 친히 소유하고 계셨던 분이지만 세상의 고통당하는 하나님이 택한 자들을 구원하시려고 빈곤의 고통을 감당하신 것입니다. 예수를 믿는 성도들이여! 지금 당하는 빈곤은 예수님이 십자가에서 다 청산 하셨습니다. 고로 당신이 지금 당하는 빈곤은 마귀가 불법 주차를 해 놓은 것입니다. 예수 이름으로 불법 주차한 빈곤을 몰아내시고 다윗과 같이 하나님의 복이 따르는 성도가 되시기를 바랍니다.

2. 그럼 왜 믿는 자가 물질의 고난을 당하나 진단을 해보자.

1) 하나님을 멀리하고 우상을 숭배하므로 귀신이 들어와 재정의 고통이 찾아옵니다.

① 오므리의 아들 아합 왕이 이세벨을 아내로 취하여 우상을 숭배하니 이스라엘에 기근이 찾아왔습니다(왕상16:29-31). 이세벨을 아내로 삼은 아합 왕의 우상숭배로 인하여 온 나라 백성이 3년 기근으로 고생을 하게 됩니다. 그래서 우리는 지도자를 위하여 기도를 많이 해야 합니다. 한 나라의 지도자가 타락하여 우상을 숭배하므로 이스라엘 나라에 기근이 찾아 온 것입니다.

② 여로보암 왕의 우상숭배 죄는 자신의 자녀들 및 전 국가에 저주를 몰고 왔습니다(왕상14:8-10). 이처럼 조상의 삶이 자손들에게 반드시 어떤 종류의 영향 즉 죄의 결과를 끼친다는 것입니다. 인류의 조상 아담과 하와의 범죄를 통해 전 인류는 죄인이 되었습니다.

그렇다고 우리는 조상 탓만 할 것이 아니라 예수를 믿어 새 사람이 되었으니 예수 이름으로 조상의 죄악을 회개하고 끊어내고 축사하여 예수를 믿는 성도답게 하늘의 복을 받아야 합니다. 절대 조상 탓만 하지 말고 예수 이름으로 대적하여 승리하며 살아가시기를 바랍니다. 예수님이 나에게 허락한 권세를 이용하여 빈곤의 원인을 찾아 적극적으로 해결하시기를 바랍니다.

③ 다른 사람들에게 고통을 주어도 기근을 당합니다. 기브온 족속과의 계약을 어긴 사울 때문에 다윗 때에 전 민족이 삼년 동안 기근을 당하였습니다(삼하21:1-14). 다윗의 시대에 해를 거듭하여 3년 기근이 있으므로 다윗이 여호와 앞에 간구합니다. 그러니까 여호와께서 이르시되 "이는 사울과 피를 흘린 그의 집으로 말미암음이니, 그가 기브온 사람을 죽였음이니라."라고 말씀하십니다. 그래서 다윗이 기브온 사람을 불러 그들에게 물어봅니다. "내가 너희를 위하여 어떻게 하랴 내가 어떻게 속죄하여야 너희가 여호와의 기업을 위하여 복을 빌겠느냐?"라고 합니다. 그러니까 기브온 사람들이 다윗 왕께 아룁니다.

"우리를 학살하였고 또 우리를 멸하여 이스라엘 영토 내에 머물지 못하게 하려고 모해한 사람의 자손 일곱 사람을 우리에게 내어 달라고 합니다. 그러면 여호와께서 택하신 사울의 고을 기브아에서 우리가 그들을 목매어 달겠나이다."라고 합니다. 그러니까 다윗 왕이 그렇게 하겠다고 합니다.

그래서 사울의 후손 일곱을 기브온 사람의 손에 넘기니 기브온 사람이 그들을 산 위에서 여호와 앞에 목을 매어 달았습니다. 그들 일곱 사람이 동시에 죽으니까 하늘에서 비가 내리기 시작했다고 기록되어 있습니다. 그러므로 성도가 다른 사람의 마음에 상처를 주어도 기근을 당할 수가 있습니다. 그러므로 모든 사람들과 함께 거룩함과 화평함을 좇아 살아야 합니다.

2) 예수를 믿은 후 믿기 전에 와 있던 영적인 문제를 해결하지 못한 연고 입니다.

① 믿기 전에 했던 세상 풍속을 좇고 우상 숭배를 했던 모든 것을 자르지 못한 연고로 자신도 모르게 당하는 고통일 수도 있습니다.

(엡2:2)"그 때에 너희가 그 가운데서 행하여 이 세상 풍속을 좇고 공중의 권세 잡은 자를 따랐으니 곧 지금 불순종의 아들들 가운데서 역사 하는 영이라."

제가 지금까지 성령치유 사역을 하다가 보니까, 예수를 믿기 전에 우상을 숭배했던 모든 것을 인정하고 회개하고 청산하지 않으면 아무리 예수를 오래 믿었어도 청산될 때까지 악한 영의 영향을 받으며 알지 못하는 고통을 당하면서 살아가더라는 것입니다. 이는 제가 한 두 성도를 보고 말하는 것이 아닙니다. 안수집사가 되고, 장로가 되고, 권사가 되고, 목사가 되어도 믿기 전에 행했던 우상숭배를 해결하지 않으니까, 자기도 모르게 고통을 당하면서 살아가더라는 것입니다. 조상의 무당의 영으로 고생하다가 치유 받은 목사님의 이야기입니다.

이 목사님은 성령의 역사를 인정하는 ○○○ 교단에서 목사 안수를 십년전에 받으시고 교회를 개척하여 10년 째 목회하시는 목사님이십니다. 우리 교회에 치유 받으러 오신 이유가 이렇습니다. 첫째는 교회가 부흥되지 않아서 재정적인 고통이 심하고, 둘째는 자신이 혼자 있을 때는 괜찮은데 이상하게 사람들 앞에 서서 칠판에 글씨를 쓰려고 하면 오른 손이 떨려서 글씨를 쓸 수가 없다는 것입니다. 사람들이 없을 때는 조금 나은데 성도들 앞에만 서면 오른 손이 떨려서 글을 쓸 수가 없었다는 것입니다. 그래서 무슨 원인인가를 알고 치유를 받으려고 지난 10여 년 동안 이곳저곳 성령의 역사가 있고 치유하고 축사하는 곳이라면 안 가본 곳이 없을 정도로 다녔다고 합니다.

그러다가 소문을 듣고 우리 교회에 오신 것입니다. 그래서 상담을 요청하여 저에게 사정을 이야기 하셨습니다. 그래서 제가 성령님에게 물었습니다. 대관절 이 목사님이 무슨 이유로 사람들 앞에서 서서 칠판에 글씨를 쓸 수가 없었습니까? 하고 질문하였더니 성령께서 감동을 주시기를 조상 중에 무당이 있었는가 물어보아라, 그래서 목사님 가정에 혹시 무당과 관련된 분이 있거나 목사님이 어렸을 때에 무당에게 간적이 없습니까? 하고 질문을 했습니다. 그랬더니 목사님이 한참 기도를 하시더니 이렇게 대답을 했습니다.

아주 어렸을 때에 외할머니가 무당이라 자신이 아프면 어머니가 데리고 가서 기도를 받고 어깨에도 손을 자주 얹어 기도를 받았다는 것입니다. 그래요, "내가 나사렛 예수 이름으로 명하노니 대물림되는 무당의 영은 정체를 밝힐지어다." 했더니, 오른 손을 마구 흔드는 것입니다. 마치 TV에 나오는 무당이 굿거리 하는 장면같이 손을 마구 흔들어 댔습니다. 그래서 이제 내가 "예수 이름으로 명하노니 혈통을 타고 들어온 무당귀신의 대물림의 줄은 끊어질지어다." "이제 내가 예수 이름으로 명하노니 혈통을 타고 들어온 무당 귀신은 묶음을 풀고 나올지어다." 했더니 이 목사님이 한참 괴성을 지르시더니만 입에서 맑은 물을 막 토하면서 귀신이 떠나가는 것이었습니다. 그리고 다시 "교회성장을 방해하고 재정적인 고통을 주고 있는 혈통으로 대물림되는 악귀는 재정의 결박을 풀고 떠나갈지어다." "교회성장을 방해하고 재정적인 고통을 주고 있는 혈통으로 대물림되는 악귀는 재정의 결박을 풀고 떠나갈지어다." "교회성장을 방해하고 재정적인 고통을 주고 있는 혈통으로 대물림되는 악귀는 재정의 결박을 풀고 떠나갈지어다."하며 성령의 권능으로 명령을 했더니,

막 소리를 지르고 악을 쓰고 통곡을 하면서 악귀들이 떠나갔습니다. 그리고 "이제 교회가 성장하고 재정에 복이 임하는 영이 임할 찌어다." "이제 교회가 성장하고 재정에 복이 임하는 영이 임할 찌어다." 하며 안수기도를 했습니다.

이렇게 하기를 이틀 동안 했습니다. 우리 교회 치유집회는 시간시간 개인별로 안수기도를 하면서 치유를 합니다. 그리고 목사님에게 물어보았습니다. 지금도 사람들 앞에 서면 손이 떨립니까? 목사님이 웃으시면서 지금은 그렇지 않습니다. 정말 이 문제 때문에 제가 고생을 많이 했습니다. 목사님 감사합니다. 하고 치유 받고 가셨습니다. 이 분이 최근에 저희 교회에 매주 목요일 날 하는 예언 사역자 훈련에 오셨습니다. 그래서 제가 물어보았습니다. 교회는 부흥되고 있습니까? 예 여기서 치유 받고 간 다음부터 서서히 교회가 부흥되고 물질도 풀리고 있습니다. 목사님 감사합니다. 그래서 제가 내가 한 일이 아니고 하나님이 하신 일입니다. 하나님에게 감사하시기를 바랍니다. 하고 대화를 나누었습니다. 방심은 금물입니다. 제가 사역할 때 장로, 안수집사, 권사 할 것 없이 대물림되는 무당의 영으로 고통을 당하다가 치유 받고 간 성도가 많은 수입니다. 나는 권사이기 때문에 나는 장로이기 때문에 해당이 없다. 귀신이 장로나 권사나 목사를 보면 무서워서 도망간다. 천만에 말씀입니다. 자아는 의를 이루지 못합니다. 말씀과 성령의 역사로 자신을 성찰하는 시간을 가지시기를 부탁합니다. 자신에게도 혈통을 타고 대물림되는 빈곤의 문제가 있을 수 있다고 인정하시고 성령으로 찾아내어 치유하시기를 바랍니다. 그러나 성령 충만한 예배와 말씀의 묵상과 찬송과 기도와 교회 봉사는 악한 영의 힘을 약화시키는 방편이 됩니다. 그러므로 영과 진리로 예배를 드리고 영으로 기도하고 말씀을 묵상하고 성령의 감동에 따라서 교회 봉사 등의 영의 활동을 지속적으로 하면 악한 영의 세력이 약화되어 때가 되면 기침 한번으로 또는 재채기 나 호흡을 통하여 나도 모르게 떠나가기도 합니다. 이와 같은 영적인 원리들을 인정하시고 말씀과 성령으로 찾아서 해결하시기를 바랍니다.

② 옛사람 아담이 성령으로 장악 당하지 못하여 성령 충만을 받지 못하므로 당합니다. 말씀과 성령으로 치유되어 땅의 사람 아담이, 하늘의 사람 성령의 사람으로 변해야 되는데 그렇지 못한 연고입니다. 즉 구습이 치유되지 못하니 남아있는 육성을 타고 악한 것이 역사한다는 것입니다. 악한 영이 역사하니 무엇 하나 되는 것이 없는 것입니다. 옛사람 아담을 말씀과 성령으로 치유하여 영의 사람으로 변화되시기를 소원합니다.

③ 영적인 문제를 해결하지 못하고 등한시한 결과입니다. 저는 항상 이렇게 강조를 합니다. 예수를 믿고 교회에 들어왔으면 성령으로 세례를 받고 말씀과 성령으로 자신의 영적인 문제와 상처를 적극적으로 해결해야 한다고 강조를 합니다. 즉 성령으로 세례를 받고 성령의 충만함을 받으며 성령의 역사로 영육의 문제를 치유하고 악한 영의 역사를 말씀과 성령으로 찾아서 축

사하고 심령을 성령으로 장악해서 영안을 열어가야 한다는 것입니다. 그런데 예수 믿고 교회에 들어와 자신에게 영향을 미치는 영육의 문제를 적극적으로 해결하지 못해서 자기도 알지 못하면서 당하는 고통입니다.

④ 예수만 믿으면 영적인 문제가 완전히 해결된다는 이론을 믿은 결과 입니다. 예수를 믿으면 모든 영적인 문제가 해결되었다는 정확하지 못한 이론을 철석같이 믿고 빈곤의 문제를 찾아 원인을 적극적으로 해결하지 않아 당하는 고통일 수가 있습니다. 빈곤의 문제는 예수 이름으로 끊어집니다. 그러나 자동으로 끊어지는 것이 아니고 문제의 원인을 성령으로 찾아 본인이 인정하고 회개하고 끊어내야 해결이 되는 것입니다. 예수님은 너희가 내 이름으로 귀신을 쫓아내라고 하셨지, 나만 믿어라 그러면 귀신이 자동으로 떠난다고 말씀하시지 않았습니다. 말씀과 성령으로 문제의 원인을 찾아 해결하여 아브라함의 복을 받으시기를 바랍니다.

3) 조상들의 우상 숭배로 악한 영의 저주일 수도 있습니다. 재정적인 고통, 압박과 빈곤 등 짧은 기간의 궁핍은 하나의 연단이라고 할 수 있지만 항상 빈곤한 것은 마귀의 저주일 수 있습니다 (학 1:6).

지금 빈곤의 고통을 당하면서 사시는 여러분 혹시 이것이 하나님의 연단이라고 생각하며 지내지는 않습니까? 잠깐 오는 고난은 하나님의 연단이라고 할 수 있지만, 항상 빈곤한 것은 마귀의 저주입니다. 빨리 말씀과 성령으로 찾아서 해결하시고 저주하던 마귀 귀신을 쫓아내시고 축복으로 채우시기를 바랍니다. 그리하여 빈곤의 고통에서 해방되시기를 소원합니다.

4) 조상들이 이웃이나 하나님에게 심어 놓은 것이 없을 경우도 있습니다(고후9:6). 될 수 있는 대로 많이 심으시기를 바랍니다. 제가 지금까지 목회하면서 체험한 바로는 하나님에게 많이 심은 성도들의 자녀들이 다 잘되더라는 것입니다. 후대를 위해서라도 하나님에게 풍성하게 심으시기를 바랍니다. 하나님은 심은 대로 역사하시는 하나님이십니다.

5) 자신이 하나님과의 관계를 열지 못한 이유일 수도 있습니다(렘 2:12-13). 하나님과의 관계는 심령을 깨끗하게 하여 마음 중심으로 하나님을 사랑하며 하나님의 계명을 순종하며 지키는 것입니다. 하나님을 사랑하는 성도는 하나님의 계명에 순종하는 성도입니다. 그리고 순수한 마음을 가지고 하나님의 음성에 어떠한 일이 있더라도 순종해야 하나님을 가까이 하는 성도입니다. 성도가 하나님과 가까이 지내면 모든 것이 형통하게 풀린다는 것을 아시기를 바랍니다.

6) 우환질고(사고, 질병, 재해)가 끊이지 않아 물질이 새어 나가므로 당할 수도 있습니다. 우환질고는 마귀가 일으키는 것입니다. 이는 욥의 경우를 보면 우리가 잘 알 수 있습니다. 우환질고를 일으키는 원수 마귀를 성령의 임재 하에 찾아내어 예수 이름으로 몰아내고 아브라함의 복을 받으시기를 바랍니다.

7) 게을러서 오는 결과일 수도 있습니다(살후 3:10). 자신의 성격이나 상처, 조상으로부터 대물림되는 게으름의 영이 역사하여 게으르게 하므로 당하는 고통일 수가 있습니다. 하나님의 말씀에 순종하고 성령으로 충만한 성도는 부지런합니다. 게으르다는 것은 무엇인가 잘못된 영의 장난일 수가 있습니다. 찾아서 해결해야 빈곤의 고통이 떠나갑니다.

3. 축복받는 원리

그럼 어떻게 해야 물질의 고통이 떠나고 축복을 받을 수 있습니까? 성경의 부요함을 받는 영적인 원리를 적용하여 복이 우리에게 임하게 하시기 바랍니다. 우리들은 하나님의 은총으로 예수님을 믿고 성령 안에서 생활하게 되었습니다. 성령 안에 생활하게 될 때 하나님은 틀림없이 축복의 삶으로 인도하여 주시는 것입니다. 우리는 축복을 받도록 부르심을 받은 것입니다. 그런데 우리는 축복의 삶보다는 낭패와 실망을 당할 때가 많았습니다. 오늘부터 진정한 부요함과 윤택한 삶으로 나아갈 비결을 함께 나눔으로 하나님의 크신 은총의 삶을 살기를 소망합니다.

1) **빈곤도 부요도 나의 선택입니다.** 하나님은 어떤 사람은 빈곤하게 어떤 사람은 부요하게 살도록 그의 삶을 정하신 것이 아닙니다. 사람에게 주어진 상황이 절대불변의 것이 아니라는 것입니다. 사단은 오래 동안 사람의 운명이 정해진 것처럼 속여 왔

습니다. 하나님은 우리가 빈곤하게 사는 것을 원치 않으십니다
(요삼2,신8:18). 하나님은 우리가 잘 되기를 원하시고, 그리고
재물을 얻을 능력을 우리에게 주신 것입니다. 하나님은 우리가
부요하게 되기를 원하시는 것입니다. 하나님이 주시는 부요의
권리를 받아들이면 우리의 삶은 변화가 일어나기 시작하는 것입
니다.

  2) 모든 것에는 **법칙이 있습니다**. 빈곤에도 법칙이 있고 부요
에도 법칙이 있습니다. 이 세상에 갖가지 법칙이 있는 것과 마찬
가지입니다. 사과가 항상 땅에 떨어지는 것은 하나님의 중력의
법칙인 것과 마찬가지입니다. 빈곤의 법칙은 하나님을 떠난 삶
입니다. 그리고 게으른 자는 빈곤하여 집니다. 이 영적인 법칙을
제대로 이해하지 못하면 빈곤하여 집니다(잠24:30,31). 그러
나 부요의 법칙은 하나님 중심의 삶입니다. 부지런함입니다. 스
스로 일하고 일을 이해하고 일을 잘하면 부요하여 집니다. 풍성
한 삶이 주어지는 것입니다(잠6:6-8).

  3) 하나님은 반드시 보상하여 주십니다. 일군이 그 삯을 받
는 것이 당연합니다(눅10:7). 수고하고 땀 흘린 댓가는 마땅한
것입니다. 우리가 열심히 일한다면 보상이 있게 마련입니다(잠
28:19). 일을 하지 않으면 보상은 없습니다. 무노동 무임금입
니다(살후3:10). 열심히 일하면 풍성한 삶을 누리게 됩니다. 그
런데 열심히 일하는데도 여전히 빈곤하다면 이는 영적인 빈곤의
법칙이 당신을 향한 하나님의 계획을 가로 막고 있는 것이기에

원인을 찾아서 성령으로 해결하시고 하나님 앞에 진실과 전심으로 나아가 새로운 출발을 하여야 할 것입니다.

4) 하나님은 복을 나누시기를 원하십니다. 빈곤도 부요도 절대로 우연한 사건이 아닙니다. 그것에는 원인이 있게 마련입니다. 영적인 법칙이 엄격하게 빈곤과 부요를 다스리고 있습니다. 흩어 구제하면 더욱 부하게 된다고 합니다. 과도히 아껴도 빈곤하게 된다고 합니다. 구제를 좋아 하는 자는 풍족하여 진다고 합니다. 남을 윤택하게 하는 자는 윤택하여 진다고 합니다(잠11:24,25). 하나님은 나누어주는 자가 윤택한 삶을 누린다고 약속하고 있는 것입니다. 주는 자가 부요함을 누린다고 합니다(눅6:38). 이것은 방출의 법칙인 것입니다.

5) 하나님의 복을 받을 것을 기대 하는 사람이 되십시오. 우리가 파종한 것이 좋은 열매로 안겨 올 것을 기대하면서 파종합니다. 이것은 영농의 법칙인 것입니다. 수확을 기대하면서 영농에 임하는 것은 모든 농부들의 기본자세인 것입니다. 받는 것을 기대하면서 일을 시작한다는 것입니다. 나면서부터 앉은뱅이였던 사람은 무엇인가를 받을 것으로 기대하고 베드로를 쳐다보고 손을 내밀다가 고침을 받았습니다. 예수님은 많은 것을 받으셨습니다. 향유를 발에 붓는 것을 허락하셨습니다(눅7:44,46). 수없이 먹고 마시고 누리는 것을 받으셨습니다. 당나귀를 사용할 권리도 받으셨습니다. 예수님께서는 아낌없이 나누어 주셨고 또한 거리낌 없이 받으셨습니다. 우리가 흔쾌히 잘 받는 자가 되지

못하면 하나님께서 주시는 풍성한 축복도 막아버릴 수 있습니다. 받지 않으면 교만한 자가 되는 것입니다. 교만은 패망의 선봉인 것입니다(잠16:18). 교만은 당신의 삶 속에 하나님의 부요가 흘러넘치는 것을 제한합니다. 겸손하시기 바랍니다.

6) 심은 대로 거둡니다. 좋은 것을 심으면 좋은 것을 거두고, 못된 것을 심으면 못된 것을 거두고, 선행으로 심으면 선으로 거두고, 물질로 심으면 물질로 거두는 것이 만고의 진리입니다.

농부가 한 알의 콩알을 심고 난 후에 한 알만 그대로 되돌려 받지는 않습니다. 그 한 알 속에는 수백 개의 새로운 알들이 들어 있습니다. 농부는 수확을 거두기 전에 거두기를 원하는 씨앗을 심어야 합니다. 씨앗을 많이 심을수록 많이 거둡니다(고후 9:6,7,10). 심을 것을 그냥 먹어치우면 아무 것도 못 거둡니다. 우리는 날마다 씨앗을 심든지 먹든지 선택합니다.

믿음으로 심을 때 하나님은 부요의 법칙을 풀어 주시는 것입니다. 두려움으로 불신으로 씨앗을 먹어치우면 빈곤의 법칙이 풀어지는 것입니다. 풍세와 구름의 환경에 지배당하면 결코 심지 못합니다(전11:4). 풍세가 문제입니까? 구름만 바라봅니까? 즉 보이는 것만 추구합니까? 보이지 않는 하나님의 말씀을 믿고 개척자의 정신으로 열심히 갈고 뿌려 놓으면 결국은 거둡니다. 그러나 걱정 근심에 사로잡혀 심지 않는다면 거둘 것도 없는 것입니다(전11:6). 환경을 바라보지 말고 믿음으로 물질을 심으면 물질을 거두는 것입니다.

7) 수확의 법칙을 따르십시오. 심은 대로 거두는 말씀을 제대로 이해한다면 삶 가운데 하나님의 풍성하심을 온전히 누리게 될 것입니다."나는 심은 대로 거둡니다."고 선언하고 도전하시기 바랍니다. 하나님은 우리가 스스로 속이지 말라고 경고하십니다(갈6:6-9). 심은 대로 거둔다는 것입니다. 육체로 심으면 육체로 부터 썩을 육체로 거두고, 성령으로 심으면 영생을 거둔다고 하십니다. 낙심하지 말라 하십니다. 때가 이르매 거두게 된다고 하십니다. 하나님의 영적인 부요의 법칙은 "씨앗을 심고, 때가 이르매 거두고, 심은 대로 그만큼 거둔다."는 것입니다.

하나님은 당신의 씨앗을 자라게 하시고 열매를 배가시켜서 반드시 거두게 하십니다. 그리고 합당한 때에 거두게 하십니다. 자신이 심은 종자만을 반드시 수확하게 하십니다. 심을 때와 거둘 때는 확실히 다릅니다. 동일한 시기일 수도 동일할 수도 없는 것입니다. 풍성하게 하십니다. 사랑으로 심으면 더욱 풍성한 사랑으로, 재물로 심으면 더욱 풍성한 재물로 수확하게 하십니다. 당신이 사랑을 심어 놓고 물질로 돌려 달라고 하지 마시기 바랍니다. 사랑에는 사랑입니다. 하나님의 추수의 법칙은 심은 대로 인 것입니다.

4. 영적인 활동을 하라.

이제 빈곤을 탈출하고 축복의 근원을 이루기 위한 적극적인 영적인 활동을 해야 합니다.

　1) 조상의 죄악을 파악하여 회개하라. 재정적인 문제가 조상의 죄악으로부터 왔다면 이를 적극적으로 해결해야 합니다. 조상의 죄악을 말씀과 성령으로 찾아냈다면 회개해야 합니다. 그래야 재정에 저주하던 악귀들이 떠나가는 것입니다. 선조의 죄를 위한 회개 기도는 선조를 대신 하여 회개하는 것이 아니라, 그들이 지은 죄 때문에 회개하는 것입니다. 회개의 기도는 사단이 선조의 죄를 통하여 우리들에게 저주할 수 있는 법적 근거를 끊기 위한 목적입니다. 이 말을 다시 설명하면 지금 나에게 역사하고 있는 빈곤의 영은 우리 조상들이 우상을 숭배했거나 하나님의 말씀을 벗어난 죄악을 통하여 타고 들어와 역사하는 것입니다. 이 악한 영들을 조상의 죄악을 타고 들어온 타락한 천사이므로 우리 조상들이 죽었다고 함께 죽는 것이 아니고, 예수님이 이 땅에 재림할 때까지 계속 살아서 역사하는 것입니다. 그러므로 조상들이 죽었다고 그 문제가 떠나거나 끝나는 것이 아닙니다. 반드시 조상의 죄악을 통해 들어왔음으로 죄악을 회개하고 청산해야 나에게서 떠나가는 것입니다. 조상들은 죽어 없어지고 나에게 와서 영향을 미치므로 조상 탓만 할 것이 아니고, 이제 내가 예수를 믿고 새사람이 되었으므로 새사람에게 주신 예수님의 권세를 활용하여 회개도 하고 끊어내고 악귀를 몰아내고 이제 하늘의 축복으로 채워야 한다는 말입니다. '하나님, 저는 이

시간 저의 선조 부모의 불의를 회개하고 용서를 빕니다. 조상들의 죄가 삼사대까지 이르도록 저주를 초래하게 한 저 스스로와 조상들의 모든 죄들을 회개합니다. 모든 불순종, 반항, 우상숭배, 점과 우상에게 복을 빌은 죄, 무당에게 굿을 한 죄를 회개합니다. 주 예수 그리스도를 통한 하나님의 용서와 죄 씻음을 구합니다. 아버지께서 그리스도의 이름으로 조상의 죄를 사해주심을 믿고 감사드리며, 예수 그리스도의 이름으로 기도 드립니다. 아멘.'이렇게 두루뭉술하게 하지 말고 한 가지씩 청산하시기를 바랍니다.

2) 마귀에 의한 빈곤의 대물림을 찾아 끊어 내야 합니다. 조상 대대로 재정의 고통을 당한다면 이 대물림되는 빈곤에 대물림의 줄을 예수 이름으로 끊어야 합니다. 나에게 임한 사단의 역사로 인한 빈곤의 대물림을 끊으시기 바랍니다.

① 빈곤하게 하는 마귀의 역사를 끊으면 악령들이 작용할 수 있는 법적 권리를 박탈해 버리게 됩니다.

② 법적인 근거들을 멸한 뒤에 주 예수의 이름으로 악귀들을 쫓아내야 합니다.

③ 빈곤의 대물림을 끊으면 상황에 따라서 끊음과 함께 바로 재정의 회복, 치유, 변화를 경험하는 경우가 있으며, 또 시간이 점차 지나면서 마귀 역사를 끊은 효력이 나타나게 됩니다.

④ 빈곤의 대물림의 줄을 끊는 것은 지금까지 자신, 가족에게 역사한 악한 마귀들이 활동할 수 있는 법적 근거와 세력을 차단

하는 것입니다. 공산당이 1950년 6.25를 일으킨 후 계속 남쪽으로 공격해 오다가 U.N.군의 인천 상륙 작전으로 인해 보급로가 차단된 것과 같습니다. 인천 상륙 작전이 전쟁의 승리 자체는 아니나 승리를 가져오게 하는 결정적인 역할을 했습니다. 회개와 마귀의 저주를 끊는 일은 악한 영들의 보급로를 끊는 것입니다. 이 시점에서 마귀와의 영적 전쟁이 시작됩니다. 마귀가 더 악랄 하게 역사할 수도 있다는 말입니다. 특히 주변 사람들을 통하여 역사할 수도 있습니다. 이점 이해하시고 경각심과 의지를 가지고 마귀와 싸우셔서 승리하시기를 바랍니다. 마귀의 역사가 강하다고 두려워하며 영적전쟁을 그만두면 절대 안 됩니다. 재정에 고통을 가하던 악귀는 성령으로 장악되어 예수 이름으로 대적하면 예수 이름 앞에 악귀는 물러가야 합니다. 그러므로 재정에 역사하던 마귀와의 싸움은 백전백승이므로 조금도 동요되거나 두려워하지 말고 계속적으로 예수 이름으로 빈곤의 줄을 끊으며 대적하면 마귀는 물러가게 됩니다. 그러면 재정의 문제가 서서히 풀리는 것을 눈으로 보고 느낄 수가 있습니다.

⑤ 갈라디아서 3장 13절에 의하여 나는 예수의 희생으로 저주에서 속량되었다. 나는 예수의 이름으로 믿음을 실천하며 나와 나의 자손들을 빈곤하게 하는 마귀의 역사는 끊어질지어다. 재정에 역사하는 모든 마귀의 훼방은 끊어질지어다.

⑥ 예수의 피로 말미암아 조상들의 죄와 나의 모든 죄는 사함을 받았고 하나님의 말씀에 대한 불순종과 반항의 결과로 내린

마귀의 역사에서 나와 가족을 끊노라.

⑦ 나는 예수의 이름으로 나와 가족 위에 내린 모든 마귀의 훼방을 끊노라. 재정에 고통을 가하는 마귀의 역사는 모두 끊어질지어다. 빈곤, 궁핍, 부채의 모든 마귀 역사의 줄은 끊어질지어다.

⑧ 나의 경제문제, 대인관계에 영향을 주는 마귀의 저주는 끊어질지어다.

빈곤, 궁핍, 부채, 환난의 영의 줄은 끊어질지어다.

3) 빈곤을 대물림하는 악한 마귀, 귀신을 쫓아내야 합니다.

① 나의 경제상태, 대인관계, 빈곤, 궁핍, 부채, 환난의 영은 예수의 이름으로 명하노니 내게서 떠나갈지어다.

② 우리는 단호하게 마귀를 향하여 꾸짖어야 하며, 그 권세가 우리에게 있습니다. 마귀는 우리의 힘으로 어찌할 수 없는 영적 존재입니다. 그러나 사망 권세를 이기신 예수 그리스도의 이름 앞에서는 무력한 존재이며, 그 이름을 힘입어 믿음으로 사탄을 꾸짖고 명할 때 마귀는 물러가는 것입니다. 절대로 두려워하지 말고 성령의 임재 하에 담대하게 예수 이름으로 대적하시기를 바랍니다.

③ 마귀에게 단호하게 명령하세요. 예수의 이름으로 명하노니 빈곤의 영은 떠나갈지어다.

4) 혈통에 역사하는 악한 영을 몰아내고 축복으로 채우시기 바랍니다.

① 내가 예수 이름으로 명하노니 나의 손에 재물을 얻고 돈을 버는 능력이 임할 지어다. 우리 가문에 물질 축복의 영이 임할 지어다.

② 믿음을 실천하며 또 입으로 시인하여 구원에 이름을 알고 있다. 나는 아브라함의 축복이 나의 것임을 시인한다. 나는 저주 아래 있지 않고 축복을 받았다. 나는 꼬리가 아니고 머리다. 나는 밑에 있지 않고 위에 있다.

③ 나는 들어와도 복을 받고 나가도 복을 받는다. 나는 축복을 받았고 또 하나님께서 앞으로 더욱 축복하실 것이다.

5) 조상으로부터 온 빈곤의 대물림이 끊어짐을 믿고 감사하고 축복하세요. '나는 믿음을 실천하며 또 입으로 시인하여 구원에 이름을 알고 있다. 그러므로 나는 아브라함의 축복이 나의 것임을 시인한다. 나는 저주아래 있지 않고 축복을 받았다. 나는 꼬리가 아니고 머리다. 나는 밑에 있지 않고 위에 있다.' '나는 들어와도 복을 받고 나가도 복을 받는다. 나는 축복을 받았고, 또 하나님께서 앞으로 더욱 축복하실 것이다.' '주님, 마귀로 인하여 저의 인생에 역사했던 모든 재정의 고통에서 저를 자유하게 하심을 진심으로 감사드립니다. 예수님의 이름으로 기도합니다. 아멘.'

5. 지속적인 영적 싸움을 하라.

물질의 축복이 임하도록 사후관리를 잘하세요. 우리가 하나님의 축복을 받기 위해 성령으로 충만하여 축복 받을 그릇이 되라는 것입니다.

① 하나님과 친밀하게 지내라. 말씀을 믿고 입으로 시인하고 행함이 있을 때 하나님이 축복하십니다. 하나님 안에 축복이 있습니다.

② 성령으로 장악하라. 하나님도 성령으로 천지를 장악하시고 천지 창조를 하셨습니다.

③ 주의 말씀 안에 거해야 합니다. 말씀은 우리를 보호하는 울타리입니다.

④ 하나님에게 아낌없이 드리세요. 물질의 축복은 십일조를 심어야 옵니다. 영적인 법칙입니다.

⑤ 꿈과 믿음을 가지고 착하고 선하게 살아야 합니다. 꿈이 있는 사람과 가정, 나라는 망하지 않습니다. 우리 주변 사람들과 좋은 관계를 유지합시다. 땅에서 풀면 하늘에서 풀립니다.

⑥ 계속 입술로 선포하며 명령해야 합니다. 빈곤의 영은 떠나가고 물질의 축복은 올지어다. 재정과 경제 축복 사역에 대하여 상세하게 알고, 재정의 문제를 치유 받고, 재정치유 사역을 하시고 싶은 분은 "물질 축복 받는 비결"책을 활용하시기를 바랍니다. 이 책에 물질 축복 받는 비결이 상세하게 수록되어 있습니다.

20장 뼈 신경 현장 강력치유

(겔37:7-8)"이에 내가 명령을 따라 대언하니 대언할 때에 소리가 나고 움직이며 이 뼈, 저 뼈가 들어맞아 뼈들이 서로 연결되더라. 내가 또 보니 그 뼈에 힘줄이 생기고 살이 오르며 그 위에 가죽이 덮이나 그 속에 생기는 없더라"

세상에는 뼈와 신경으로 고통을 당하는 분들이 의외로 많이 있습니다. 우리는 이들을 성령의 권능으로 치유하며 능력전도를 해야 합니다. 뼈와 근육 신경의 질병에 치유가 일어나려면 성령이 장악하여야합니다. 장악 되려면 자신의 욕심을 버리고, 호흡이나 주여! 하면서 주님의 임재가 자신을 장악하게 해야 치유가 되는 것입니다. 치유에 욕심을 부리면 더 시간이 길어집니다. 하나님은 우리의 모든 질병을 치유하여 주시기를 원하십니다. 하나님은 뼈와 신경계통의 질병을 치유하여 능력전도를 하라고 하십니다.

1. 뼈 신경 계통에 질병이 발생하는 원인.

1) 뇌척수신경 계통의 흐름과 이상

첫째는 [목]의 신경 계통의 흐름과 이상입니다. 목 디스크는 축농증, 비후성 질환, 코골이, 안면 마비, 두통 등의 질병을 유발하며, 이를 고치지 않고 수술함은 재발이 되는 원인이 됩니다. 특별히 목의 디스크로 인하여 정신질병과 이상이 생길 수가 있습니다. 정신질병이 마음의 상처나 문제로 발생되어진 것이 아니라면 목 디스크를 정확히 진단하여야 하는 것입니다. 전신마비나 식물인간은 목의 신경계통에 이상이 생긴 경우가 많습니다.

둘째는 [어깨] 신경 계통의 흐름과 이상입니다. 오십견이나 팔과 어깨의 여러 가지 통증을 수반하고 팔 길이가 다르고 한 손이 짧거나 길게 됩니다. 팔을 내밀게 하고 코를 중심으로 두 손을 모아보면 어깨가 아픈 사람은 한 손이 짧든지 길든지 하는데 주로 오른손을 많이 사용하기 때문에 오른손이 긴 경우가 대부분입니다.

셋째는 [척추]신경 계통의 흐름과 이상입니다. 원래가 척추는 33개의 추골이 연결되어 하나의 막대처럼 된 것인데 그 속을 위아래로 척수 신경이 통하고 있습니다. 그리고 각 추골 사이에는 추간공(椎間孔)이라는 구멍이 생겨있고, 그 곳으로부터 각 신경이 나와서 전신에 분포되어 있습니다.

그런데 이 척추에 대한 무리가 추골을 어긋나게 하여 신경의 출구인 추간공을 삐뚤어지게 하므로 그 때문에 거기서 나오는 신경이 압박, 염전(捻轉)등의 장해를 받게 되어, 그 지배 영역의 근육이나 기관이 나빠지고 이것이 질병의 원인이 됩니다.

넷째는 [발]의 신경 계통의 흐름과 이상입니다. 발은 우리 몸의 역학적 기초이고 건강과 불가분의 관계에 있습니다. 인간의 발은 서 있을 때나 걸을 때 전신을 지탱하는 기초라 할 수 있습니다. 발에 생기는 여러 가지 원인에 의한 과로나 무리나 허약으로 말미암은 발의 신경반사는 목이나 허리 등 전신에 부조화를 일으킵니다. 더욱 진전하여 발의 균형을 무너뜨리거나 전신의 신경 계통을 압박하고 자극하여 질병을 일으킵니다.

발은 신장과 심장과 장과 위장과 눈과 코와 관련이 있고 정력에도 관계가 있습니다. 특히 폐결핵과 관계가 있어 무릎에 고장이 있으면 인후가 나쁘고 폐가 나빠집니다. 또한 입덧에도 관계가 있습니다. 누워 있을 때 균형을 이루지 못하고 한쪽 발이 쳐져 있는 발의 이상이나 발의 길이가 짧거나 긴 발의 불균형은 골반의 뼈가 틀어져 있어서 그렇게 됩니다. 이런 사람은 대부분 척추 디스크를 호소합니다.

다섯째는 골반 신경계통의 이상입니다. 골반은 척추를 받치고 있고 다리뼈와 연결되어 있습니다. 다리가 한쪽이 짧거나 틀어진 경우는 골반(엉덩뼈)이 비틀어져 있는 경우입니다. 한쪽 발의 인대가 당기면서 발이 아픈 경우나, 신장이 나쁜 경우나, 부인병으로 산후 조리를 잘못한 경우, 부인병으로 발생되는 경우,

몸의 균형이 틀어지는 작업을 하는 경우, 몸이 비대하여 다리의 버티는 힘이 균형을 잃어버렸을 때 등이 골반이 틀어져서 생기는 병입니다. 골반이 틀어짐으로 내장 기관에 장애가 생길 수 있으며 관절염까지 생기는 원인이 됩니다.

2) 자율신경 계통의 흐름과 부조화로 생긴다.

모든 질병의 대부분이 이 자율신경의 부조화에서 나오는 경우가 많기 때문에 내 영이 무거운 죄짐이나, 불평이나, 원망의 무서운 독소에서 자유 함이 있어야 합니다. 이 자율신경의 조화는 주로 마음의 평안과 영의 기쁨을 항상 유지하게 됩니다. 자율신경의 교감신경은 불안 좌절 분노, 등의 결과를 유발합니다. 반면 부교감신경은 주로 기쁨, 화평, 감사, 용서, 사랑, 절제, 인내, 자비와 양선과 충성과 온유함을 주관합니다.

"주 안에서 항상 기뻐하라 내가 다시 말하노니 기뻐하라."

(빌4:4)

포도나무의 가지가 원줄기에 붙어 있어야 합니다. 그와 같이 우리의 영적 생명과 성령의 역사는 생명의 근원 되시는 예수님에게 붙어 있어야 합니다. 그래서 예수님으로부터 영적 신령한 생명이 계속 공급을 받아서 끊임없이 흘러나오거나 솟아나야 합니다. 이러한 생명의 흐름이나 성령의 흐름이 성경에서는 기름

부음이라는 표현으로 설명되고 있습니다.

이러한 예수의 생명이 흘러넘치는 역사가 충만하기 위해서는 속사람(영)이 강건해야 합니다. 이 속 사람은 자율신경의 부교감 신경에 주로 영향을 줍니다. 이 자율신경이 조화를 이루지 못하고, 분노나 불안이나 좌절 등을 일으키면 위장, 간, 심장, 폐, 등 오장육부의 혈관 정맥, 근육 등에 뻗어 있는 자율 신경에 자극을 주게 되어, 신체에 이상을 일으키고 질병을 유발시킵니다.

모든 쓰라림과 원한은 첫째 분노로부터 시작, 이것이 신체에 공급되는 아드레날린을 지나치게 분비시킵니다. 신체는 분비된 아드레날린의 초과량을 흡수할 수 없습니다. 결과적으로 그것은 신장으로 가지만 그러나 신장은 이 초과량을 수용할 수 없습니다. 그 결과로 그것은 신체의 관절에 모여 관절염을 일으킵니다. 관절염을 앓는 사람은 자신의 삶을 성찰하고, 혹 다른 사람에 대한 쓴 뿌리와 용서하지 않는 마음을 품고 있는지 여부를 알아보라고 성심성의로 충고해야 합니다.

3) 기타 뼈 신경 계통에 질병이 발생하는 원인

몸 안에 물과 염분이 부족하여 생기게 됩니다. 사람은 흙으로 만들어져 있습니다. 고로 흙이 응고가 되려면 일정량의 물과 염분이 있어야 합니다. 우리의 몸은 젊은 사람의 경우는 70%이상이 물로 되어있습니다. 그래서 물을 많이 먹는 것이 좋습니다. 그리고 우리 몸 안에는 항상 0.8%의 염분이 있어야 합니다. 이를 조절하지 못하면 뼈와 신경에 문제가 생깁니다.

그리고 약물을 과다 복용할 경우 독소를 쌓이게 하므로 발생합니다. 또 어려서나 젊어서 고생을 많이 한 경우에 발생하기도 합니다. 필자가 노인정에 능력전도 하러 다닐 때 뼈 신경에 질병이 있는 분들과 대화를 해본 결과는 이렇습니다. 젊어서 스트레스를 많이 받고, 먹고 살려고 머리에 짐을 이고 다니고, 속상하고, 고통 받으면서 이를 악물어서, 치아와 허리, 목, 무릎에 문제가 생겼다고 합니다. 그래서 젊은 60대에 뼈 신경질병으로 고생하고 계셨습니다.

2. 뼈 신경의 구성.

척추 등뼈의 구성은 신경다발을 보호하는 뼈, 뼈와 뼈 사이를 연결하는 디스크와 뼈 속의 신경다발, 신경다발에는 부위별 중요한 신경이 연결되었습니다. 척추는 두 개골의 기저 바로 밑에서 시작됩니다.

① 그 첫 부분을 경부척추– 첫 번째 7개의 척추골로 가장 꼭대기의 것이 환추골, 두번째 것은 축추골입니다. 머리가 환추골에서는 양옆으로 회전하고, 축추골에서는 앞뒤로 회전합니다.

경부척추에서 나오는 신경은 얼굴과 머리, 목, 어깨 그리고 팔 아랫 부분을 지배합니다. 이들 신경에 가해진 압력은 고통을 야기 시킵니다.

② 흉부(배부)척추는 그 다음 12개의 척추골로 구성되어 있습니다. 그 각각은 옆으로 나온 한 쌍의 늑골을 가지고 있으며, 늑골 외곽을 형성합니다. 이 부분의 척추에서 나온 신경은 팔 아래쪽, 양손, 그리고 가슴을 지배합니다.

④ 요부척추는 아래쪽의 5개의 척추골로 구성됩니다. 이곳에서 다리와 발을 지배하는 신경이 척추골 사이에서 나옵니다.

④ 천골(꼬리뼈 바로위): 척추골보다 다소 큰 다음 뼈입니다. 척추신경을 지탱합니다. 이 뼈는 양 엉덩이 즉 일련의 인대와 천장골 관절을 통하여 장골(골반의 한 부분)으로 연결됩니다. 넓적다리 뼈, 즉 대퇴골은 엉덩이뼈에 연결됩니다.

⑤ 미골: 천골 바로 아래입니다. 이것은 직장 바로 근처까지 오는 짧은뼈로서 꼬리뼈라고도 합니다.

3. 뼈 신경의 질병의 진단과 치유 기법

1) 목 부분치유(디스크 포함)

방법은 두 손을 목 위에 놓고 손가락을 척추 상부에 놓습니다 (막16:18). 고개를 천천히 왼쪽으로부터, 오른 쪽으로 그리고 뒤로 앞으로 돌려줍니다. 이는 성령께서 하시는 일을 도와드리는 것입니다. 동시에 "예수님의 이름으로 명령한다. 모든 근육과 인대와 힘줄과 척추골은 제자리로 들어가고 그 약한 디스크가 치료되고 눌린 신경은 자유하라"고 명령합니다.

목 부분 안수의 유의사항은 손바닥으로 대동맥을 감쌉니다. 뇌로부터 몸의 전면으로 내려간 신경 위에 놓여 있습니다. 목의 양쪽–주동맥이 있습니다. 이를 통해 혈액이 뇌로 주입됩니다.

엄지손가락은 측두 하안골 관절 바로 위에 놓여집니다. 몸의 가장 강한 근육 위입니다. 결국 몸의 가장 중요한 세부 위에 손을 올린 결과요 안수가 됩니다.

결과로써 기대해도 되는 사실은 이렇습니다. 목에 생긴 문제들 100%의 통증이 사라집니다. 두통, 신경성 귀머거리, 목관절염, 척추 삔 것, 탈출되고 허물어진 악성 디스크, 부러진 목 등이 치유됩니다. 목 위의 신체 부위의 질병이 치유됩니다.

2) 어깨부분의 치유

가슴 앞과 뒤에 손을 대고 앞으로 뒤로 움직여 줍니다. 불편한 쪽 어깨를 잡고 흔들어 줍니다.

팔이 자라나는 치유는 이렇게 합니다. 어깨 신경 계통에 이상이 발생했을 때도 마찬가지입니다.

팔과 어깨에 여러 가지 통증을 수반하고 팔 길이가 다르고 한 손이 짧거나 길게 됩니다. 팔을 내밀게 하고 코를 중심으로 두 손을 모아보면 어깨가 아픈 사람은 한 손이 짧든지 길든지 하는데 주로 많이 쓰는 손이 길게 마련입니다. 이때는 짧은 팔을 명하여 "예수 이름으로 명하노니 짧은 팔은 자라나고 긴팔은 들어갈지어다." 하며 자라날 것을 명하면 팔이 쭉쭉 자라납니다. 팔이 자라나는 것은 그 자리에서 낫기 때문에 전시 효과가 크며 누구나 다 할 수 있는 쉬운 사역입니다.

3) 허리 부분의 치유

양다리를 살짝 들고 골반과 허리를 돌려줍니다. 무릎을 굽히고 돌리고, 펴고 돌리고를 반복합니다. 다른 방법은 엄지손가락으로 뼈마디마디를 누르고 끌어내리면서 기도할 수도 있습니다. 명령은 "예수 이름으로 명하노니 치골은 제 위치로 돌아오라, 요추의 압박에서 해방될지어다. 디스크는 새로운 디스크가 자라나라"고 명령하면 됩니다. 하부의 요추(다섯 개의 하부 척추)와 천골 부분의 많은 문제들이 치유됩니다.

전립선: 정상이 되라. 결장: 결장을 지배하고 있는 신경은 정상으로 돌아오라. 명령합니다.

4) 골반 부분의 치유

척추골보다 다소 큰 그 다음 뼈는 천골이라고 하는데 그 뼈는 척추 전체를 지탱하고 있습니다. 이 뼈는 또한 양 엉덩이 즉 인대와 건과 천장골 관절을 통하여 장골(골반의 한 부분)로 연결

됩니다. 골반의 전체 부위에 치유를 베풀기 위해서는 골반의 일을 합니다. 골반의 일이란 양다리를 잡고 골반을 돌려주는 일을 말합니다. 무릎을 굽히고 펴고 하면서 골반을 돌려줍니다.

① 출산으로 인하여 허리의 통증이 올 때: 골반의 뼈가 정상적으로 맞춰 들어가기를 위해 명령합니다.

② 부인병(여성 생식기에 생기는 증세, 생리통, 자궁 탈수 등): 천골은 정상적으로 들어가고 조직과 신경이 자유할 것을 명령하며 혈관 세포가 정상 기능을 발휘하며 통증이 떠날 것을 명령합니다.

③ 발이 바깥쪽으로 심하게 향한 것, 또는 안쪽으로 향한 것은 이렇게 치유합니다.

골반이 안쪽으로 돌아올 것을 명합니다. 바깥쪽으로 돌아 갈 것을 명령합니다.

④ 좌골 신경통: 척추에서 넓적다리 사이로 뻗어있는 큰 신경을 따라 통증이 일어나는 증상을 말합니다. 요추와 천골이 바르게 조절 될 것과 디스크가 제 위치에 가서 신경을 누르는 모든 압력이 없어질 것을 명령합니다.

천장골의 위치는 여러 가지로 달라질 수 있습니다. 가끔 장골(골반 뼈)은 천골 위에서 회전되기도 하며, 그 결과 한쪽 다리가 짧아 보일 수 있습니다. 그렇지 않으면 골반 뼈가 제 위치를 벗어나서 두 다리가 더 길게 보일 수도 있습니다. 그 결과 척추는 굽게 됩니다(척추 만곡증, 척추 측만증). 천골은 앞으로 기울어

질 수 있는데, 그 결과 척추 만곡증(척추가 만곡하여 앞으로 돌출)이 생깁니다. 아니면 뒤로 기울어져서 등이 "군인"의 등처럼 꼿꼿하게 될 수도 있습니다.

이런 모든 경우에도 양다리를 살짝 들고 골반과 허리를 돌려줍니다. 무릎을 굽히고 돌리고, 펴고 돌리고를 반복합니다. 천골이 제자리로 제 위치로 돌아갈 것을 명령하면 됩니다.

5) 다리가 자라나는 일

발은 우리 몸의 역학적 기초이고 건강과 불가분의 관계에 있습니다. 인간의 발은 서 있을 때나, 걸을 때 전신을 지탱해 주는 기초라 할 수 있습니다. 발에 생기는 여러 가지 원인에 의한 과로나, 무리나, 허약으로 말미암은 발의 신경반사는 목이나 허리 등 전신에 부조화를 일으킵니다. 더욱 악화되어 발의 균형을 무너뜨리거나 전신의 신경계통을 압박하고 자극하여 질병을 일으킵니다.

발은 신장과 장과 위장과 눈과 코와 관련이 있고, 정력에도 관련이 있습니다. 특히 폐결핵과 관계가 있어 무릎에 고장이 있으면 인후가 나쁘고 폐가 나빠집니다. 또한 입덧에도 관계가 있습니다. 누워 있을 때 양발이 균형을 이루지 못합니다. 한쪽 발이 처져있는 발의 이상이나, 발의 길이가 짧거나, 긴 발의 불균형은 골반의 뼈가 틀어져 있어서 그렇게 되는 것입니다. 이런 사람들은 대부분 척추 디스크를 호소합니다.

이때는 무릎을 가만히 잡고 골반을 돌리면서"예수의 이름으로 명하노니 틀어진 다리는 균형을 이룰지어다." 명령 하거나, "짧은 다리는 자라나라"고 명령을 합니다. 이렇게 하면 틀어진 다리가 조금씩 제자리로 돌아가게 되는 모습을 봅니다. 순간 짧은 발이 자라는 것을 눈으로 확인하게 됩니다.

이렇게 균형을 이룬 사람에게 허리의 디스크나 통증을 물어보면 통증이 사라졌다는 간증을 하게 됩니다. 그러나 어깨나 팔은 아무나 되는데 발은 사역하는 사람에 따라 차이가 있는 것을 볼 때, 사람마다 능력의 흐름에 차이가 있는 것을 볼 수 있습니다.

① 다리 관절염: 손을 얹고 관절염 귀신이 축출되고 통증은 떠나고 뼈마디가 힘을 얻고 부드러워 지기를 위해 기도합니다. 양다리를 들고 골반, 허리를 돌리면서 기도합니다.

② 짧은 다리: 일반적으로 골반과 아래 등 쪽 이상으로 인해 인대, 근육, 뼈들이 끌어 올리어져서 다리가 짧아 보이는 것입니다. 비정상적인 발육으로도 다리뼈가 짧을 수도 있습니다. 이때는 등이 치유되고 근육과 인대가 올바른 위치로 들어갈 것과 창조의 능력으로 짧은 다리가 정상적인 길이로 자라날 것을 명령을 합니다. 양다리를 들고 골반을 돌리면서 기도합니다.

③ 오리발(바깥짝다리): 골반 뼈가 밖으로 향해 있어서 안쪽으로 방향을 틀면 됩니다. "골반 뼈 위에 양손을 얹고 발이 정상으로 될 때까지 골반은 안으로 돌아가라"고 명령합니다.

골반 돌리기(골반의 일)는 무릎을 굽이고 펴고 하면서 돌리기를 하는 것을 말합니다.

④ 비둘기 발(안짝다리): 골반이 밖으로 돌아가라고 명령하면 치유 됩니다. 골반 돌리기(골반의 일)는 무릎을 굽이고 펴고 하면서 돌리기를 하는 것을 말합니다.

6) 무릎 부분의 치유

양 다리를 살짝 들고 골반과 허리를 돌려줍니다. 무릎을 굽히고 돌리고, 펴고 돌리고를 반복합니다. 허리디스크 부분을 손가락으로 눌러가며 점검하고 기도합니다. 그리고 무릎에 손을 얹고 기도를 합니다. 그러면 무릎의 통증을 일으키던 세력들이 떠나갑니다.

4. 뼈, 신경 사역의 실제

성령의 깊은 임재와 성령의 역사가 있어야 뼈 신경 사역을 할 수가 있습니다. 이를 위하여 사역자는 많은 시간의 기도와 성령 체험과 임상적인 경험과 그리고 자신의 내면의 치유를 받아야 합니다. 하나님의 일은 무슨 일이든지 그냥 쉽게 되지를 않습니다. 부단한 자기 관리가 필요합니다.

그리고 뼈 신경치유 사역을 할 때에는 사역자나 피 사역자나 성령이 사로잡아야 치유가 된다는 것을 알아야 합니다. 성령이 사로잡지 못하면 치유가 되지 않습니다. 성령의 기름 부으심이 약한 곳을 사로잡아 달라고 기도하기를 바랍니다. 에스겔 37장이 그대로 실현되기를 위해 큰 믿음을 가지고 기도합니다. 뼈에게 명령할 때마다 이 뼈 저 뼈가 맞춰지며 움직이고 제자리에 찾아 들어 갈 것을 상상하며 기도합니다. 구체적으로 기도합니다. "예수 이름으로 명하노니 뼈가 움직이며 신경은 살아나며 인대와 힘줄과 건과 조직은 정상적으로 회복될지어다." 하며 구체적으로 기도합니다. 반복하며 기도합니다. 한 번에 치유되지 않습니다. 무엇보다 뼈 신경의 질병의 치유는 성령이 환자를 완전하게 장악을 해야 되는 사역입니다.

한 번에 뼈 신경의 질병이 치유될 정도이면 상당히 숙달된 성령치유 사역자입니다. 성령이 보증하여 주는 사역자입니다. 한 가지씩 구체적으로 기도합니다. 필자는 이 사역을 위하여 많은 기도와 실제 사역을 통하여 치유 원리와 기술을 습득했습니다. 정말 많은 노력을 했습니다. 그러므로 한 번에 되지 않는다고 낙심하지 말고 지속적으로 사역을 해야 합니다. 전문적인 치유사역자는 그냥되는 것이 아닙니다. 피나는 노력을 해야 합니다. 전문 치유사역자가 되어 뼈와 신경으로 고통 하는 사람들을 치유하며 전도하여 하나님의 나라를 확장하기 바랍니다.

신유 사역하며 능력전도 하시고 싶은 분은 "신유 은사 사역 달인이 되자" 책을 활용하시기를 바랍니다. 이 책에는 신유 은사 사역하는 원리와 비결들이 비교적 상세하게 수록되어 있습니다.

이 책을 통해 예수님이 땅끝까지 전파 되기를 소원합니다.
(출판으로 인한 이익금은 문서선교와 개척교회 선교에 사용합니다.)

강력한 성령치유 핵심요약

발 행 일 l 2014.11.12초판 1쇄 발행

지 은 이 l 강요셉

펴 낸 이 l 강무신

편집담당 l 강무신

디 자 인 l 강무신

교정담당 l 원영자

펴 낸 곳 l 도서출판 성령

신고번호 l 제22-3134호(2007.5.25)

등록번호 l 114-90-70539

주   소 l 서울 서초구 방배천로 4안길 20(방배동)

전   화 l 02)3474-0675/ 3472-0191

E-mail l kangms113@hanmail.net

유   통 l 하늘유통. 031)947-7777

ISBN l 978-89-97999-28-6 부가기호 l 03230

가   격 l 15,000원